交通职业教育教学指导委员会推荐教材

高职高专院校高等级公路维护与管理专业教学用书

高等职业教育规划教材

高等级公路路政管理

Gaodengji Gonglu Luzheng Guanli

主 编 戴新忠

副主编 王运周

主 审 孙新军

人民交通出版社

内 容 提 要

本书是高等职业教育规划教材，由交通职业教育教学指导委员会路桥工程专业指导委员会组织编写。主要内容包括：高等级公路路政管理机构及职责、路政管理方法、产权管理、路政执法、路政外业管理、路政处罚程序、路政处罚执行、路政内务管理、超限运输管理、安全管理、路政管理依据的主要法律法规。书中附有专题阅读材料和案例分析，便于在教学过程中理论与实际紧密结合。

本书是高职高专院校高等级公路维护与管理专业教学用书，也可供相关专业教学使用，或作为有关专业继续教育及职业培训教材。

图书在版编目(CIP)数据

高等级公路路政管理/戴新忠主编. -- 北京：人民交通出版社，2007.2

ISBN 978-7-114-06392-3

Ⅰ.高… Ⅱ.戴… Ⅲ.公路养护－行政管理－高等学校：技术学校－教材 Ⅳ.U418.2

中国版本图书馆 CIP 数据核字(2007)第 013521 号

书　　名：高等级公路路政管理
著 作 者：戴新忠
责任编辑：林宇峰
出版发行：人民交通出版社
地　　址：(100011) 北京市朝阳区安定门外外馆斜街 3 号
网　　址：http://www.ccpress.com.cn
销售电话：(010) 59757973
总 经 销：人民交通出版社发行部
经　　销：各地新华书店
印　　刷：北京鑫正大印刷有限公司
开　　本：787 × 1092　1/16
印　　张：15.5
字　　数：381 千
版　　次：2007 年 2 月　第 1 版
印　　次：2013 年 6 月　第 3 次印刷
书　　号：ISBN 978-7-114-06392-3
印　　数：7001 – 9000 册
定　　价：28.00 元

前　言

QIANYAN

为深入贯彻落实《高等教育面向21世纪教学内容和课程体系改革计划》，按照教育部"以教育思想、观念改革为先导，以教学改革为核心，以教学基本建设为重点，注重提高质量，努力办出特色"的基本思路，交通职业教育教学指导委员会路桥工程专业指导委员会在总结道路桥梁工程技术专业教学文件编制及其教材编写工作经验的基础上，又组织开发了相关专业的教学指导方案及部分专业教材，其中包括三年制高职高专院校高等级公路维护与管理专业教学指导方案及6门课程的规划教材。

高等级公路维护与管理专业教材依据教育部对高职高专人才培养目标、培养规格、培养模式及与之相适应的知识、技能、能力和素质结构的要求进行编写，并融入了全国交通类高职高专院校高等级公路维护与管理专业的教学改革成果，紧密跟踪我国高等级公路维护与管理技术的发展，采用了最新的行业技术标准、规范、规程，具有较强的针对性。教材编写中全面贯彻素质教育思想，力求体现以人为本、注重知识实用性的现代职业教育理念，从交通行业岗位群对人才的知识结构和技能要求出发，结合对培养学生创新能力、职业道德方面的要求，提出教学目标和教学内容，在教材的理论体系、组织结构、内容描述上与传统教材有了明显的区别。

《高等级公路路政管理》是高职高专院校高等级公路维护与管理专业规划教材之一，内容包括：高等级公路路政管理机构及职责、路政管理方法、产权管理、路政执法、路政外业管理、路政处罚程序、路政处罚执行、路政内务管理、超限运输管理、安全管理、路政管理依据的主要法律法规。

参加本书编写工作的有：新疆交通职业技术学院李绪梅（编写第一、二章），甘肃交通职业技术学院王运周（编写第三、四、五、六章）、戴新忠（编写第十、十一、十二章），吉林交通职业技术学院赵金云（编写第七、八章），广西交通职业技术学院周启政（编写第九章），全书由戴新忠担任主编，王运周担任副主编，新疆交通职业技术学院孙新军担任主审。

本套教材是路桥工程专业指导委员会委员及长期从事高等级公路维护与管理专业教学与工程实践的教师们工作经验的总结。但是，随着各项改革的逐步深入，书中难免有不妥之处，敬请广大读者批评指正。

本套教材在编写过程中得到了交通职业教育教学指导委员会的关心与指导，全国各交通职业技术学院的领导也给予了大力支持，在此，向他们表示诚挚的谢意。

交通职业教育教学指导委员会

路桥工程专业指导委员会

2006年11月

目 录

—MULU

第一章 绪 论

教学要求

1. 描述高等级公路的概念和特征；
2. 描述高等级公路路政管理的意义、目的；
3. 描述高等级公路路政管理的主要内容；
4. 说明我国目前高等级公路路政管理存在的问题。

●第一节 高等级公路的概念●

一、公路运输的特点

1. 现代运输系统

交通运输系统一般由铁路、公路、水运、航空及管道5种运输方式所组成。这5种运输方式在技术经济上各具特点，各种运输方式分别适应着一定的自然地理条件和不同的运输需要，在此基础上，合理分工，协调发展，相互衔接，取长补短，形成一个统一的运输体系，在社会主义经济建设中发挥着巨大作用。

铁路运输适用于远程的大宗货物及旅客运输，其特点是运量大、迅速，特别是高速铁路（轮轨、磁悬浮）的出现，使铁路运输能力得到进一步提高，但由于铁路运输需转运（二次、三次），装卸费用较高，使其一般只在远距离运输上占有优势。由于铁路运输受轨道的限制，铁路运输属线性运输。

水路运输是通航地区最经济的运输方式，但速度慢，并受自然因素制约大。其运输方式包括内河及海洋（近海、远洋）运输。

航空运输适用于快速运送旅客、紧急物资及邮件，速度快，但成本高。

管道是用于液态、气态及散装粉状材料运输的专用方式。

公路运输既适用于大宗货物及旅客的长距离运输，也适用于小量货物及旅客的各种运距的运输。

2. 公路运输的特点

公路运输与其他运输方式相比具有很大的优势，在整个交通运输中起着非常重要的作用，其特点为：

①有高度的灵活性，能迅速集中和分散货物。

②能做到门到门的直达运输，不需中转，节约了时间和费用，减少了货损。

③受地形、地物和地质条件等影响小，可以直接深入到边远地区、山区，以及任何工厂和矿区。

④与其他运输方式相比，投资少，资金周转快，社会效益显著。

⑤与铁路、水运相比，汽车运输由于燃料贵，服务人员多，单位运量较小等缺点，因此公路运输成本偏高。

二、高等级公路的概念与特征

1. 高等级公路的概念

高等级公路一般包括高速公路、一级公路和二级公路。交通部 2004 年 1 月发布《公路工程技术标准》(JTG B01—2003)，公路根据功能和适应交通量进行分级：

1) 高速公路

高速公路为专供汽车分向、分车道行驶并全部控制出入的多车道公路。

四车道高速公路，一般能适应按各种汽车折合成小客车的远景设计年限平均日交通量为 25000 ~ 55000 辆。

六车道高速公路，一般能适应按各种汽车折合成小客车的远景设计年限平均日交通量为 45000 ~ 80000 辆。

八车道高速公路，一般能适应按各种汽车折合成小客车的远景设计年限平均日交通量为 60000 ~ 100000 辆。

2) 一级公路

一级公路为专供汽车分向、分车道行驶，并可根据需要控制出入的多车道公路。

四车道一级公路应能适应将各种汽车折合成小客车的远景设计年限平均日交通量为 15000 ~ 30000 辆。

六车道一级公路应能适应将各种汽车折合成小客车的远景设计年限平均日交通量为 25000 ~ 55000 辆。

3) 二级公路

二级公路为供汽车行驶的双车道公路。

双车道二级公路应适应将各种车辆折合成小客车的远景设计年限平均日交通量为5000 ~ 15000 辆。

2. 高等级公路设计速度的选用

①各级公路设计速度应根据公路的功能、等级、交通量，并结合沿线地形、地质等状况，经论证确定，见表 1-1。

高等级公路设计速度 表 1-1

公路等级	高速公路			一级公路			二级公路	
设计车速(km/h)	120	100	80	100	80	60	80	60

②高速公路应根据交通量、地形等情况选用高的设计速度。位于地形、地质等自然条件复杂山区及交通量较小的高速公路，经论证设计速度可采用 60km/h。

③一级公路作为干线公路，且纵、横向干扰小时，设计速度宜采用 100km/h 或 80km/h。

一级公路作为集散公路时,根据混合交通量、平面交叉间距等因素,设计速度宜采用60km/h或80km/h。

④二级公路作为干线公路时,设计速度宜采用80km/h。二级公路作为集散公路时,混合交通量较大、平面交叉间距较小的路段,设计速度宜采用60km/h。二级公路位于地形、地质等自然条件复杂的山区,经论证该路段的设计速度可采用40km/h。

3. 高等级公路的特征

1)公路几何指标高,设计速度快

高等级公路平、纵、横线形指标较高,公路设计速度高(见表1-2),汽车行车速度快,运输效率高。

2)服务水平高,横向干扰小

高等级公路一般专供汽车服务,限制其他车辆和行人进入,减少了横向干扰。高速公路、一级公路设有中央分隔带,将上下行车辆分开,避免了车辆之间的相互干扰。

3)混合交通影响小,通行能力大

高等级公路是汽车专用公路,避免了由于人、畜和车辆在公路上相互干扰形成交通阻塞、车速降低或车祸的发生;提高了车辆行车速度、道路的通行能力。

4)路基宽度大,占地面积多

高等级公路一般为国家干线公路,车流量多,交通量大,所以车道数较多,路基宽度大,占地面积多。

高等级公路主要技术指标汇总简表 表1-2

公路等级		高速公路					一级公路			二级公路	
设计速度(km/h)		120			100	80	100	80	60	80	60
车道数		8	6	4	4	4	4	4	4	2	2
行车道宽度(m)		2×15.0	2×11.25	2×7.5	2×7.5	2×7.5	2×7.5	2×7.5	2×7.0	9.0	7.0
路基宽度(m)	一般值	45.0	34.5	28.0	26.0	24.5	23.0	24.5	23.0	12.0	10.0
	变化值	42.0	33.0	26.0	24.5	21.5	24.5	21.5	20.0	10.0	8.5
极限最小半径(m)		650			400	250	400	250	125	250	60
停车视距(m)		210			160	110	160	110	75	110	40
最大纵坡(%)		3			4	5	4	5	6	5	6
汽车荷载等级		公路—I级					公路—I级			公路—II级	

三、高等级公路发展现状与发展趋势

1. 高等级公路发展现状

从20世纪80年代末开始,我国公路发展进入了一个崭新时代,高速公路从无到有,实现了持续、快速和有序的发展;截至2005年底,不包括香港、澳门特别行政区和台湾省,全国公路总里程为192万km,其中二级及以上的高等级公路里程约为32.6万km,高速公路4.1万km,目前我国高速公路通车里程位居世界第二位。

我国高速公路建设,虽然取得了世人瞩目的成就。但交通部权威人士指出,我国高速公路建设仍处于滞后交通需求的状态，与发达国家相比，存在3大差距：

①高速公路的总体数量少、密度低，覆盖范围需要继续扩大。目前，我国以国土面积计算的高速公路密度为0.26km/百km^2，仅为美国的27%，日本的16%，德国的8%；以国土面积和人口计算的高速公路综合密度只有0.23，仅为美国的13%，日本的33%，德国的10%。这与我国经济总量居世界第六位的形象很不相称。

②已建成的高速公路尚未形成全国连通网络，即规模适当、布局合理、横贯东西、纵贯南北的高速公路网络尚未形成，高速公路的规模效益还无法得到充分发挥。

③公路发展与日益发展的国民经济远景需求相比，存在很大差距。据相关研究成果表明，要适应未来20年全面建设小康社会和本世纪中叶基本实现现代化的需要，我国高速公路网的总规模大体为10万~12万km。

2. 高等级公路发展趋势

1992年交通部制定"五纵七横"的国道主干线，其主要目标是：集中精力建设纵贯南北、横跨东西的高速公路运输大通道，力争2010年前全面建成"五纵七横"（五纵：同江—三亚；北京—福州；北京—珠海；二连浩特—云南河口；重庆—湛江。七横：绥芬河—满洲里；丹东—拉萨；青岛—银川；连云港—霍尔果斯；上海—成都；上海—瑞丽；衡阳—昆明）国道主干线系统。全长35000km的"五纵七横"国道主干线，是全国公路网的重要组成部分和主骨架，全部为二级以上高等级公路标准，其中高速公路达25000km，它将成为连通全国人口在100万以上大城市的高速公路网。

2004年12月17日，国务院常务会议审议并通过了《国家高速公路网规划》。该规划提出的目标是：再用30年，投资2万亿元，全面建设"7918网"的宏伟蓝图，组成的高速公路网，总规模达到8.5万多km，车流量相当于20多万km的二级公路。

①首都放射线7条（北京—上海、北京—台北、北京—港澳、北京—昆明、北京—拉萨、北京—乌鲁木齐、北京—哈尔滨）。

②南北纵向线9条（鹤岗—大连、沈阳—海口、长春—深圳、济南—广州、大庆—广州、二连浩特—广州、包头—茂名、兰州—海口、重庆—昆明）。

③东西横向线18条（绥芬河—满洲里、珲春—乌兰浩特、丹东—锡林浩特、荣成—乌海、青岛—银川、青岛—兰州、连云港—霍尔果斯、南京—洛阳、上海—西安、上海—成都、上海—重庆、杭州—瑞丽、上海—昆明、福州—银川、泉州—南宁、厦门—成都、汕头—昆明、广州—昆明）。

④国家高速公路网还包括辽中环线、成渝环线、海南环线、珠三角环线、杭州湾环线、台湾环线6条环线，2段平行线和35条联络线。

国家高速公路网建成后，可以覆盖10多亿人口，可以实现东部地区平均30min上高速公路，中部地区平均1h上高速公路，西部地区平均2h上高速公路；将把全国所有的省会城市（含港、澳、台三个特殊地区），以及所有目前城镇人口在20万以上的中等城市连接起来。再加上地方的高速公路，届时我国高速公路总里程将达到12万km左右，与其时的美国高速公路总里程相当。

四、我国公路路线命名编码

我国目前的公路，按其使用性质可分为国家干线公路（国道）、省干线公路（省道）、县公路、乡公路和专线公路。高等级公路一般为国家干线公路（国道）、省干线公路（省道）。

1. 公路路线命名

公路路线名称由路线起讫地名中间加连接符"—"组成,路线简称采用起讫地名的首位汉字或简称,如:北京—塘沽公路,简称"京津塘"。

2. 公路路线编号规则

①公路路线编号由一位公路管理等级代码和三位数字构成。G 为国道代码,S 为省道代码,X 为县公路代码,Y 为乡公路代码,Q 为其他公路代码。

②国道按首都放射线、南北纵线、东西横线分别顺序编号。以首都为中心的放射线由一位标识码"1"和两位顺序号组成,如:路线编号 G107 为国道北京—深圳;由北向南的纵线由一位标识码"2"和两位顺序号组成,如:路线编号 G205 为国道山海关—广州;由东向西的横线由一位标识码"3"和两位顺序号组成,如:路线编号 G323 为国道瑞金—临沧。

③省道在各省、自治区、直辖市界内按省会(首府)放射线、南北纵线、东西横线分别顺序编号,编号规则与国道编号规则相同。如路线编号 S102 广州—花城、路线编号 S204 潮州—汕头,路线编号 S332 陈江—东芜分别为省会放射线、南北纵线、东西横线。

④县乡、专用公路及其他公路以各省、自治区、直辖市公路管理区域为基础分别编制,均由三位路线顺序号构成;顺序号不足三位数字时,在前位加"0"。

•第二节 高等级公路路政管理概述•

公路路政管理是国家对公路的公共事务进行管理的活动。《公路管理条例》第 23 条规定:"公路主管部门负责管理和保护公路、公路用地及公路设施,有权依法检查、制止,处理各种侵占、破坏公路、公路用地及公路设施的行为"。因此公路路政管理是指:交通主管机关和授权的公路管理机构,根据国家法律、法规、规章的规定,为保护公路、公路用地、公路设施、维护公路管理机构的合法权益和发展公路事业,对公路使用者及其相对人所采取直接产生法律效果的行政管理行为,即依照法律、法规履行保护路产、维护路权的管理,进行公路路政的执法。

一、高等级公路路政管理的意义

高等级公路路政管理有利于维护高等级公路系统的完整。

1)高等级公路及其配套设施都是国家的财产,均受到国家法律的保护。

通过路政管理工作,运用相关的法律法规,强制处理各种侵占、破坏路产、侵占路权行为,维护高等级公路系统的完整。

2)有利于保障高等级公路的使用质量。

未经许可禁止在高等级公路用地范围内埋设管线、建设违章建筑及摆摊设点等,通过路政管理工作审查、批准、纠正和控制等工作,保障高等级公路的使用质量。

3)有利于改善高等级公路交通环境。

为了保证高等级公路的良好的道路条件和良好的交通条件,通过路政管理工作尽量排除行车的干扰,采取强制性的手段,改善高等级公路交通环境。

4)有利于保证贷款修建的高等级公路的收费工作。

高等级公路通过收费,用以偿还建设投资贷款本息,维持高等级公路的管理和养护费用。通过路政管理工作,才能防止"闯关"、"冲站"等现象,保证贷款修建的高等级公路的收费工作。

5)有利于保障高等级公路的安全畅通。

高等级公路路政管理工作中,通过对路政案件的处理,教育公路使用者,使其自觉遵守国家公路交通相关的法律法规,保障高等级公路的安全畅通。

二、高等级公路路政管理的目的

1. 公路路产、路权概念

公路路产,是指公路管理部门依法管理使用的所有有形的和无形的公路财产。它包括公路、公路用地、公路设施、机械设备、料场、科研成果,专利所有权和知识产权等。

公路路权,是指公路管理部门对公路财产享有占用、使用、处分和收益的权利,以及对损害路产的行为而拥有的行政管理权和民事权益。

2. 公路路政管理的目的

通过对路产路权实施管理和监督,要求公路使用者及其相对人严格按照国家法律、法规、规章的规定使用公路,保护、管理公路路产,维护公路合法权益,保障公路的行车安全畅通,保证公路的汽车专用性,从而提高公路的社会经济效益,更好地为公路运输和国民经济的发展服务。

三、高等级公路路政管理的特点

1. 社会性

高等级公路路政管理涉及到工厂、农业、水利、国土等各行各业,并与广大人民群众密切相关,路政管理必须与公路沿线部门发生联系,以求得这些部门在工作中的支持和帮助;教育广大群众和驾乘人员自觉遵守公路管理法规,爱路护路。

2. 政策性

高等级公路路政管理是代表国家履行公路管理职能的一种行政司法活动,是国家行政管理的一部分。《公路法》对保障路产路权、侵害公路权益作了明确规定,是人和车在路上的行为规范标准,是体现了国家意志和具有普遍意义的行为规范准则,它的实施得到国家机器强制力的保证。

3. 复杂性

高等级公路路政管理工作涉及到法律、法规、管理体制、管理机构等诸多方面。其管理内容是相互联系、相互制约、相互交叉的;且涉及面广、牵涉面大、既有内在的完整性,又有外部因素的客观性。

4. 特定性

高等级公路路政管理具有特定性。由于高等级公路专供汽车服务,附属设施相对齐全,大部分为收费公路;且具有交通量大、行车速度快等特点,高等级公路路政管理主要是超限运输的管理和路产管理以及保证征收通行费的工作秩序。

四、高等级公路路政管理的手段

1. 行政手段

依靠路政管理机构的权威,运用各种行政的决定、命令、规章制度、工作程序、法律等手段,以鲜明的权威和服从为前提,直接左右被管理者行为的管理方法。行政手段具有权威性、强制性、无偿性和垂直性的特点。

2. 经济手段

在客观规律直接支配作用的情况下,通过各种经济手段的运用,按照经济原则调节各种不同的经济利益的管理方法。经济手段具有间接性、关联性和平等性的特点。

3. 法律手段

通过各种法律、法规、规章等,调整路政管理中所发生的各种社会关系,保证和促进公路交通健康发展的管理方法。法律手段具有稳定性、权威性和规范性的特点,任何组织和个人都必须遵守。

4. 技术手段

通过利用各种技术检查和技术鉴定,对路政案例中不能直接认定的采用技术分析的方法,解决和处理路政管理中所发生的各种路政案件。技术手段具有科学性和公平性的特点。

五、高等级公路路政管理内容

1. 高等级公路路政管理的主要任务

1)高等级公路路政管理行为

高等级公路路政管理行为是一种具体的行政行为;是国家行政机关及其工作人员、法律法规授权的组织、行政机关委托的组织或者个人在行政管理活动中行使行政职权,针对特定的公民、法人或者其他组织,就特定的具体事项,作出有关该公民、法人或其他组织权利义务的单方行为;高等级公路路政管理行为是路政管理机构作出,受路政管理法调整,并能引起路政管理法律效果的行为。

高等级公路路政管理行为特征:路政行为主体要合法,内容要合法,路政行为必须是路政员真实意思的表示。路政管理相对人必须有法定的权利能力和行为能力,路政行为必须符合法定程序。

2)高等级公路路政管理的主要任务

依据《公路法》、《公路管理条例》、《公路管理条例实施细则》及国家和地区相关法律、法规、规章制度对路产路权实施管理和监督,维护路产路权,保障公路的行车安全畅通,提高高等级公路的社会经济效益。

2. 高等级公路路政管理执法依据的效力

①宪法是根本大法,法律必须符合宪法,任何法律都不能与宪法相抵触。

②行政法规必须符合宪法和法律,不能与宪法和法律相抵触。

③部门规章、地方性法规和地方政府规章必须符合法律、行政法规,不能与法律、行政法规相抵触。

④部门规章由于属于中央行政立法,因此法律效力高于相应的地方政府规章。但法律未明确规定地方性法规,地方政府规章必须符合部门规章并不能与部门规章相抵触。其从属关系和路政执法依据的效力是:宪法—法律(如《公路法》)—行政法规(如《公路管理条例实施细则》等)—地方性法规(如《路政管理规定》等)—地方政府规章(全国各省公路路政管理条例等)。

3. 高等级公路路政管理的主要内容

1)保护路产

按照《公路法》、《公路管理条例》、《公路管理条例实施细则》、《路政管理规定》及相关的法规,对保护路产具体内容有:

①依法制止和查处非法占用、挖掘公路及毁坏和破坏公路路基、路面、桥梁、隧道、涵洞、排水设施、防护构造物、花草林木、苗圃等违法行为。

②依法制止和查处非法在大中型公路桥梁和渡口周围200m、公路隧道上方和洞口外100m以内,以及公路两侧一定距离内挖砂、采石、取土或倾倒废弃物。

③依法禁止和查处危及公路、桥梁、隧道、涵洞、渡口安全的爆破作业以及其他影响行车安全的活动。

④依法制止和查处损坏、擅自移动、涂改公路防护、排水、管理、服务、交通安全、渡运、监控、通讯、收费、专用构造物、建筑物等设施和设备。

⑤依法禁止和查处在公路上及公路用地范围以内摆设摊点、堆放物品、倾倒垃圾、设置障碍、挖沟引水、排放污物、污染公路环境以及其他影响公路畅通的行为。

2)维护路权

路政管理应管理维护路权不受侵犯,其内容有:

①在公路用地和所属空间范围内依法建设结构物,必须符合公路工程技术标准的要求。

②控制公路两侧建筑红线,审理跨越、穿越公路的各种管线和渠道。

③审理各种道路与公路交叉及废弃公路的产权归属问题。

在公路用地和公路空间范围内建设结构物,致使占用、挖掘、损害公路时,建设单位应当按照不低于相应该段公路原有技术标准予以修复、改建或视损坏程度给予经济补偿。

3)维持公路工作秩序,保证车辆安全通行

维护公路工作秩序,保证车辆安全通行,是路政管理日常工作内容。按照《公路法》规定有:

①禁止可能损害公路路面的履带车、铁轮车等在公路上通行。

②禁止超限车辆在有限定标准的公路上行驶。超限车辆是指车辆载质量超过公路、桥梁的设计荷载标准或者其车辆的高度、宽度、长度超过公路技术标准的要求。

③禁止机动车制造厂和其他单位利用公路作为检验机动车制动性能的试验场地。

④努力保护公路完好,积极改善公路环境,提高公路使用质量。

4)保护权益

路政管理机构和从业人员,应当运用路政管理法规,依法检查和处理各种侵占公路用地、破坏公路和公路设施的行为;其从业人员在从事生产、执行公务时的合法权益依法受到法律保护。

高速公路路政管理,除与一般公路路政管理相同(保证路产设施完好、维护路权不受侵犯)外,主要任务是保证高速公路车辆的安全畅通。为了达到这一目的,高速公路路政管理工作的主要内容是:维持车辆行驶秩序、提供路面行驶信息、牵引拖带故障车辆、清理事故现场和路上障碍、参与抢险救援救护、施工作业和恶劣气候下的交通管制、提供路旁服务、环保监测和监督等管理功能。其目的是,最大限度地吸引车流,向过往车辆提供优质服务,通过路政管理,充分发挥高速公路的经济效益和社会效益。

六、目前高等级公路路政管理工作存在的主要问题

1. 高等级公路管理体制不健全，缺乏强有力的执法手段

高等级公路路政管理是一种执法活动，而依法行政的首要条件就是管理机构的设置要合法有效。目前各省市的路政管理机构仍存在体制不顺，力量不足，没有形成多层次、全方位的管理网络；在管理手段上，路政管理职能、职权与公安交通安全管理职能有交叉。另外《公路管理条例》赋予了路政管理部门的工作职责，但赋予的权利却无法保证工作的完成，如在高等级公路上发生违章、损坏设施等情况，路政管理部门没有检查、扣车等职权。

2. 执法尺度不一，部门间工作难以协调

高等级公路路政管理是一门综合性学科，它具有跨系统，跨行业的特点。与路政管理部门密切相关的有国土、工商、邮电、石油、电力、物价及公安交警等，各部门之间存在着不吻合、不衔接的矛盾，有时所涉及的案件牵扯到的部门大都有自己的法律、法规，不同部门对案件各执一词，使案件难以处理。

3. 习惯势力和社会陋习根深蒂固，人们缺乏护路意识和法律观念

公路对于社会和经济的发展，起着较大制约作用。但是一条公路建成后，由于部分人缺乏对高等级公路的认识，缺乏护路意识和法制观念，随意破坏高等级公路的附属设施，有的在路边修车补胎，靠路建房、违章堆物等，这也是造成路政管理问题突出的一个原因。

4. 路政管理人员的素质有待提高

由于高等级公路的快速发展，导致公路设计、施工、养护等方面的技术人才严重缺乏，同时既有公路与桥梁工程技术、公路交通管理方面知识，又有相关法律知识的综合性人才也很缺乏。目前路政管理人员素质普遍偏低，应继续加强业务学习。

加强高速公路路政管理立法的宣传舆论工作，通过法律宣传增加人们对高等级公路管理有关法律、法规的认识；通过立法赋予交通管理部门强有力的执法手段，使之有能力严肃处理侵犯高等级公路权益的不法行为，以提高公路路政管理的执法地位；同时建立健全完善的高等级公路管理机构，使其能独立地承担公路行政法律责任，再通过部门间的协调配合，实现高速公路管理上的执法统一，确保高速公路系统效益的发挥。

复习思考题

1. 何为高等级公路？
2. 公路运输有哪些特点？
3. 叙述高等级公路的概念和特征。
4. 简述我国公路路线命名编码的规则。
5. 叙述我国高等级公路发展现状与发展趋势。
6. 高等级公路路政管理主要内容是什么？其与普通公路路政管理的区别是什么？
7. 叙述高等级公路路政管理执法依据的效力关系。
8. 叙述高等级公路路政管理的特点。
9. 目前我国高等级公路路政管理工作存在的主要问题有哪些？

第二章

高等级公路路政管理机构及其职责

教学要求

1. 描述高等级公路管理执法主体；
2. 描述高等级公路路政管理机构；
3. 描述高等级公路路政管理机构的职责；
4. 描述高等级公路路政管理职责。

●第一节　路政管理机构●

一、路政管理执法主体

根据《公路法》第8条规定："国务院交通主管部门主管全国公路工作"。《公路管理条例实施细则》第10条关于"各级公路主管部门根据实际情况设置公路管理机构。公路管理机构依据公路主管部门授权，负责公路管理工作"的规定，公路管理机构是授权执法主体，能够以自己的名义对公路行使管理职能。

公路管理的执法主体可分为行政执法机关和法律授权执法组织两大类。

1. 行政执法机关

县以上人民政府的交通主管部门，即国务院的交通部、省（市、自治区）的交通厅、地（市、县）的交通局。

2. 法律授权的执法组织

由省（市、自治区）、地（市、县）交通主管部门授权的公路管理机构，依法行使公路管理职能。

二、路政管理机关

1. 高等级公路路政管理机关的概念

路政管理机关是指为了完成国家赋予的路政管理职责，按法定程序组建的行政组织。它具有以下特征：

①代表国家实施公路行政管理权。

②能以自己的名义行使路政管理活动。

③能独立承担自己行为所引起的法律责任。

2. 高等级公路路政管理机关的形式

1）交通主管部门

《公路法》第8条规定，国务院交通主管部门主管全国公路工作。县级以上地方人民政府交通主管部门主管本行政区域的公路工作，县级以上地方人民政府交通主管部门可以决定由公路管理机构依照《公路法》规定行使公路行政管理职责。

《公路法 》第57条规定："除本法第47条第2款的规定外，本章又规定交通主管部门行使的路政管理职责，可以依照本法第8条第4款的规定，由公路管理机构行使。"第69条规定："交通主管部门、公路管理机构依法对有关公路的法律、法规执行情况进行监督检查。"第70条规定："交通主管部门、公路管理机构负有管理和保护公路的责任，有权检查、制止各种侵占、损坏公路、公路用地、公路附属设施及其他违反本法规定的行为。"

因此，交通主管部门的路政管理职权是法律赋予的，交通主管部门是路政管理的行政处罚主体。交通主管部门路政管理行政处罚的特点是：

①行政处罚由行政机关来行使，这是行政处罚法定的原则。

②只有具有行政处罚权的行政机关才能实施处罚权，公路行政管理权由交通主管部门行使是由《公路法》规定的。

③行政机关只能对自己职权范围内的违反行政管理秩序的行为，给予行政处罚。路政管理机关只能在自己的职权范围内作出处罚，超越职权的行政行为是无效的。

2）公路管理机构

《公路法》第8条第4款规定："县级以上地方人民政府交通主管部门可以决定由公路管理机构依照本法规定行使公路行政管理职责。"第57条规定公路管理机构可以依照《公路法》第8条的规定行使路政管理职责。

《公路法》这样规定是考虑到我国公路管理机构是事业单位，不是政府行政主管部门，不具有行政管理的职能，而在现实工作中又直接从事公路养护和路政管理工作的实际情况而作出的。

县级以上地方人民政府交通主管部门作出的由公路管理机构依法行使公路行政管理职责的决定，是有委托性质的决定，这种委托是对路政处罚的委托。路政行政处罚委托必须符合《行政处罚法》关于行政处罚委托的规定。

公路管理机构依法行使公路行政处罚具有以下特征：

①交通主管部门委托公路管理机构行使路政处罚权具有法律依据。《公路法》规定县级以上地方人民政府交通主管部门可以由公路管理机构依照本法规定行使公路行政管理职责。

②《公路法》规定：国务院交通主管部门主管全国的公路工作，县级以上地方人民政府交通主管部门主管本行政区内的公路工作。交通主管部门委托公路管理机构行使行政处罚权符合法律规定。

③公路管理机构以交通主管部门的名义实施行政处罚并由交通主管部门承担法律责任。

④公路管理机构必须具备《行政处罚法》中第19条关于受委托组织必须具备的条件。

⑤公路管理机构不得将其被委托的路政处罚权再委托其他组织或个人实施行政处罚。

3）地方性法规授权的管理机构

有些省市根据《公路法》通过地方性法规授权地方公路管理机构或地方路政管理机构行

使公路管理的职能。

三、路政管理的机构

1. 路政管理机构的概念

路政管理机构是指为了完成国家赋予的路政管理职责，按法定程序组建的具有一定层次和结构的有机整体，是一种广义和动态的行政组织。

2. 路政管理机构的特征

(1)路政管理机构是代表国家实施公路行政管理权的组织，是按法定程序组建的。

(2)路政管理机构能以自己的名义实施管理活动，能独立承担自己行为引起的效果。

(3)路政管理机构的结构可分为纵向结构和横向结构两个方面。

纵向结构：称为层次制，即每个层次业务性质相同，上、下层次之间是隶属关系，下级对上级负责。

横向结构：称为职能制，即按不同的工作性质，平行分成若干部门，每个部门业务不同，业务范围大体相同，不能脱离所在的路政机构。

理想的路政管理体制，应把层次制和职能制有机结合起来，形成层次职能结构。

●第二节　路政管理机构的职责●

一、路政管理机构的责任划分

1. 省级路政管理机构的职责

①贯彻执行国家有关公路路政管理的法律、法规和规章，以及上级主管部门的指示、决定。

②对全省的路政管理工作实施宏观管理、协调服务、帮助指导、监督检查，组织全省路政管理人员依法保护公路、公路用地、公路附属设施，维护公路合法权益和保障公路完好畅通；负责管理和保护公路路产。

③组织宣传与路政管理有关的法律、法规、规章，开展综合整治和专项治理等路政管理活动。

④组织制订全省路政管理工作的远景规划、年度计划、考核指标。

⑤协助省级交通主管部门起草、修改全省路政管理方面的地方性法规、规章制度草案；待批准后组织实施。

⑥负责协调、查处重大路政案件。

⑦审核本级管理的路政事宜。

⑧组织制订全省公路交通安全治理计划，监督协调公路交通安全设施的建设。

⑨组织制订全省高等级公路征收通行费的工作计划，并监督其实施。

⑩参加全省新建、改建公路路产及公路环境整治的验收工作。

⑪组织全省路政管理人员的专业培训，组织对全省路政管理人员进行考核、评比、表彰。

⑫参与有关路政复议案件，参与有关路政案件诉讼活动。

⑬行使法律、法规、规章规定的其他职权。

2. 地(市)级路政管理机构的职责

①贯彻执行国家有关公路路政管理的法律、法规和规章,以及上级主管部门的指示、决定。

②根据省级公路路政管理机构的工作计划,制订本级路政管理工作计划,并组织实施。

③组织本级公路路政管理人员依法保护公路、公路用地、公路附属设施,维护公路合法权益和保障公路完好畅通;负责管理和保护公路路产。

④组织宣传与路政管理有关的法律、法规、规章,开展综合整治和专项治理等路政管理活动。

⑤协助起草本地路政管理方面的规范性文件,报送批准后组织实施。

⑥负责协调、查处本辖区内重大路政案件。

⑦审核本级管理的路政事宜。

⑧组织制订全市公路交通安全治理计划,监督协调公路交通安全设施的建设。

⑨负责维护本辖区内高等级公路征收通行费的工作秩序。

⑩参加本辖区内新建、改建公路路产及公路环境整治的验收工作。

⑪组织本辖区内路政管理人员的专业培训,组织对全市路政管理人员进行考核、评比、表彰。

⑫负责本辖区内路产建档工作及路政案件档案归档工作,上报路政统计报表。

⑬参与有关路政复议案件。

⑭行使法律、法规、规章规定的其他职权。

3. 县(市)级路政管理机构的职责

①贯彻执行国家有关公路路政管理的法律、法规和规章,以及上级主管部门的指示、决定。

②具体负责本县路政执法工作,制订本级路政管理工作计划,并组织实施。

③组织路政管理人员上路巡查,负责受理、制止、查处违法侵占、污染、损坏、破坏公路、公路用地和公路附属设施的行为,负责管理和保护公路路产。

④审核本级管理的路政管理事宜。

⑤负责辖区内公路建筑控制区的管理,审核公路建筑控制区的建设事宜。

⑥负责监督检查本辖区内超限运输的管理。

⑦负责维护本辖区内高等级公路征收通行费的工作秩序。

⑧参加本辖区内新建、改建公路路产及公路环境整治的验收工作。

⑨组织本辖区内路政管理人员的专业培训,负责对路政管理人员进行考核、评比、表彰。

⑩负责本辖区内路产建档工作及路政案件档案归档工作,按时上报路政统计报表。

⑪负责本级交通器材、设备和交通工具的管理和使用。

⑫行使法律、法规、规章规定的其他职权。

二、路政管理机构的主要任务

高等级公路路政管理机构的根本任务是:维护路产路权,保护公路安全畅通。其主要任务有:

①负责执行公路路政管理法律、法规和规章。

②负责管理和保护公路路产。

③实施公路路政巡查。

④依照法律、法规和规章,制止和查处各种违章利用、侵占、污染、毁坏和破坏路产的行为。

⑤与规划、国土、城建部门共同依法控制高等级公路两侧的建筑红线。

⑥审理从地下、地面、公路上空或地下穿(跨)越高等级公路的其他设施的建筑事宜。

⑦核批在特殊情况下利用、占用高等级公路和超限运输车辆,并对实施情况进行监督检查。

⑧维护高等级公路养护、施工作业现场的正常秩序。

⑨维护高等级公路征收通行费的工作秩序。

⑩负责高等级公路上故障车辆的牵引拖带和事故现场的救援、排障及路产损失的清偿。

⑪为处理违反公路管理法规的行为,有权向有关单位和人员调查、询问、取证,查阅有关文件、档案、资料和原始凭证。

⑫维护高等级公路进出口内外秩序、巡查碰损设施标志后逃逸的车辆。

⑬办理和参与有关路政复议案件,参与有关路政案件诉讼活动。

⑭行使法律、法规、规章规定的其他职权。

三、路政管理人员的权利和义务

1. 路政管理人员的特征

路政管理人员,是指依法在路政管理机构中任职,从事路政管理工作,履行路政管理职能的工作人员。路政管理人员具备以下特征:

①路政管理人员是个人,不是组织。

②路政管理人员享有实施路政管理的资格,即依法具有路政管理职权和职责。

③路政管理人员以所在路政管理机构的名义实施路政管理,不能以个人名义实施路政管理。

④路政管理人员的行政行为所引起的法律效果由所在路政管理机构承担。

2. 路政管理人员的权利

①依法执行公务权:路政管理人员履行公职行为的权利受到法律的确认和保障。

②获得劳动报酬和享受保险、福利待遇的权利:路政管理人员有权获得国家应提供的与其地位和作用相称的经济保障。

③身份保障权利:路政管理人员的身份一经确定,便不得随意变动。

3. 路政管理人员的义务

①履行职务的义务。

②服从命令的义务。

③严守秘密的义务。

④公正廉洁克己奉公的义务。

四、路政管理人员的岗位职责

1. 路政案件查处员的岗位职责

①依照法律、法规和规章,在所负责的辖区内管理保护公路路产。

②实施公路巡查。

③按照法律、法规和规章,制止和查处各种违章利用、侵占、污染、毁坏和破坏路产的行为。

④控制公路两侧的建筑红线。

⑤审理从地面、公路上空或地下穿(跨)越公路的其他设施的建筑事宜。

⑥对在特殊情况下利用、占用公路和超限运输车辆通过公路进行审批,并对实施情况进行监督检查。

⑦维护公路渡口和公路养护、施工作业现场的正常秩序。

⑧为处理违反公路管理法规的行为,有权向有关单位和人员调查、询问、取证,查阅有关文件、档案、资料和原始凭证。

⑨对损害路产或发生侵权行为又拒不接受查处的车辆,责令停止行驶。

⑩有复议职能的公路管理机构办理有关路政复议案件,参加与有关路政案件的诉讼活动。

⑪法律、法规、规章规定的其他职权。

2. 路政审批管理员的岗位职责

①按规定审批管辖区内临时利用、占用公路、公路用地、公路附属设施的事宜。

②按规定权限审批辖区内从地面、上空或地下穿(跨)越公路的非公路设施事宜。

③按规定权限依法审批管辖区内在公路上开辟公路交叉口事宜。

④按规定权限依法审批公路建筑控制区内临时建筑事宜。

⑤依法审批需在公路上行驶的履带车、铁轮车等事宜。

⑥建立健全公路路政审批档案。

⑦协助上级部门在本管辖区内进行的路政审批工作。

⑧参与开展路政管理的有关法律、法规的宣传工作。

3. 公路设施管理员的岗位职责

①依照法律、法规和规章制度维护管辖区内的公路路产、路权。

②依法对辖区内公路、公路用地、公路附属设施进行全面管理。

③依法对辖区内公路设施进行全面调查、登记、绘图、建档。

④依法对辖区内公路路产及公路建筑控制区的非公路设施进行全面调查、登记、绘图、建档。

⑤坚持公路巡查,发现违反公路设施管理行为及时制止。

⑥定期拟定公路设施更新、补齐计划。

⑦督促并及时恢复被破坏的公路设施。

⑧参与公路路政管理有关法律、法规的宣传活动。

4. 施工现场交通管理员的岗位职责

①审批施工路段交通管理方案。

②维护施工现场的交通秩序。

③布置、检查施工交通标志、安全设施。

④对施工人员进行交通安全常识教育和安全、文明施工教育。

⑤及时疏导堵塞车辆。

⑥按照管理权限,处理或报告施工现场发生的有关纠纷。

•第三节　路政管理设备•

一、路政巡查设备

为了保证高等级公路及其附属设施不受侵害，路政巡查是路政外业工作最重要的工作，只有经常巡护查验公路，才能及时发现和处理侵占路产、路权的行为，及时纠正路政违章行为以及进行路产路权案件的执法工作，并配合交通管理人员处理交通事故等。需要对高等级公路全天候不断地进行路政巡逻，因此高等级公路路政管理机构需要配备专用的路政巡逻车，指挥旗（灯）等以保证该项工作及时和顺利开展。

二、排 障 设 备

为了保证高等级公路交通安全与畅通，保证有效使用宽度、减少交通延误，需要对高等级公路上停放的故障车辆及时进行清理，及时解决因事故或其他灾害造成的交通阻塞。因此高等级公路路政管理机构需要配置专用排障车辆。

三、救援抢险设备

为了保证能对高等级公路事故中发生伤亡的人员进行紧急救援，对突发事件及时地进行处理，还需配备紧急救援车辆及救护设备，如消防设备、急救医疗用品、设施及简单的汽车修理工具和配件等。也可与地方消防、救护等部门签定属地委托合同，共同做好此项工作。

四、勘 察 设 备

为了保证高等级公路路产损坏现场取证和记录提供真实的现场状况，在路政管理机构中还需配备照相机、摄像机、附属照明设备以及现场勘察测量器具等。

五、各种作业标志

作业标志有移动式灯光导向车、指向标志、限速标志、隔离装置、事故路障、车道变化标志等，通常用于事故、清障现场的引导、隔离、指示等。

六、现代化通信设备

为了保证高等级公路紧急救援和路政案件执法工作的及时性，保证路政管理信息搜集与反馈系统的畅通，还需给路政管理部门配备必要的现代化通信工具、无线电通讯装备，如车载通信台、手执通信台和集群通信电话等设备。

案例分析

案例一：谈法律规范冲突的选择适用规则

案情简介

2002 年初，于 × 等 5 户村民经乡政府批准，在距国道 206 线边沟外 13m 处建民房。当年

11 月，×市交通局以该5户建民房违反《公路管理条例》第31条的规定为由，根据该条例第34条的规定，责令于×等5户限期拆除所建民房。《公路管理条例》第31条的规定是："在公路两侧修建永久性工程设施，其建筑物边缘与公路边沟外缘的间距为：国道不少于20m……"于×等5户村民收到交通局的处罚决定书后，未按法定程序向该市上一级交通部门提起行政复议．而是找到乡政府。乡政府出面与交通局交涉未果，造成申请复议时间耽误，处罚决定生效，交通局即申请人民法院强制执行。

交通局认为：处罚决定是依据《公路管理条例》做出的，事实清楚，适用法律正确，法院应当依法予以强制执行。乡政府则认为：根据《土地管理法》第37条、38条的规定，乡政府有权批准村民在非耕地上建房，批准范围也在经市政府批准的村镇规划蓝图之内，坚持不应处罚。村民们则认为：其建房行为是经乡政府合法批准的，不应因政府机关的不同规定而强制拆除他们的房屋。人民法院审查了行政处罚决定书后认为，乡政府批准村民建房虽适用了《土地管理法》的规定，但没有兼顾《公路管理条例》中的特殊规定，交通局作出的行政处罚决定，事实清楚，证据确凿，适用法律得当，并限期于×等5户村民履行。

案情分析

一、法律规范冲突的概念

法律规范冲突是指对同一领域内的同一法律关系，同时可适用两种以上的法律规范，而这些法律规范之间又相互不协调、相互不一致，甚至相互抵触。

二、法律规范冲突的主要表现形式

1. 特别法与普通法的冲突

特别法是指在一国的特定区域、特定时间或者对特定事件、特定的公民具有约束力的法，如《教师法》、《律师法》、《公路法》。普通法是指在一国范围内，对一般的公民、一般的事件具有约束力的法，如《民法通则》等。

2. 层级冲突

层级冲突包括不同层级法律规范的冲突和同一层级法律规范的冲突。不同层级法律规范冲突是指不同效力等级的法律规范就同一法律问题的规定不一致而产生的冲突，主要包括：法律与宪法之间的冲突；行政法规与法律之间的冲突；地方性法规与法律之间的冲突；自治条例、单行条例与法律之间的冲突；地方性法规与行政法规之间的冲突；规章与行政法规之间的冲突；不同层级地方性法规之间的冲突；不同层级规章之间的冲突。同一层级法律规范的冲突是指效力等级相同的法律规范就同一法律问题的规定不一致而产生的冲突，主要包括部门规章之间的冲突；部门规章与地方政府规章之间的冲突；地方政府规章相互之间的冲突；地方性法规相互之间的冲突；行政法规相互之间的冲突；法律相互之间的冲突。

3. 新旧法冲突

新、旧法律规范就同一法律问题的规定不一致所产生的冲突。

三、法律规范冲突的选择适用规则

由于行政立法不完善等诸多原因，无法避免出现法律规范适用的冲突。而法律规范发生冲突时，人民法院必须对发生冲突的法律规范确立一种适用原则，选择其中的法律规范作为审查具体行政行为是否合法的依据。这样就必须选择适用一种规则来解决法律规范的冲突。下面介绍主要几种：

①特别法与普通法之间的冲突：按照特别法优于普遍法的原则选择适用冲突规范。

②不同层级冲突规范之间冲突：按照高层级法律规范优于低层级法律规范的原则选择适用冲突规范。在司法实践中，法律必须符合宪法，不得与宪法相抵触；国务院颁布的行政法规必须符合宪法和法律，不得与宪法和法律相抵触；地方性法规和地方政府规章、部门规章必须符合法律、行政法规，不得与法律、行政法规相抵触。但当地方性法规与部门规章之间发生冲突时，其争议应送请全国人大常委会，由全国人大常委会裁决。

③同一层级冲突规范之间冲突：按照调整特定地区、部门事项的法律规范优于调整一般地区、部门事项的法律规范的原则选择适用冲突规范。但当地方政府规章与部门规章之间发生冲突时，应将争议送请国务院，由国务院解释或裁决。

④新法与旧法之间的冲突：按照新法优于旧法的原则选择适用冲突规范。如特定事项发生在新法生效后，则原则上适用新法；如特定事项发生在新旧法生效期间而争议发生在新法生效之后，如果新法对特定事项处理比旧法轻的，则选择适用新法。但有一些行政实体法在颁布之时，便在条文上明确规定："凡与本法规定有抵触的，适用本法规定。"例如《交通行政处罚程序规定》第40条规定"本规定颁布之前交通部制定的规章与本规定不一致的，按本规定执行"。

四、本案涉及相关法律有关条文

1.《土地管理法》

第37条　乡（镇）村建设应当按照合理布局、节约用地的原则制定规划，经县级人民政府批准执行。城市规划区内的乡（镇）村建设规划，经市人民政府批准执行。

农村居民住宅建设，乡（镇）村企业建设，乡（镇）村公共设施、公益事业建设等乡（镇）村建设，应当按照乡（镇）村建设规划进行。

第38条　农村居民建住宅，应当使用原有的宅基地和村内空闲地。使用耕地的，经乡级人民政府审核后，报县级人民政府批准；使用原有的宅基地、村内空闲地和其他土地的，由乡级人民政府批准。

农村居民建住宅使用土地，不得超过省、自治区、直辖市规定的标准。

出卖、出租住房后再申请宅基地的，不予批准。

2.《城市规划法》

第5条　城市规划必须符合我国国情，正确处理近期建设和远景发展的关系。

在城市规划区内进行建设，必须坚持适用、经济的原则，贯彻勤俭建国的方针。

第6条　城市规划的编制应当依据国民经济和社会发展规划以及当地的自然环境、资源条件、历史情况、现状特点，统筹兼顾，综合部署。

城市规划确定的城市基础设施建设项目，应当按照国家基本建设程序的规定纳入国民经济和社会发展计划，按计划分步实施。

第7条　城市总体规划应当和国土规划、区域规划、江河流域规划、土地利用总体规划相协调。

3.《公路管理条例》

第31条　在公路两侧修建永久性工程设施，其建筑物边缘与公路边沟外缘的间距为：国道不少于20m,省道不少于15m,县道不少于10m,乡道不少于5m。

第34条 对违反本条例规定的单位和个人,公路主管部门可以根据情况,责令其返还原物、恢复原状、赔偿损失、没收非法所得并处以罚款。

案例二:道路交通事故中交通主管部门对路产损失的追偿

案情简介

2001年7月8日15时20分许,某县驾驶员周×驾驶新B31005号“东风牌EQ1061G2D2”型大货车由南向北行驶至路K33+800m处,在右边停有车辆的情况下,与对面某市李×驾驶的新C00729号“尼桑—公爵”轿车交会,周×超越停驶车辆,占据左侧路面,致使“东风”货车驾驶室左侧部位撞击轿车右前部位,造成轿车上随乘人员郭×受伤、公路路边栏杆受损、两车不同程度损坏的交通事故。

事故发生后,某县交警大队经派员现场勘察、调查取证,做出了《道路交通事故责任认定书》,认定当事人周×违章占道、超速行驶,违反《道路交通管理条例》第7条、第35条第2项、第49条第2项,应负本起事故的全部责任。当事人李×在本起事故形成中不负责任,车上乘客无责任。双方当事人对这一起交通事故责任的认定均未提出异议。

此后,某县交警大队经多次协调后,征得双方当事人的同意,又作出《道路交通事故赔偿调解书》,由肇事者周×一次性赔偿郭×医疗费、营养费、护理费及补偿费人民币8000元整。周×不再承担其他任何赔偿责任。

某县公路管理部门得知上述情况后,立即向某交警大队提出书面意见:①周×违章驾驶,造成公路设施受损,理应承担赔偿责任;②交警部门在处理交通事故时不仅要保护公民个人的合法权益,还应注意保护国家利益,不应有所偏向;③交警部门不应超越职权,处理了本应由交通部门负责处理的问题。

某县交警大队接到上述书面意见后,进行了研究分析,认为公路管理部门的意见依法成立,遂对原调解书进行了补正,即改为“周×不再对郭×承担其他赔偿责任”。

与此同时,县交通主管部门也对周×作出罚款1000元的处罚决定。

案情分析

一、职能管辖的概念

所谓职能管辖,也称职权管辖,是指在同一行政区域内的不同行政机关,根据法律规定的各自的职权范围,对行政处罚的实施所进行的分工。职权管辖所解决的是一种违法行为应由哪一个或哪几个行政机关进行处罚的问题。

二、确定职能管辖应遵循的基本原则

(1)职能管辖取决于行政机关的职责范围。也就是说,行政机关的职责分工是确定行政处罚中职能管辖的基础。如公安机关负有管理社会治安秩序的职责,因而就享有依法对危害社会治安尚未构成犯罪的行为给予治安行政处罚的权利;如外汇管理机关负有管理外汇、维护金融秩序的职责,因而就享有对逃汇、套汇等扰乱金融秩序尚未构成犯罪的行为给予行政处罚的权利;交通主管部门负责公路的行政管理工作,同样也享有对侵犯公路路产路权的行为进行

处罚的权利。因此,行政机关在查处行政违法案件之前,首先应当根据自身的职责权限确定该种违法行为是否属于自己管辖。

(2)职权管辖的最终确定依赖于法律、法规是否有明确授权。虽然职权管辖取决于行政机关的职责范围,但这并等于说,凡是在某一行政机关职责范围内的违法行为,该行政机关就一定享有处罚权。该行政机关到底有无行政处罚权,最终要看有无法律、法规的明确授权。如《治安管理处罚条例》明确规定了公安机关对治安案件的处罚;《公路法》则明确了交通主管部门对公路管理案件的处罚权。没有法律、法规的明确规定,任何行政机关不得行使处罚权,否则,便是滥用职权或超越职权。而根据《行政复议条例》第42条第1款第4项之规定和《行政诉讼法》第54条第1款第2项之规定,对于行政机关超越职权或滥用职权所做出的具体行政行为,复议机关或人民法院将依法予以撤销。

行政机关在依法行使职能管辖权时尤其要注意当发生职能交叉情况时,既要保证自己充分行使职能管辖权,又要注意不得超越自己的权限,同时还要注意不能放弃自己的权限。例如本案中的公安交警部门起初是超越了职权,对不属于自己管辖的侵犯了路产路权的案件在处理交通肇事时一并作了处理。而交通主管部门如果没有依法介入此案的查处,默认公安交警部门的原始意见,那么,交通主管部门便是放弃了自己的职权,是一种行政不作为的失职行为。

三、解决职能管辖所存在的问题的有效途径

目前,由于我国行政立法尚不完善,行政部门机构重叠,行政管理体制政企不分,职责交叉,功能混乱,的确给职能管辖造成一定的困难。再加上一些人为因素、利益因素,使得在现实生活中出现了有利争着管、无利都不管的局面。而这种局面是任何一个法制国家所不能允许的。因此,要彻底根治我国目前的这种不良状况,我们必须要做以下努力:

①要尽快完善立法,理顺行政管理法规之间的关系,减少法律之间相互交叉、矛盾,明确法律、法规的授权范围;

②要从根本上做到政企分开、机构精简,使各行政机关分工合理、职责明确,尽量减少行政机关的摩擦和内耗;

③要逐步将政出多门、罚出多门的分散化行政处罚权向科学的、合理的专业化方向发展,这样,既有利于避免重复处罚、多头处罚的情况,又有利于提高行政机关的办案效率,保证行政机关的办案质量。

四、本案涉及的相关法律条文

1.《公路法》

第53条 造成公路损坏的,责任者应当及时报告公路管理机构,并接受公路管理机构的现场调查。

第79条 违反本法第五十三条规定,造成公路损坏、未报告的,由交通主管部门处1000元以下的罚款。

2.《道路交通事故处理办法》

第40条 因交通事故损坏的车辆、物品、设施等,应当修复,不能修复的,折价赔偿。牲畜因伤失去使用价值或者死亡的,折价赔偿。

复习思考题

1. 叙述高等级公路路政管理执法主体。

2. 高等级公路路政管理机关有哪些特征?

3. 叙述高等级公路路政管理的机构。

4. 叙述高等级公路路政管理职责。

5. 叙述省级公路路政管理机构的职责。

6. 叙述路政管理人员的岗位职责。

7. 高等级公路路政管理的主要设备有哪些?

8. 调查当地高等级公路路政管理机构的设置模式、人员组成等情况,对照国内其他省市的设置情况,提出你认为适合当地路政管理情况的机构设置模式。

9. 分组对"案例一"和"案例二"进行讨论。

第三章 高等级公路路政管理方法

教学要求

1. 描述高等级公路路政管理理念；
2. 描述高等级公路路政管理手段、管理方法；
3. 分析高等级公路路政管理方法案例。

采用什么样的路政管理观念和方法，往往体现着路政管理机构及路政管理人员的工作成效和管理水平。先进的管理观念和科学的管理方法有利于提高路政管理效能和管理权威。因此，研究和探讨路政管理方法，对于做好路政管理工作十分必要。

•第一节　路政管理的理念•

路政管理理念是路政管理规律在人们头脑中的正确反映。它是路政管理原理、管理思想、管理方法等的升华，是路政管理活动的灵魂。进行高等级公路路政管理关键在于理念的转变。本节着重介绍路政管理的人本理念、权变理念、系统理念和择优理念。

一、路政管理的人本理念

所谓"人本"，顾名思义，就是以人为根本。路政管理的人本理念，是指在路政管理活动中，坚持一切从人出发，以调动和激发人的积极性和创造性为根本手段，以达到提高路政管理效率的理念。

在路政管理中实现人本理念的途径有4条：

①要把路政管理建立在对人的本性的科学认识的基础上，从人本理念来看，管理主要是人对人的管理。因此，在路政管理中，建立任何管理制度，制定任何管理措施，都必须对人的本性有一个准确和科学的认识，就是要首先明确所管理的人是什么人，然后研究路政管理制度和管理方法，即如何管的问题。这样就能使所制定的路政管理措施和制度有较强的针对性，使之建立在科学而务实的基础上，从根本上起作用。

②要运用激励机制，通过满足人的各种合理需要来调动人的积极性。人的需要是人普遍存在的自然本性，需要决定动机，动机产生行为。为此，在路政管理中树立人本理念，首先必须要研究人的需要，进而研究如何通过满足人的需要，激发人的动机，引导人的行为，达到路政管理目标。

③重视人的精神、价值观在路政管理中的巨大作用。随着经济发展和社会进步，人的精神追求、价值观的实现和思想政治因素在路政管理中发挥越来越大的作用，任何管理都应适应这一潮流。重视人的精神追求，形成良好的共同价值观和强大的精神凝聚力，充分体现人心齐是路政管理目标实现的有力保证。

④实行民主管理，创造能充分发挥人的聪明才智和使拔尖人才脱颖而出的机制和环境。在路政管理中树立人本理念，特别是树立尊重人才和人的全面发展理念，最主要的是扫除影响和限制人的才能充分发挥的种种障碍，创造人才脱颖而出的环境，要建立平等竞争的用人机制，制定合理的分配制度等。只要这些问题解决了，路政管理中的人本理念就能得到充分体现。

二、路政管理的权变理念

路政管理中的权变理念，是指在路政管理环境和条件不断发展变化的前提下，路政管理机构应因人、因事、因时、因地权宜应变，采取与之相应的管理方式和管理方法的理念。

路政管理权变理念的核心内容，就在于路政管理效果完全取决于组织与环境之间的适应性。路政管理的权变理念强调权宜应变，要求根据变化了的环境采取与之相适应的做法。这种所谓的“变”，实际上是对原有路政管理活动，包括路政管理过程中的组织形式、管理方法的变化。

1. 路政管理权变理念

①强调管理环境的变化性。权变理念认为，路政管理机构进行的路政管理活动所面临的环境是不断变化的，在当今科学技术发展突飞猛进和公路经营主体多元化的情况下，这种变化更为显著，环境的变化给路政管理活动带来深刻的影响。

②路政管理机构在路政管理活动中必须根据出现的新情况和新问题，抛弃一切过时的、落后的管理方式和方法，随时根据变化了的环境条件，采取灵活的管理方法。

③强调路政管理活动的有效性。只有对路政管理活动中各种关系及变化的环境有深刻认识，才能采取相应的策略，使路政管理机构及其人员适应环境的变化，进而实现组织目标，达到随机应变的目的。

④路政管理权变理念中的权宜应变，不是随意的、盲目的、毫无科学根据的应变，而是科学性、原则性与灵活性、创造性相统一的应变。

2. 权变理念在路政管理中的作用

①有利于路政管理思想的不断更新。随着路政管理理论和实践的发展，以及管理时间、地点和其他条件的变化，路政管理思想也会发生相应的变化。权变理念是一种主张不断改革和创新的理念。

②有助于指导路政管理实践活动。权变理念有助于路政管理机构根据变化的环境条件，采取不同的管理方式和方法。以便有效地指导路政管理实践。

③有利于路政管理理论的不断完善。有效的路政管理方法取决于对其环境的适应性与实践的相符性。这有利于路政管理者在适应变化的环境的同时，创造性地把理论运用于实际，做到具体情况具体分析，使路政管理理论得到不断完善。

三、路政管理的系统理念

路政管理的系统理念,是指路政管理机构及路政管理人员自觉地运用系统理论和系统方法,对路政管理要素、路政管理组织、路政管理过程进行系统分析,旨在优化路政管理的整体功能,取得较好管理效果的理念。

路政管理的系统理念主要有5点:

①整体理念。路政管理系统都是由各个管理要素、管理部门组成的有机整体,路政管理系统的各个组成要素和组成部分相互联系、彼此依赖。

②管理的动态理念。在路政管理活动中,路政管理系统的内部因素和外部环境都是不断发展变化的,要用发展变化的眼光分析路政管理工作中出现的新情况和新问题。

③路政管理的开放理念。就是要充分认识外部环境对路政管理活动所产生的影响,正确处理路政管理系统与环境的各种关系。

④路政管理的层次理念。路政管理层次的划分要与路政管理的要求相适应,包括路政管理的任务要求,路政管理的复杂程度要求以及管理幅度的要求等。

⑤是路政管理的信息理念。懂得掌握了信息就掌握了管理的主动权,就获得了管理目标实现的最可靠保证。

四、路政管理的择优理念

在路政管理中,管理的择优理念就是充分利用可能利用的条件,采取科学合理的管理方式和管理方法,以尽可能少的投入取得尽可能满意的管理效果。理解路政管理择优理念的要点是:路政管理的择优理念要建立在客观条件允许的基础上,必须体现于路政管理全过程的优化和路政管理系统的整体优化,树立路政管理的择优理念要坚持相对满意的准则。

路政管理活动的过程,从一定意义上说就是择优的过程。路政管理面对复杂系统、复杂情况和复杂环境,为了使路政管理取得较好效果,就必须树立择优理念,采用科学的择优方法,通过分析各种复杂因素,制定多种备选方案,最后选出一种相对满意的方案。

•第二节　路政管理的方法•

一、路政管理方法的含义

路政管理方法,是指能够保证路政管理活动朝着预定的方向发展,达到路政管理目的的各种专门的方式、手段、技术措施的总称。它是路政管理活动的主体作用于路政管理客体的桥梁。路政管理机构实施路政管理活动时,必须运用一定的方法,路政管理活动的过程也就是各种管理方法的应用过程。

现代路政管理方法的主要特点是效率化和科学化。在路政管理活动中,如果得不到地方政府的重视和支持,不与有关部门联系,不注重宣传,不借助群众的力量,只是独来独往的简单方式,一旦碰到实际问题,往往束手无策。反之,路政管理方法正确、科学、规范,就可不走弯路或少走弯路,达到“事半功倍”的效果。

二、路政管理方法的类型

1. 宣传先行的方法

路政管理主要宣传形式有:

文字宣传类,有标语、标志、布告、宣传稿、宣传手册等。这类宣传比较灵活,简单易行,是路政宣传普遍采用的形式。

影视宣传类,有电影、电视剧、电视专题片、电视新闻发布会、电视讲话、电视新闻纪实、电视系列报道、电视知识竞赛、幻灯片等。这类宣传形象直接,覆盖面广,效果较好。广播宣传类,有广播讲话、知识信箱、小品、广播剧等。这类宣传对广大农村效果较好。

报纸宣传类,有法规讲座、知识问答、新闻报道、知识竞赛、专题报道、正面宣传、反面曝光等。这类形式影响较大。

会议宣传类,有茶话会、座谈会、咨询会等,这也会收到预期的效果。

其他形式,如利用宣传车巡回宣传,宣传画、挂历、简报、贺年片等,也是简单易行的宣传方法。

2. 行政干预的方法

行政干预,主要是指路政管理机构及路政管理人员为完成路政管理任务,争取地方政府和领导的重视,通过政府和领导的行政干预,实现路政管理目标。

3. 行政沟通的方法

在现代路政管理中。行政要高效能地取得行政组织中人与人之间、人与组织之间、组织与组织之间的有效沟通。行政沟通有下行沟通、上行沟通和平行沟通。

路政管理牵涉到许多管理部门。四通八达的公路将几个管理部门紧紧联系在一起,路政管理机构管理路产路权,公安交警部门管交通事故,土地管理部门管公路两侧的土地使用,城乡建设部门管建房审批,工商部门管集市贸易和设摊营业。各个管理部门都有自己的一套法规规章,每个法规代表我国法制建设的一个棱面,它们都服务于依法治国这个总目标。由于我国的法制建设尚不完善,各项法规仍不配套,各个管理部门在管理时难免会出现偏差,因此,必须加强横向联系和部门协作,以协调解决这些矛盾。

4. 舆论监督的方法

舆论是广泛流行的、消除个人观点误差的多数人的共同意见。在社会生活中,许多重大舆论的出现都来自人类的传播活动,舆论的形成是社会意识广泛交流的结果,而各种传播方式便构成舆论形成的多种渠道。新闻媒介如报纸、电视、广播等是公共舆论的表达途径,在我国,新闻媒介的监督是很有效力的,而且在发挥越来越大的作用。路政管理中,运用行政手段、经济手段、法律手段都得不到解决的那些重大疑难问题,通过电视、报纸、广播等新闻媒介予以曝光,从而引起各级领导和有关部门的重视和社会各界的强烈反响,引起公众舆论,给违法者以舆论压力,使其自觉纠正违法行为。实践证明,路政管理中的许多疑难问题,通过舆论监督,往往能迎刃而解。

5. 经常性与突击性相结合的方法

路政管理的经常性是指路政管理人员巡查公路的密度,这是一种常规性的管理方法,目的在于及时发现问题和处理问题。在实际工作中,路政管理人员必须每天上路巡查,这是保证路政管理经常性的有效措施,实行动态管理与静态管理相结合,随时掌握路产情况,及时查处违法行为。

路政管理的突击性是指集中一定时间和一定力量对特定对象的专项管理。大规模的集中突击性管理,对于解决路政管理工作中的重点和难点,方法上具有较好的可行性。

在路政管理中,突击性管理主要以专项整治活动的形式进行。专项整治活动必须是有组织有计划地进行,要制订方案,明确目标,组织发动,落实措施。

在路政管理中，必须把经常性和突击性的管理方法结合起来，把两者割裂开来或强调任何一方而忽视另一方的做法都是有害的。经常性的巡查管理，便于及时发现违法苗子，及时处理违法行为，使违法行为不再继续。但有些路政违法案件光靠几个人进行管理显得力量不足，无法进行有效管理。因此，必须把有关路政管理人员集中起来，联合有关部门，形成强大威力，进行大规模集中管理，以保证路政管理活动的顺利进行，提高路政工作的整体管理效能。

6. 典型示范,以点带面的方法

典型是指最具有代表性的人或事物。纷繁复杂的客观事物,总是既包含个性,又包含共性。共性,是不同事物的共同性,个性是指各个事物的特殊性。典型是针对同类事物中的共性而言的,路政管理的典型示范,即以具有代表性的先进单位、先进经验和做法作为路政管理系统内其他单位学习的典范,借以推动全面工作。

路政管理工作中典型示范的形式有:召开路政管理工作现场会,召开路政管理工作经验交流会,路政管理对口检查,路政管理模范人员的事迹介绍等。值得注意的是,路政管理中的典型示范应能够代表管理活动前进方向并具有普遍意义。

●第三节 路政管理的手段●

管理手段是管理主体对客体实施管理的桥梁，传递着管理者对管理对象的作用，如果路政管理手段缺乏，就会削弱管理者对管理对象的控制，从而无法实施路政管理活动，降低管理权威和效能。在路政管理中，管理手段主要有行政手段、经济手段、法律手段和技术手段。

一、行政手段

路政管理的行政手段,是依靠路政管理机构的职能和权威,运用各种行政的决定、命令、规章制度、工作程序等手段,以鲜明的权威和服从为前提,直接左右被管理者的管理方法。行政手段具有权威性、强制性、无偿性、垂直性的特点。

1. 权威性

行政手段的根本特性是权威。由上级主管部门授权,公路路政管理机构行使的管理行为,是国家赋予的特令权、管理权、处罚权,用它来监督、检查、制约与高等级公路发生联系的社会组织和个人。依靠上级机关的权威和下级的绝对服从,直接影响被管理者的意志,左右被管理者的行动。它要求上下级在行动上完全一致,要求高等级公路路政管理部门各级机构与人员,完全置于上级的直接控制和影响之下。

2. 强制性

任何一种社会活动，如果没有一定的权威和服从，没有行政管理方式，都是不可能存在的。若各行其是，就不会有共同的目标、步伐和行为，也不会有社会活动。于是，一个社会要维持正常的活动，就必须集中社会的意愿，统一人们的言行，使用强制性的行政手段。所以，行政命令是实现管理功能的一个重要手段，没有这种行政命令，公路交通秩序就难以维持。由此推理，高等级公路的正常运行，必须排除客观存在的各种阻力和干扰，而排除阻力和干扰，就必须带有直接强制性质。

3. 一致性

按照行政管理的要求，各级路政管理机构和领导人的职权范围是有规定的，管理机构之间的关系也是明确的，这就有效地保证了路政管理机构内部之间，上下之间，单位之间在路政管理上的一致性。而行政命令，可使路政管理活动有效开展，使纵向信息传递迅速，管理措施作用发挥快，还能集中、统一、灵活地调动人力、财力和物力，迅速解决路政管理中的问题和矛盾。

4. 科学性

行政管理方式是建立在科学基础上的，必须遵循客观规律，符合事物发展的内在联系。高等级公路路政管理的行政手段也不例外，必须符合管理对象的实际情况。在路政管理中强调行政手段时，必须注意，行政手段不是强迫命令、个人武断，也不是否定其他管理方式。

如果高等级公路路政管理片面使用行政手段，将不利于路政管理相对人的经济利益，将挫伤被管理者的积极性，将影响路政管理机构的形象，从而影响路政管理工作的效果。因此，运用行政管理方式时，必须注意在法律和行政法规规定的职权范围内行使权力，也就是依法行使权力。

二、经济手段

路政管理的经济手段，是指在客观经济规律直接起支配作用的情况下，通过各种经济手段的运用，按照经济原则调节各种不同的经济利益的管理方法。经济手段具有间接性、关联性、平等性的特点。

经济手段的内容主要是发挥各种经济杠杆的作用，我国行政管理中运用的经济杠杆主要有价格、工资、利息、货币、信贷、税收等。各种经济杠杆都反映和调节着一定的社会利益关系。例如在路政管理中，超限运输车辆行驶公路，以及占用、利用公路设施，缴纳公路补偿费，它反映了国家和社会的经济利益，调节着国家与集体、国家与个人之间的经济利益关系。

经济手段作为一种强调贯彻物质利益原则的方法，不可避免地具有局限性。不能依靠它来解决行政管理中许多需要严格规定或立刻采取措施的问题，在现代生产力迅速发展的条件下，物质利益的刺激作用逐渐缩小。而且在社会中，个人利益、局部利益要服从社会的整体利益。因此，经济手段在路政管理中的作用不是无限的。

三、法律手段

路政管理的法律手段，是指通过各种法律、法规、规章等，调整路政管理活动中所发生的各种社会关系，保证和促进公路事业发展的管理方法。路政管理的法律手段具有稳定性、权威性、规范性的特点。法律、法规是由国家权力机关和行政机关所制定和颁布的，任何组织和个人都毫不例外地要遵守，这就是法律手段的权威性。各项法律、法规的实施，都得到国家强制力的保证，任何组织和个人都不允许对法律法规的执行进行阻挠，这就是法律手段的强制性。法律和法规都是用极其严格的语言，准确地阐明一定的含义，并且只允许对它作出一种解释，这就是法律手段的规范性。

法律手段是路政管理的主要手段，路政管理主要是依据《公路法》、《公路管理条例》、《超限运输车辆行驶公路管理规定》、《公路路政管理规定》以及地方性法规和规章来规范路政管理行为，通过对违法行为的处罚来保证路政管理法的贯彻执行。当然，路政管理的法律手段也有其局限性，它同其他通过上层建筑的力量来改变社会经济基础的方法一样，对社会发展会起到双重作用，既可以起到促进作用，也可起阻碍作用。如果各项法律法规和制度的实施不符合公路发展规律的要求，它就成为公路事业发展的严重障碍。此外，路政管理法只是上层建筑中属于法的一部分，它只能在最有限的范围之内（合法与非法的范围之内）调整和控制人们的活动。在法律手段作用的范围之外，还有各种关系的调整和管理工作要做。在路政管理活动中，法律手段的运用决不能代替其他手段的运用。因此，任何不适当地扩大法律手段作用范围的做法，都会给路政管理带来有害的后果。

四、技术手段

公路路政管理工作涉及面广，政策性强，要按照《公路管理条例》要求改变管理方式，提高管理与服务的能力，要重视以信息化为方向的公路路政管理现代化建设；要以节约人力、物力，提高效率为目标，加强信息化建设，提高装备的科技含量和管理系统的信息化、智能化水平，特别是高速公路由于车流量大、车速快、设施多、事故突发率高，就要求路政管理部门必须配备较好的监控、通信电子设施及其相应的巡逻、清障及至专门的救援物品，以便能快速反应，及时清障排障，保障行车的安全和畅通，如南京机场高速公路引进全套西班牙监控设备，耗资 30 万元；要不断学习，提高素质，掌握高科技管理手段，学会运用高技术装备和信息化系统来进行管理；要大力发展并运用路政管理网络系统、路政执法巡查车辆 GPS 卫星定位系统、超限运输车辆查询系统、标志标线管理系统等高新技术手段，提高管理、服务和整合资源的能力，推动管理方式方法的转变。

阅读材料

2004 年，浙江省 × 县公路管理段收到从县计委转来的一则政协提案，内容是对本县境内的 329 国道公路留地 20m 感到不解，认为该公路拓宽的可能性不大，20m 留地范围太多，造成了土地的大量荒废，要求利用荒废留地建房，以发展地方经济。

公路留地范围依据的是国家的法律、法规，当然不能因为局部利益而偏废法律法规，况且公路留地有着极其重要的作用，在提高公路使用质量、保障行车视线和行车安全、减少政策处理难度、降低公路建设费用等方面都发挥了重要的作用。但这一提案却从另一方面暴露出了路政宣传工作的薄弱。

路政宣传是路政管理工作中的一项重要内容，是多途径、多形式向各社会各界、特别是公路沿线居民宣传路政管理法律法规，不断扩大宣传教育的普及面，提高路政执法知名度，是制止违法建筑、强化红线控制的前提。路政宣传年年都在搞，年年都要考核，但要使其深入人心，仅靠布置任务、下达指标是不够的，最重要的是如何加大路政宣传的力度、广度和深度，化被动为主动，不使宣传工作流于形式。

经过一段时间的实践和摸索，作者觉得可以从以下几点来开展路政宣传工作。

一、增强对路政宣传重要性和必要性的认识

首先要从思想上摆正路政宣传的位置。宣传具有引导和预防的作用，所以它应该是其他路政工作的基础，千万不可认为它是可有可无的。其次，要取得各级领导的重视。要在当地政府和上级主管部门的统一领导下进行宣传，确定主管宣传的领导人，争取到专项宣传经费。再者，要有明确的宣传计划。路政宣传要列入路政工作年度计划，各宣传人员目标明确，职责分明，要有严密的考核体系。

二、建立宣传通讯网络，掌握第一手材料

路政宣传人员，光坐在办公室，靠下边报送几个数据，是写不出什么生动的材料的。所以，要经常深入一线，及时捕捉新闻线索。路政管理实行3级网络管理，许多有价值的第一手材料，大多集中在路政中队，因此，要在每一中队物色几名通讯员。当一线队员因工作忙碌等原因来不及写时，也可及时通知上一级宣传员，不错过有价值的宣传材料。

三、运用多种宣传手段，发挥舆论导向作用

宣传的方法多种多样，其中报纸、电台、电视是最有说服力同时也是对质量要求很高的媒体，要做到报纸上有文章，电台里有声音，电视里有图像，首先宣传材料必须有价值。这就要求宣传人员平时要多写、多练、多投稿。

要进行多层次、全方位的宣传，仅上述方法还不够，还有许多宣传手段操作起来相对简单，但作用却是不可低估的。比如，在人多热闹地方举办咨询会；向沿线群众分发路政小册子；利用黑板报、宣传窗讲解案例；宣传车上路宣讲法律；主要路段刷写宣传标语；制作宣传标牌；乡镇影院放映幻灯片等。

总之，要利用一切能利用的方法，向社会提供法律知识，报道最新动态，使群众了解、支持路政工作，从而使其他工作事半功倍。

四、增强宣传力度和广度，扩大路政工作影响面

以往的宣传主要侧重于国、省道及主要县道公路，而对于县乡公路，特别是山区公路往往不予重视，这对发展路政事业是不利的。既然法律对县乡公路路政管理有规定，如果放弃就是失职。为了改变县乡公路路政失控的现状，×路政大队于前几年陆续成立了×村路政中队和×路政中队，专门管理×县东、西山区的公路。由于山区路政管理在以前可以说是零，所以宣传在这里起到了举足轻重的作用。部分山区农民习惯在公路两旁、甚至在公路上乱堆乱放，头脑里根本没有路政这个概念，针对这一现状，路政大队在中队成立之前，开展了一次“路政宣传周”活动：连续出动宣传车上路宣传5d；分发宣传资料到每一村；邀请当地乡、镇、村领导及城建、工商、交警等有关部门召开座谈会；对乱搭乱建者发出限期拆除通知书；在有关报纸及乡镇有线电视台上刊登和播放信息等。在广泛宣传的基础上，会同有关部门在相对热闹路段展开几次大的整顿活动，由乡镇有线电视台现场报道。经过一系列行动，路政中队受到了当地群众的认可，乱搭乱堆现象明显好转。

五、抓住有利时机，注重宣传的时效性

宣传也要讲时机，在《公路法》和《宁波市公路路政管理条例》等法律法规出台之际，路政大队趁热打铁，及时联络新闻单位，举行大张旗鼓的宣传活动，收到了良好的社会效应。

新闻具有很强的时效性，路政信息要结合当前的工作，比如在交通系统全面实施行风建设时期，写有关加强服务、勤政廉政等内容就比较有意义；在植树节前后，写有关公路绿化、“门前三包”等材料，则稿件录用率相对较高。

六、联络各方感情，争取多方支持

路政宣传的对象是社会和群众，路政宣传的目的是普及路政法律知识、方便路政工作和提高路政机构知名度。宣传活动涉及方方面面，需要全社会的支持。因此，加强与各方面的联系必不可少。首先，要加强与乡镇及沿线群众的联系。通过经常走访，路政工作人员可以及时掌握社会各界对路政工作的反映，抓住有价值的信息。另外，还要加强与新闻单位的联络。对一些较重大或有代表性的事件，由记者介入，可取得意想不到的效果。如前段时间，在宁横公路上，由于一些运输车辆趁夜间无人管理，违章装载高炉矿渣等建筑材料，致使公路上渣土遍地，脏乱不堪，路政部门除加紧夜查外，还与×县电视台取得联系进行现场报道，有效地打击了违章运输行为。除此之外，还要加强宣传人员之间的联系。单位内和系统内宣传人员之间要举行一些交流，相互认识、交流经验、总结评比，这样有利于提高各单位的宣传水平。

七、抓典型事例，树典型人物

由于路政部门具有行政执法权，所以及时报道一些严格执法方面的事例，可以起到榜样作用，同时还能抵制社会上的说情送礼等不良风气。几年前一篇《僧面佛面都不看》的人物通讯，主要内容是×路政大队原大队长王×同志秉公执法的事迹，文章发表后，队员们纷纷以队长为榜样，自觉抵制不正之风，受到了上级和群众的好评。

在路政执法活动中，遇到行政干扰时有发生，退缩于法不容，硬顶又顾虑重重，在进退两难之际，若能写个问题新闻寻求舆论支持或是以内部简报形式报送有关部门，或许就能化解矛盾，解决问题。路政人员在处理省道甬梁公路违章广告牌事件时，就运用了路政简报的形式。甬梁公路上有一家公司在公路用地上擅自设立了多只灯箱广告，经路政人员依法律程序多次通知，拒不拆除，后由路政大队采取强制措施，派人把灯箱拆下保管，并通知该公司前来领取。谁知，公司负责人不予领取，还向镇政府诬告路政队员不依法定程序办事，砸烂了他们的灯箱，镇政府领导听信片面之词，把问题反映到了县里，路政人员及时把有关材料写成简报送到县政府，用事实和法律说话，并以此为典型阐述路政执法的难度及干扰。问题澄清后，该公司认识了错误，路政大队赢回了声誉。

八、建立激励机制，完善考核制度

对宣传工作搞得好的同志要给予适当的精神和物质奖励。内部要建立起一套有效的考核体系，以奖勤罚懒。要积极选送有关人员参加各类培训，比如写作、摄影、摄像、电脑等。这样，可以增强宣传人员的责任感与成就感，使路政宣传搞得更有起色。

（材料来源：浙江省鄞县公路管理段　王文君）

复习思考题

1. 简述高等级公路路政管理方法的含义。
2. 在高等级公路路政管理中应树立什么样的管理理念?
3. 简述高等级公路路政管理所采取的方法类型。
4. 简述在高等级公路路政管理工作中如何实施路政管理手段。
5. 实地考察当地路政管理方法现代化的情况,并撰写调查报告。

第四章

高等级公路产权管理

教学要求

1. 描述高等级公路路产管理的概念及特征；
2. 分析高等级公路建筑控制区管理；
3. 分析高等级公路附属设施管理。

保护公路、公路用地、公路设施，维护公路合法权益是公路路政管理的主要任务。本章将着重研究公路产权管理，如公路两侧建筑管理，挖掘、占用、损坏公路、公路用地和公路设施的管理等。

• 第一节　公路产权管理概述 •

一、公路产权的概念及特征

1. 公路产权的概念

公路产权也可以称公路的路产路权，是指交通主管部门代表国家依法管理以及经营单位进行收费经营的公路财产，包括公路、公路用地、公路设施以及公路的无形资产。无论是经营性公路还是非经营性公路，公路产权是一种国有资产，归国家所有。

公路是指经交通主管部门验收认定的城间、城乡间、乡间能行驶汽车的公共道路。公路包括公路的路基、路面、桥梁、涵洞和隧道。

公路用地是指公路两侧边沟或截水沟及边沟或截水沟以外不少于1m 范围的土地。公路用地的具体范围由县级以上人民政府确定。

公路设施是指公路的排水设施、交通安全设施、通讯设施、检测及监控设施、防护设施、服务设施、渡口码头、公路绿化、收费设施以及专用建筑物、构筑物等。

《公路法》第7条规定："公路受国家保护，任何单位和个人不得破坏、损坏或者非法占用公路、公路用地及公路附属设施。"

保护公路路产，维护公路路权，是路政管理的中心任务。公路路产路权的管理范围主要是公路两侧建筑控制区内的建筑、设施的管理权以及公路用地范围内的公路及公路设施产权维护。

2. 公路产权的特征

1)公路产权的一致性

公路资产产权的一致性主要是指,无论是收费公路,还是非收费公路,无论是收费经营公路还是收费还贷公路,也不论收费经营公路的收费年限,所有公路资产的所有权均归国家所有。可从以下3点分析:

①从公路产权特征看,国家对公路资产依法享有占用、使用、收益和处分等权利,根据法律规定和所有者的意愿,公路资产所有权中的占有、使用、收益和处分等权利可以互相分离,公路的所有权和经营权可以分离。由于收费经营公路是经营公司受让了国家公路的收费权或通过投资建设公路而依法取得公路的收费经营权,公路经营公司作为公路资产的产权主体,在收费年限内通过收费经营,获得公路资产的收益权,企业可以独立自主地充分行使经营使用权。

②从《公路法》的规定看,无论是非经营公路还是经营性公路,公路的所有权属于国家。《公路法》规定,有偿转让公路收费权的公路,转让收费权合同约定的期限届满,收费权由出让方收回。由国内外经济组织投资建成并经营的收费公路,约定的经营期限届满,该公路由国家无偿收回,由有关交通主管部门管理。如果收费经营公路的产权不属于国家,那么,无论是受让型的收费经营公路,还是由国内外经济组织投资建设的公路,收费期限届满后,不可能由国家收回。相反,正因为收费期满后国家予以收回,证明了国家拥有所有权,才可以对公路资产进行处分。

③在我国的国有资产中,除了以国家资金投入形成的资产外,还有大量的国有资产,是由法律规定形成的,如土地、矿藏、水流、森林、山岭、草原等自然资源及其开发使用的收益。我国公路建设用地一般通过国家划拨的方式取得,土地的所有权属于国家。而公路由于其本身的自然特性(如不可分割性等)决定了公路产权不能转移。

2)公路产权主体的双重性

产权主体一般是产权客体的承担者,公路产权的承担者从总体上说有两个,一个是国家政府,另一个是经营使用公路产权的企业单位。公路产权包括非经营性资产和经营性资产的产权。

(1)非经营性公路资产。

非经营性公路资产是指交通主管部门占有和使用,以社会公益服务为目的的国有资产,通常指的是非收费公路和收费公路中的还贷公路。包括3点:

①非经营性公路资产使用目的的服务性与非增值性。非经营性公路资产主要体现的是社会公益性,是为国民经济和社会发展服务,它不以盈利为目的,只能以社会服务为目的。其管理的重点是保证其实物形态的完整性,最大限度地发挥其效益,并不要求其增值。

②投入领域的非生产性。非经营性公路资产主要分布在社会的非生产领域,它是一种公共物品,交通主管部门对非经营性公路资产的使用虽然可以带动相关产业的发展,但它不直接生产出物质财富,不受市场的调节,没有市场的竞争性。

③非经营性公路资产资金来源的非直接性。它是指非经营性公路资产的补充、扩充的资金来源不可能从非经营性公路资产自身的使用结果中获得,只能来源于国家财政预算支出或公路养路费,它是一个非生产的消费过程,但又是社会再生产过程中不可缺少的一部分。

(2)经营性公路资产。

经营性公路资产是公路资产中最活跃的部分,是指由国内外经济组织依法投资建成的公路以及由国内外经济组织依法受让还贷性收费公路收费权的公路。收费经营公路的特点,一是经营性公路资产具有运动性,属于动态资产,经常发生从物质形态到价值形态,再到物质形态的互相转换,始终处于一种运动状态中,通过不断的运动实现自身的价值和增值。经营性公路资产经过了投入—运营—收益—分配—再投入的不断循环。二是经营性公路资产具有增值性。它是以"盈利为主要目的",即在保值的基础上不断实现增值。虽然公路资产经营以增值或盈利为目标,但并不等于它可以不顾国家整体利益和社会利益。经营性公路资产的增值性即追求利润最大化,是经营性公路业主的主要目的。

在公路产权关系中,经营性公路业主行使的是收费经营权,在两权分离的条件下,它们可以独立自主地充分行使收费经营权,但不能改变公路资产的所有权,即公路产权归国家所有的性质不变。

3)公路产权保护的特殊性

是指公路资产所有权除享受国家法律对一般性国有资产所有权的保护规定外,还享有特殊的条款保护,如非法占有的公路资产都必须索还等。《公路法》规定,公路受国家法律保护,任何单位和个人不得损坏、破坏或者非法占用公路资产。交通主管部门、公路管理机构负有管理和保护公路的责任,有权检查、制止各种侵占、损坏公路、公路用地、公路附属设施的行为。通过交通主管部门的管理,来确保公路资产保值增值。对于经营性收费公路,《公路法》还规定公路经营企业要按照国务院交通主管部门规定的技术规范和操作规程做好对公路的维护工作。在出让收费权的期限届满或者经营期限届满时,公路应当处于良好的技术状态。这说明公路资产无论是非经营性的,还是经营性的,公路产权的保护与其他国有资产产权保护相比有其特殊性。

4)公路资产的交易性

公路产权是市场经济的产物,是公路资产所有权在市场关系中的体现。公路产权具有可转让性,这种特性要求生产要素在生产过程中不断流动,并在流动中不断组合,使公路资产存量不断得到自我优化。

在公路资产产权体系的占有权、使用权、收益权、处分权中,主要是收益权的交易。《公路法》规定,有偿转让公路收费权的公路,经济组织投资建成的公路,由投资者收费经营。由此可见,公路产权交易具有其自身的特点:一是公路资产产权交易主要是收费经营权的交易。公路收费经营权是依托在公路实物资产上的无形资产,是指经省级以上人民政府批准,对已建成通车公路设施允许收取车辆通行费的收费权,和由交通部门投资建成的公路沿线规定区域内服务设施的经营权可以整体转让,也可以只转让车辆通行收费权。二是收费经营权有期限限定。对于有偿转让收费权的公路,收费权转让的期限由出让方和受让方约定并按有关规定审批。国内外经济组织投资建成的公路,收费经营期限按照收回投资并有合理回报(合理年限盈利期一般不超过投资预测回收期的50%)的原则,由交通主管部门与投资者约定并按规定审批。上述两种情况都不能超过国务院规定的年限,一般最长为30年。三是公路经营权转让以后,转让方在转让期内不得收回公路经营权,受让方不得以任何理由将公路经营权转让给第三方。

·第二节 公路两侧建筑控制区管理·

一、公路建筑限界

公路建筑限界是指为了保证车辆运行和行人的需要，在公路上的一定宽度和一定高度范围内不允许有任何障碍物的空间限制界线。各级公路的建筑限界，如图4-1所示。这里指的建筑限界包括路基、桥梁、隧道的建筑限界。在公路建筑限界内，不允许设置公路标志牌、护栏、行道树、电杆、信号机、照明等各种设施。净空限界包括行车道、中间带、硬路肩、应急停车带、自行车道、人行道等。

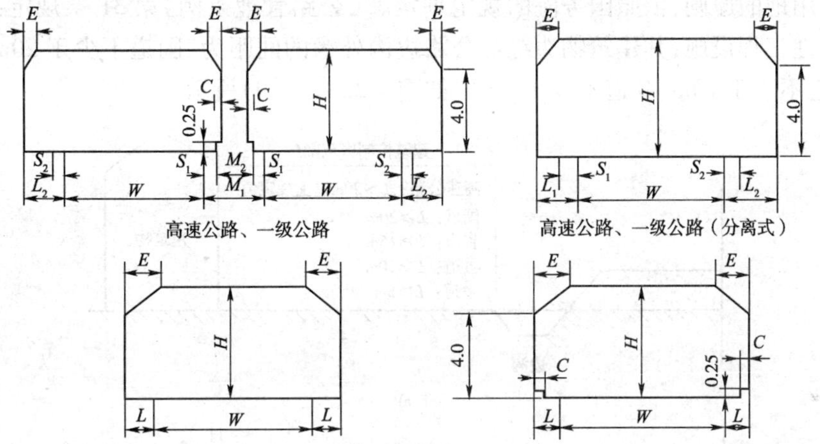

图4-1 公路建筑限界示意图

图中：W——行车道宽度；

C——当计算行车速度等于或大于100km/h为0.5m，小于100km/h为0.25m；

S_1——行车道左侧路缘带宽度；

S_2——行车道右侧路缘带宽度；

M_1,M_2——中间带及中央分隔带宽度；

E——建筑限界顶角宽度，当$L \leqslant 1$m时，$E=L$；当$L \geqslant 1$m时，$E=1$m；

H——净高，高等级公路和一级、二级公路为5.0m，三级、四级公路为4.5m；

L_1——左侧硬路肩宽度；

L_2——右侧硬路肩或应急停车宽度；

L——侧向宽度，高等级公路、一级公路的侧向宽度为硬路肩宽度（L_1或L_2）；其他各级公路的侧向宽度为路肩宽度减去0.25m；当桥梁、隧道设置的人行道宽度大于侧向宽度时，建筑限界应包括所增加的宽度；人行道、自行车道与行车道分开设置时，其净高一般为2.5m。

我国汽车运输载货高度限制为4m，汽车外廓尺寸规定最大高度也为4m，另外再加0.5m的安全高度。同时考虑到路面维修加铺的可能、冬季可能积雪，以及大件运输的需要，《公路工程技术标准》(JTG B01—2003)规定高等级公路、一级公路、二级公路为5m，三级、四级公路为4.5m。

净宽是指为保证车辆和行人的需要，公路横向上所必须满足的宽度，特别是桥梁和隧道等结构物，其净宽要求有着十分重要的意义。

当电信线、电力线、电缆、管道、渠道等与公路相交时，有关建筑物设施均不得侵入公路限界范围内，不得妨碍公路交通安全，也不得损害公路构造物及其附属设施。

二、公路两侧建筑控制区的概念

公路两侧建筑控制区管理，是公路产权管理的重要内容，其重点是公路路权的管理。

公路两侧建筑控制区，是指公路两侧规定范围内禁止修建建筑物和构筑物的限界，这个限界应以建筑物的滴水为准。《公路法》第18条规定："规划和新建村镇、开发区，应当与公路保持规定的距离并避免在公路两侧对应进行，防止造成公路街道化，影响公路的运行安全与畅通。"《公路法》第56条规定："除公路防护、看护需要外，禁止在公路两侧的建筑控制区内修建建筑物和地面构筑物，需要在建筑控制区内埋设管线、电缆等设施的，应当事先经县级以上地方人民政府交通主管部门批准，建筑控制区的范围，由县级以上地方人民政按照保障公路运行安全和节约用地的原则，依照国务院的规定划定。"《公路管理条例》第31条规定："在公路两侧修建永久性工程设施，其建筑物边缘与公路边沟外缘的间距为：国道不少于20m，省道不少于15m，县道不少于10m，乡道不少于5m。"如图4-2a）、b）、c）所示。

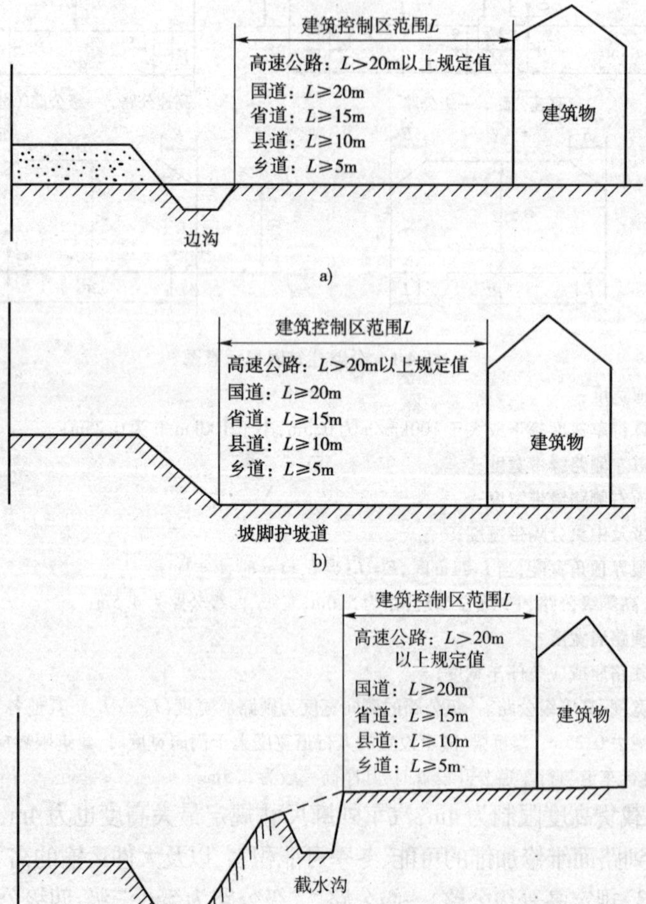

图4-2 建筑物边缘与公路边沟外缘的间距示意图

a）边沟；b）坡脚护坡道；c）截水沟

这里所称的建筑物，一般是指主要供人们进行生产、生活或其他活动的房屋和场所，如工业建筑、农业建筑、民用建筑等。公路法律规范中所称的构筑物，是指人们一般不直接在其中进行生产和生活活动的建筑物，如水沟、水渠等，这些皆称为工程设施。从建筑物的结构、使用时间、使用性质等可分为永久性建筑和临时性建筑。永久性建筑是指采用耐久性建筑材料构筑、使用期限在规定时间以上的建筑物。耐久性建筑材料主要是指钢、钢筋混凝土、砖、石等。临时性建筑是指采用非耐久性建筑材料构筑或使用期在规定时间以内的建筑物。建筑材料采用竹片、木杆、土坯、麦草、稻草、秫秸，或用砖石干砌、一层以下无永久性基础的简易建筑物、隔离栅、透景及半透景围墙，以及可拆卸的铁皮建筑物等，一般可视为临时性建筑。

关于公路两侧建筑控制区的法律规定，世界各国大多通过制定本国的法律予以明确。如德国《干线公路法》规定，公路两侧建筑控制区，干线公路自车道外沿算起，高等级公路 40m、联邦公路 20m 以内不准修建各类高大建筑。修建根本不可改变的各类建筑的控制区，高等级公路 100m，联邦公路 40m。日本《道路法》规定，将与道路沿线相连接的区域指定为沿道区域，沿道区域为道路两侧各 20m 范围，道路管理者必须及时公布其区域。韩国《道路法》规定，自一般道路境界线起 20m 范围内为沿道区域，自高等级公路境界线起 50m 范围内为高速交通区域。

根据现行的公路管理法律规范可以看出，把握公路两侧建筑控制区概念应注意以下 4 个方面：

①对于公路沿线在编制城镇和村庄规划以及新建村、城镇、开发区、专业市场等建筑物时，应当与公路保持一定距离，同时应块状发展，避免在公路两侧对应进行；公路沿线已形成的城镇、村庄（包括未设镇建制的工矿区的居民点、农场、林场场部及基层居民点），除已明确公路要改道外，不得继续沿公路发展，防止公路街道化，影响公路运行的安全与畅通。在此种情况下，公路建筑控制区的划定范围要远远大于《公路管理条例》第 31 条划定的范围。由于我国经济发展、人口布局、产业结构等的不平衡性，此类建筑控制区的划定应由地方人大或政府立法加以规定。

②《公路法》对公路两侧建筑控制区的具体范围没有数量上的限定，由县级以上地方人民政府按照国务院的规定划定。目前只有国务院于《公路法》出台前制订实施的《条例》第 31 条所确定的具体范围，地方人民政府在确定当地的公路建筑控制区的具体范围时，必须大于《公路管理条例》规定的范围。

③除公路防护和养护需要以外，在公路建筑控制区内禁止设置房屋等建筑物和其他构筑物，不存在路政许可。只要发现在公路建筑控制区内有违法建筑物和构筑物，就必须依法限期拆除，逾期不拆的由路政管理机构强制拆除。

④对于在公路两侧建筑控制区内埋设管线、电缆以及设置广告牌等设施的，只有事先经县级以上交通主管部门批准、办妥有关手续后才允许设置，收费公路还应征求收费公路业主的意见。

三、违法建筑形成的原因

1. 没有处理好市场经济和路政管理的关系，是导致违法建筑蔓延的根本原因

随着改革开放的进一步深入和市场经济的发展，公路的经济特性决定了生产要素向公路沿线集聚，特别是向高等级公路沿线集聚，形成公路沿线的产业带。通过公路促进区域经济的发展，这是修建公路的主要目的。但是由于没有处理好发展经济与发挥公路使用效益的关系，没有处理好建设与管理的关系，使公路沿线的开发区、集镇、市场等离公路太近，街道化态势严重，从而恶化公路环境，制约公路社会效益的充分发挥。

2. 公路沿线建设审批管理体制混乱，有关部门各行其是，缺乏有效管理，是造成违法建筑蔓延的主要原因

公路沿线建设，涉及到土管、城建、城市规划、公路路政、公安交通等管理部门和乡镇政府，在公路沿线建筑控制区的管理方面，一些管理部门各行其是，互不协调。相当多的乡镇政府各自为政，越权审批。由于公路两侧建筑红线范围内的土地所有权、使用权和管理权的分离，对违法建筑的宏观调控手段较弱。而对公路两侧建筑控制区担任主要管理任务的路政管理机构管理乏力，效果较差，致使对公路两侧违法建筑的预防能力大大降低，这是造成公路两侧建筑控制区内违法建筑蔓延、管理失控的主要原因，也是违法建筑蔓延的重要原因。

3. 法制观念淡薄，缺乏护路意识是导致违法建筑蔓延的因素之一

"靠路吃路"被看作是一条十分有利的致富门路。公路沿线住户纷纷将住宅改建为商店、饭店、旅社、停车场、修理铺。有的地方还以支持第三产业为由，以借用土地的方式，批准兴建众多的"临时建筑"，作为经营场所。在经济较发达的农村，农民收入普遍较高，农民住宅建设大幅度增加，由于实行土地承包责任制，宅基地调整极为困难，因而公路沿线的许多农民，仍在原地重建改建。

此外，还有一些远离公路的农民，千方百计把房屋迁至公路两侧开店经商。

四、公路两侧建筑控制区管理措施

为防止公路沿线的建筑向公路紧靠和延伸，避免出现公路街道化现象，充分发挥公路的社会效益和经济效益，努力为经济建设服务，各级路政管理机构必须充分行使职权，强化管理措施。

1. 建立严格的联合审批制度

经验表明，造成公路沿线建设混乱、违法建筑蔓延、管理失控的主要原因是没有建立一整套管理制度。因此，要迅速制止公路沿线建设的混乱状况，从根本上杜绝违法建筑的产生，关键在于要建立一套严格的审批管理制度，以克服部门间互不协调、各行其是的弊端。

省、市(地)、县(市)各有关部门和乡镇人民政府在编制城市、村镇规划、审批建设项目、办理土地征用、核发营业许可证等时，凡涉及到公路两侧建筑红线的，应事先报同级路政管理机构批准，对不按规定程序和要求审批的，必须坚决予以纠正，对拒不纠正的，上级政府要追究有关部门的责任。

2. 运用行政和经济手段，加强宏观调控

行政手段和经济手段是路政管理的重要手段和方法。公路两侧建筑控制区管理工作涉及面广，利害关系多，路政管理机构要通过充分运用计划和资金调控权，发挥经济的杠杆作用，加强宏观调控，要实行公路项目立项、资金补助与路政管理挂钩。对于路政管理搞得好，建筑控制区管理到位，没有违法建筑的县、市，给予优先立项和优先落实建设资金。对那些只要资金搞建设、不重视公路两侧建筑控制区管理的地方，在公路建设项目和资金上予以调控，这是加强建筑控制区管理的有效手段。

3. 树立超前意识，加强预防工作

公路沿线违法建筑一旦建成，拆除工作难度大，制约因素多，耗费精力大，而且对当事人也是一种损失。因此，必须树立超前意识，加强预防控制工作。一方面，要适应市场经济的新形势，努力争取各级政府和人大的支持，通过地方人大和政府出台公路建筑控制区管理的地方性法规、规章和措施，争取一定的管理权限和管理手段，抓好源头管理；另一方面，要通过公路规划或计划提前掌握辖区内公路改造后的新走向，在公路布线、施工开始时就介入管理，避免公路造到哪里，房子就建到哪里的被动局面。

4. 加强巡查处治，依法制止和拆除违法建筑

加强巡逻检查，是发现和纠正公路两侧建筑控制区内违法建筑产生和蔓延的有效方法。这是因为，公路沿线的农民住宅、小型饭店、旅馆等建筑物，建造速度快，少则几天，多的也不过几十天，如果不加强现场巡逻检查，对于那些未经审批任意建房的行为，不能及时发现，更无法有效制止和纠正。因此，要及时发现和纠正违法行为，必须加强源头管理和现场跟踪管理，把违法建筑制止于萌芽之中。

对违反《公路法》、《公路管理条例》及有关地方性法规和规章规定，在公路两侧建筑控制区内的违法建筑物，要严格按照法定程序予以强制拆除。

●第三节　公路路产管理●

一、公路路产的范围

《公路法》第 7 条规定："公路受国家保护，任何单位和个人不得破坏、损坏或者非法占用公路、公路用地及公路附属设施。任何单位和个人都有爱护公路、公路用地及公路附属设施的义务，有权检举和控告破坏、损坏公路、公路用地、公路附属设施和影响公路安全的行为。"因此，保护公路路产不受侵害，充分发挥公路的使用效益，是路政管理的重要任务。

公路路产包括公路、公路用地和公路设施。公路包括公路路基、路面、桥梁、涵洞、隧道。公路是公路路产的主要组成部分和管理内容。

公路用地是指公路两侧边沟（或者截水沟）及边沟（或截水沟）以外不少于 1m 范围的土地，公路用地的具体范围由县级以上人民政府确定。公路用地还应包括立体交叉、服务设施、安全设施、交通管理设施、停车设施、公路养护管理及绿化和苗圃等工程的用地范围。公路用地是公路路产的重要组成部分。

公路设施是指公路的排水设备、防护构造物、交叉道口、界碑、测桩、安全设施、检测及监控设施、防护设施、服务设施、渡口码头、花草林木、专用房屋等，是公路路产的重要组成部分。

交通安全设施主要包括护栏、示警桩、交通标志、路面标线、隔离设施、防眩设施、视线诱导标。它们不仅为公路使用者提供各种警告、禁令、指示、指路信息和视线诱导，而且也是公路必不可少的组成部分，这类设施因交通事故很容易被损坏。

二、公路路产的分类管理

（1）审批管理类。因修建铁路、机场、电站、通信设施、水利工程及其他建设工程需要占用、挖掘公路的；跨越、穿越公路修建桥梁、渡槽或者架设、埋设电缆管线的；农用机械、铁轮车、履带车和其他可能损害公路的机具、超限运输车辆确需行驶公路的；公路用地范围内确需设置广告等非公路标志的，路政相对方通过申请，由路政管理机构按规定审批准许挖掘、占用和利用公路事宜。具体如表 4-1 所示。

审批类路政项目

表 4-1

序号	申请内容	措施
1	挖掘公路、公路用地、公路设施	1. 办理手续 2. 缴纳公路赔(补)偿费
2	占用公路、公路用地、公路设施	
3	埋设、跨越各种管线	
4	农用机械、铁轮车、履带车、超限车辆上路行驶	
5	设置非公路标牌	
6	增设平面交叉道口	

(2)违法制裁类。对在公路、公路用地范围内摆摊设点、堆放物品、倾倒垃圾、设置障碍、挖沟引水、污染公路的；损坏、移动、涂改公路、公路用地及公路设施以及未经审批擅自挖掘占用公路、公路用地和公路设施的；未经审批擅自设置非公路标牌、超限运输、农用车辆等上路行驶，把公路作为检测机动车制动性能的试车场地的；在大中型桥梁和渡口周围 200m、公路隧道上方和洞口外 100m 范围内挖砂、采石、取土、倾倒废弃物、进行爆破作业和其他违法行为的，应依法作出处罚。路政处罚将在第九章中详细阐述。

● 第四节　路产损坏赔(补)偿 ●

一、路产损坏赔(补)偿的内容

公路是国有资产，受国家法律保护，任何单位和个人不得破坏、损坏或者非法占用公路、公路用地及公路附属设施。《公路法》第 86 条规定，对公路造成损害的应当依法承担民事责任。对于损坏、占用公路的赔(补)偿内容，《公路法》规定，占用挖掘公路或者使公路改线的，建设单位应当按照不低于该段公路原有的技术标准予以修复、改建或者给予相应的经济补偿；架设、埋设管线、电缆、渡槽等设施对公路造成损坏的，应当按照损坏程度给予补偿；铁轮车、履带车上路行驶对公路造成损坏的，应当按照损坏程度给予补偿；交通主管部门帮助超限运输单位采取防护措施，所需费用由运输单位承担。《超限运输车辆行驶公路管理规定》规定，公路管理机构进行的勘测、方案论证、加固、改造、护送等措施及修复损坏部分所需费用由承运人承担；对公路造成损害的，还应按公路赔(补)偿标准给予赔(补)偿，超限运输赔(补)偿费标准由各省(自治区、直辖市)人民政府交通主管部门会同同级财政、物价主管部门制定。

由此可见，路产赔(补)偿费，是指当事人直接或间接损坏公路路产、利用公路无形资产，按照国家法律规定和有关标准，向路政管理机构缴纳的有关费用。路产赔(补)偿费包括以下内容：

1. 手续费

按照地方性路政法规和规章规定，以及由省级财政、物价、交通部门规定的有关办理路政许可等事宜的费用,如超限运输通行证工本费,一般《超限通行证》工本费为10元/张。日本车辆限制令规定超限通行证手续费为1500日元,相当于人民币110元左右。

2. 勘察费

主要是超限运输方面的勘察费,如路政管理机构派员对超限运输所经路线进行勘测,选定运输路线,制定通过方案,护送超限运输等所需要的费用。

3. 赔偿费

是指修复损坏公路、公路用地、公路设施所需的费用。超限运输车辆行驶公路、挖掘公路、损坏、污染公路、损坏防撞护栏等公路设施,修复这些项目所需的费用。

4. 补偿费

主要是占用、利用公路、公路用地、公路设施以及利用公路无形资产的费用,如占用公路、公路接线接坡、建筑控制区批准设置的广告等的费用。

5. 其他费用

如强制拆除违法的非公路标志、建筑物所发生的成本费用,超限运输检测站卸载货物的仓库保管费、停车费等。

二、路产损坏赔(补)偿收费标准

由于各省经济和社会发展水平不同,公路工程的材料、人工价格等差异很大,对公路路产赔(补)偿及其他费用很难制定全国统一的标准,应由各省(自治区、直辖市)制定为宜。制定路产赔(补)偿标准应以各种路面结构及公路设施的工程造价为基准,考虑单项工程修复时的成本因素综合确定。赔(补)偿标准一般应适当高于工程造价,但不能超过太多。

路产赔(补)偿费标准可以分为路面类,路肩、边坡、排水设施类,桥涵隧道结构物类,公路设施类,具体如下:

(1)路面类赔(补)偿参考标准如表4-2所示。

路面类赔(补)偿参考标准 表4-2

项　目	规　格	单　位	参考价(元)	备　注
水泥混凝土路面	—	m^2	150	
沥青混凝土路面	—	m^2	100	厚10cm
沥青贯入式路面	—	m^2	80	
砂石路面	—	m^2	40	
半刚性基层	—	m^2	30	厚15cm
二灰基层	—	m^2	20	
撒落物污染路面	水泥路面	m^2	30	指煤、石灰、渣土、污泥、砂石、垃圾
	沥青路面	m^2	50	
撒滴漏污染路面	水泥路面	m^2	60	指腐蚀性污染、油污染
	沥青路面	m^2	80	
路面划痕	钢筋混凝土路面	延米	20	

(2)路肩、边坡、排水设施类赔(补)偿参考标准如表4-3所示。

路肩、边坡、排水设施类赔(补)偿参考标准　表4-3

项　目	规　格	单　位	参考价(元)
水泥路肩	—	m^2	60
沥青路肩	—	m^2	30
泥积碎石路肩	—	m^2	20
土路肩	—	m^2	20
边坡	—	m^2	50
干砌挡土墙	—	m^2	100
浆砌挡土墙	—	m^2	180
浆砌暗沟	—	m	180
浆砌明沟	—	m	100
土质边沟	—	m	120
水泥混凝土封顶	40×5	m	20
路缘石	—	m	50

(3)桥涵结构物类赔(补)偿参考标准如表4-4所示。

桥涵结构物类赔(补)偿参考标准　表4-4

项　目	规　格	单　位	参考价(元)	备　注
水泥涵洞	$\Phi=0.3m$	节	70	其他按照实际价格
水泥涵洞	$\Phi=0.4m$	节	200	
水泥涵洞	$\Phi\geqslant0.5m$	节	300	
盖板涵	钢筋混凝土	m^2	500	
桥栏杆扶手	钢筋混凝土	根	200	
桥栏杆立柱	20×20	根	100	
桥梁花板	钢筋混凝土	块	150	
墙式护栏	混凝土	m	200	
桥栏板钢管	$\Phi=0.3m$	m	200	
桥面	水泥	m^2	60	厚10cm
	沥青	m^2	50	
伸缩缝		m	1000	

(4)公路设施类赔(补)偿参考标准如表4-5所示。

公路设施类赔(补)偿参考标准 表4-5

项目	规格	单位	参考价(元)
柱式护栏	混凝土	个	150
移动式禁令标志	—	m	860
墙式护栏	混凝土	m^2	300
中央分隔带护栏	—	块	1430
W防撞护栏板	铁质4.3m	块	450
防撞护栏杆	铁质3.2m	根	350
防撞栏板托架	铁质	只	50
防撞端头全圆	—	只	30
防撞端头半圆	—	只	300
防眩板	—	块	600
防撞示警墩	水泥	个	5000
中间隔离墩	1墩2杆	套	300
铁质钢管隔离栅	—	m	100
水泥墩钢管隔离栅	—	m	60
轮廓标	—	根	100
里程碑	—	块	150
禁令标志牌	Φ1000	块	700
百米桩	—	根	70
示警桩	水泥、塑料	根	100
示警桩	钢管	根	200
分界碑	—	块	200
铁丝网	—	m^2	30
铁丝网竖杆(斜撑)	—	根	120
橡胶缓冲带	—	m	400
警告标志牌	Δ700	块	300
警告标志牌	Δ900	块	400
警告标志牌	Δ1100	块	600
禁令标志牌	Δ1300	块	800
禁令标志牌	Φ600	块	350
禁令标志牌	Φ800	块	450
指路、指示标志牌	Φ1200	块	1300
指路、指示标志牌	1000mm×2000mm	块	800
指路、指示标志牌	1000mm×2000mm	块	2850
指路、指示标志牌	1200mm×2400mm	块	3850

续上表

项　目	规　格	单　位	参考价(元)
指路、指示标志牌	1200mm×1600mm	块	1500
指路、指示标志牌	1400mm×1900mm	块	3000
指路、指示标志牌	1500mm×3000mm	块	4720
指路、指示标志牌	2000mm×4000mm	块	6500
地名、指示标志牌	1000mm×500mm	块	500
地名、指示标志牌	1200mm×600mm	块	600
辅助标志牌	300mm×1000mm	块	300
诱导标志牌	400mm×880mm	块	350
诱导标志牌	400mm×1800mm	块	500
标志杆(单立柱)	Φ89×3900	根	300
标志杆(单立柱)	Φ76×3900	根	250
收费电子显示板	—	块	6000
标志杆(单立柱)	Φ60×3900	根	215
标志杆(单立柱)	Φ48×3900	根	200
悬臂式立柱	Φ140×6700	根	3150
悬臂式立柱	Φ165×6700	根	4200
悬臂式立柱	Φ180×6700	根	5200
悬臂式立柱	Φ219×7000	根	10280
悬臂式立柱	Φ273×7500	根	14500
热熔型标线	—	m^2	60
常温型标线	—	m^2	30
水性涂料标线	—	m^2	40
收费亭玻璃	—	块	100
收费亭铝合金门窗	—	个	250
通道口不锈钢护栏	—	套	3000
收费岛混凝土	—	m^2	300
监控设备	—	套	按实际造价
收费亭防撞钢管	—	根	200
通道自动栏杆机	—	台	按实际造价
通道自动栏杆	—	条	500

(5)公路绿化类赔(补)偿参考标准如表4-6所示。

公路绿化类赔(补)偿参考标准　　表4-6

项　目	规　格	单　位	参考价(元)	备　注
行道树	根径5cm以下	株	50	
行道树	根径5~10cm	株	100	
行道树	根径10~15cm	株	150	
行道树	根径15~20cm	株	200	
灌木	高1.5m以上	从	100	可按实际计算
草皮		m^2	30	

三、其他收费类参考标准

其他收费类参考标准如表4-7所示。

其他收费类参考标准　　表4-7

项　目	规格	单位	参考价(元)
跨越、穿越公路及公路用地的各种管线设施	国道	m·年	60
	省道	m·年	50
	县道	m·年	30
	乡道	m·年	10
公路接线接坡	国道	m	100
	省道	m	80
	县道	m	80
	乡道	m	20
非公路标志牌	广告牌	m^2·年	40
	厂(店)名牌	m^2·年	20
	指路牌(其他标牌)	m^2·年	20
超限运输车辆卸载	卸载费	t	8
	装载费	t	10
	停车费	天	5
	保管费	吨·天	3
	补偿费	吨·公里	0.4

四、路产赔(补)偿费及其他费用的使用管理

路产赔(补)偿费及路政其他费用标准必须由省级交通、物价、财政部门共同制定,严格按3部门制定的标准实施,未经省级交通、财政、物价3部门同意或超过规定标准的,不得擅自收费。在实施收费项目前,各级路政管理机构应向当地物价部门申领《行政事业收费许可证》。依法收缴的赔(补)偿费,必须使用省财政部门统一监制的专用收费票据,同时加盖路政收费专用章。

路政赔(补)偿费原则上应全额返还于路产修复,属于收费公路的应及时返还收费公路业主;公路其他收费除用于修复路产外,可以用于弥补路政管理的宣传、办案及路政通讯设备费,但必须按照收支两条线的办法进行管理。

案例分析

案例一:行驶过程中发生爆胎肇事车拒不接受处理的案件

案情简介

2001年6月20日吉A568×大型车在×高等级公路公主岭辖段行驶过程中发生爆胎。造成路产损失2700元。路政人员巡路过程中发现此车,肇事车拒不接受处理,驾车沿高等级公

路吉林方向逃逸,路政人员驱车追逃的同时,向×处路政科请求协助。×处路政科工作人员接到请求协助电话后,将该车拦在高等级公路石头口门服务区内,准备将该车拖回处理,肇事车车主、驾驶人拒不配合。在路政科工作人员及交警多次说服、教育无效的情况下,路政执法人员依法对其实施强行拖车。在拖车作业过程中,车主与驾驶人王×突然钻入车下,意图阻止拖车。此时拖车与被拖车辆正在行驶中,二人随时都会有生命危险。路政执法人员当机立断,命令清障车停下,同时,将二人从车下拉出。由于驾驶人王×紧抓车前保险杠不放,造成其手指损伤。路政人员马上将其送到附近医院诊治并为其支付了医药费。肇事车被拖回处理。事发后,肇事驾驶人王×以路政人员故意伤害致其轻伤为由,于2002年1月10日向长春市朝阳区人民法院提起诉讼,诉请人民法院追究路政执法人员故意伤害的刑事责任,并附带要求民事赔偿。区法院经审理、合议。于2002年6月30日作出如下判决:路政执法人员在执行公务过程中,紧急情况下造成当事人手指损伤。没有伤害的故意,因王×阻碍公务在先,故路政人员不承担刑事责任。民事赔偿部分不予以审理,建议王×另行起诉。王×不服判决,上诉至市法院,市法院刑事二庭在双方自愿的基础上依法组织了调解。双方达成如下协议:王×放弃上诉请求。鉴于王×确有经济困难,被告所在单位以困难补助的名义给予王×一定的经济救济。该案终结。

案情分析

①这是一起典型的损坏路产逃逸案。辖段路政人员执法人员发现该情况能够积极追逃,并及时请求其他辖段路政人员协助处理,没有任由逃逸行为发生,这是具有很强工作责任心的表现。

②×处路政人员接到协助请求能够采取有效措施协助处理是非常值得提倡的。高等级公路联网、全封闭管理,各辖段路政执法人员应当互相协作,积极配合,从整体利益出发,坚决打击损坏路产逃逸行为,保护高等级公路的整体权益不受损坏。

③依据《公路法》、《吉林省公路管理条例》的规定,路政执法人员有权对损坏路产拒不接受处理的车辆采取限制通行的强制措施。本案中,肇事车损坏路产逃逸,路政执法人员有权限制该车,向该车追缴路产损失。同时在当事人不配合的情况下,有权将该车拖到指定地点处理。

④本案中,路政执法人员执法中致驾驶人王×手部受伤,但因王×阻碍公务在先,且用危险方法阻碍拖车,路政人员不应当承担责任。但是在实际工作中,处理特殊问题应当多想办法,要有灵活性。路政人员没有限制人身自由的权力,处理类似问题应当与交警部门协作。如遇阻碍公务的行为发生,应由交警部门处理。同时,路政执法过程中要严格遵守"文明执法、热情服务的宗旨。多做说服教育工作,尽量不要将矛盾激化,要将严格执法、严肃执法、文明执法有机地结合起来。

案例二:擅自在公路建筑区内设置建筑构成违章行为的案件

案情简介

2001年6月8日,×市开发区×村在×高等级公路吉林方向2km处,距离铁丝网隔离栅

1m 的外侧埋设通信电缆杆十余根，准备架设通信电缆，辖区路政执法巡查人员发现此种情况后，通知施工人员马上停止施工，同时下达了违章处理通知书。该村村长李×拒不理睬，带领村民继续施工。2001 年 6 月 9 日，辖区管理处路政科下达了限 5d 内将违章电缆杆及电缆无条件拆除的处罚决定。村长李×拒不执行。

2000 年 6 月 22 日，路政人员在多次说服、教育无效的情况下，组织人员强行拆除，李×不服，于 2000 年 6 月 30 日向×市开发区法院提起诉讼。

2002 年 7 月 15 日，×市开发区人民法院公开审理此案。7 月 20 日，×市开发区人民法院做出如下判决：原告所设电缆杆属违章建筑，公路管理机构将其拆除符合《公路法》及《吉林省公路管理条例》的规定，并无不当，对原告诉讼请求不予支持。李×服从判决，认识到未经审批擅自施工的错误，并向路政科提出重新架设电缆杆的申请。经路政科及上级主管部门决定后，准予在合适地点重新架设。

案情分析

①×村的行为违反了《公路法》及《吉林省公路管理条例》中关于公路建筑控制区管理的规定，是擅自在公路建筑区内设置建筑的一种违章行为，路政管理部门必须依法予以纠正。

②公路管理机构依据法律规定，有权自行组织拆除公路建筑区内修建的建筑物、地面构筑物或者擅自增设的管线、电缆等设施。经查明确属违章的，履行了一定的法律程序后，路政执法人员可以自行拆除。当事人阻碍的，可以申请人民法院强行拆除，这样的规定是为了提高路政执法的工作效率。

③公路建筑控制区的管理是路政执法工作中的难点。日常工作中，路政人员应当加强巡查，出现违章的苗头应及时制止，避免违章既成事实增加处理的难度。

④该案中，路政执法人员对违章建筑予以强行拆除的做法是应该提倡的，体现了执法的严肃性。

案例三：多方取证依法办案维护路产路权——西户高速“路政第一案”剖析。

案情简介

2003 年 3 月 8 日夜 12 时左右，西户高等级公路 18km 处发生一起交通事故，肇事车辆损坏西户高等级公路护栏板 3 节、钢桩 4 根、路缘石 4 块、风景树 5 棵，拉运的石料抛撒污染路面近 $50m^2$，路产经济损失达到 5000 元。肇事车主联系吊车连夜拖走肇事车辆，车号不详。

3 月 9 日，西安公路管理局驻西户高等级公路路政大队勘察了现场，制作了勘察笔录。在现场发现一张记录有吊车司机李×电话的联系卡。路政大队召开案情分析会，认为案发时段李×所接来电中会有肇事者的求助电话，应从联系卡入手，寻找肇事车辆。路政人员通过电话与李×取得联系，李×一开始不予配合。经过说服教育，4 月 10 日，李×交来 3 月份通话清单，核查后发现，家住长安区马王镇沣桥街 20 号的魏×在该时段曾与李×3 次电话联系。路政人员调查魏×时，魏×自己无车，但拒绝说明其他情况。4 月 20 日，路政大队研究决定重点在魏×居住的马王镇一带搜索，路政人员一边上路巡查，一边对这一带的车辆和驾驶员情况进行调查摸底。4 月 25 日，路政大队了解到一个信息：长安区斗门镇东村陈×的陕 A-03641 发生了肇事,已于3月17日将车卖给石匣村王×,当天,路政大队全体人员直奔石匣村,在村委会的支持和帮助下找到王×,并取得其和陈×签订的购车协议,买卖车辆正是陕A-03641。从王×处还了解到,事故车是从通达汽车修理厂拉回来的。4月25日,修理厂厂长梨×就3月8日夜12时左右的修车情况出具了书面材料,证明陕A-03641正是在该时段被送至该厂修理,放置约一周时间。至此,李×出具的电话通话记录、王×出具的购车协议、梨×的修车证明3种证据相互印证,可以认定,陕A-03641就是路政大队寻找一个多月的肇事车辆,案发时的车主正是陈×。

4月26日,路政大队向陈×下达了违法行为通知书。在铁的证据面前,陈×承认了自己的违法行为,并提出书面申辩材料,请求减轻处罚。4月29日,路政大队给当事人陈×下发处理决定书。5月6日上午,陈×主动履行处理决定书内容,缴纳路产损失赔偿费5000元,该案圆满结束。

案情分析

此案为西户高速路政大队成立以后查处的第一路政案件,此案圆满结束,在当地引起较大影响,初步树立了路政管理的权威。

①在路政案件中,公路管理机构是经地方性法规授权的行政执法主体,派驻收费公路实施路政管理是其法律规定的,西户高速路政大队以西安公路管理局名义进行路政执法,是符合法律规定的。

②行政执法要求事实清楚,证据确凿,路政人员以认真负责的工作态度,多方取证,不放过任何一个线索,取得了第一手证据,最终将此案办成铁案,符合行政执法的程序要求,尽到了公路卫士的责任,也为广大路政人员如何履行职责提供了借鉴。

③该案具有一定的复杂性,路政人员从案发现场仅有的一张小卡片入手,召开案情分析会,追踪调查,将视线锁定肇事车辆,并利用公路沿线良好的群众基础,最终找到肇事车辆,确定当事人。这种办案思路是正确的,为圆满结案打下良好基础。

④《公路法》和《陕西省公路路政管理条例》均规定,损坏公路路产的,车辆应停止行驶,并报告公路管理机构。但是,在实际管理过程中,很少有当事人主动报告的。车辆一旦逃逸,追回路产损失便十分困难。此案中路政人员一追到底,最终追回路产损失,这种敬业精神值得大力弘扬。

(材料来源:陕西交通报. 陈俊丽　路言　杨海峰)

案例四:管线与公路交叉的有关管理

案情简介

有一电力公司需跨越高等级公路建设一段电力线路,由于其不熟悉相关的法律、法规,故找到该路段路政科进行咨询,作为一名路政人员你将从哪几个方面进行解答?

案情分析

①电力线路跨越高等级公路系占用、利用高等级公路路产的案件,需要高等级公路管理部

门按程序进行审批。

②该电力公司须将设计图纸、方式方案等文件连同申请书,一并交由路政科,由路政科按相关程序逐级上报审批,待省级部门审批同意与管理处签订相关协议后,方可施工。

③根据管线与公路交叉管理的要求,该电力线路与高等级公路路间最小垂直高度应不小于7m,且与高等级公路相交时,最小交叉锐角应≤30°。

复习思考题

1. 简述公路产权的概念及特征。
2. 简述公路两侧建筑控制区的含义,理解公路两侧建筑控制区概念应注意什么?
3. 公路两侧建筑控制区管理措施有哪些?
4. 什么是公路建筑限界?
5. 公路路产损失赔(补)偿费收取的依据是什么?
6. 路产损坏赔(补)偿费的内容有哪些?
7. 实地调查当地高等级公路路产损失、赔(补)偿,并撰写调查报告。

第五章

高等级公路路政执法

教学要求

1. 描述高等级公路路政执法的特征、原则、具体内容和法律依据；

2. 分析高等级公路路政执法的3个难点：公路所有权属不清、相关法律法规不配套、公路管理体制不完善等实际问题；

3. 描述路政许可、路政监督、路政强制等几种路政管理行为；

4. 分析高等级公路路政管理中交通违法行为处治案例；

5. 分析高等级公路“三乱”治理案例。

●第一节　路政执法的特征与原则●

高等级公路路政执法，是指交通主管机关及其授权的公路管理机构，根据国家法律、行政管理法规、规章的规定，为保护公路、公路用地、公路设施、公路管理机构的合法权益，对高等级公路使用者以及其相对人所采取的直接产生法律效果的行政行为。

高等级公路路政执法，是交通行政执法的有机组成部分，是交通行政管理的重要内容，也是路政管理过程中不可缺少的中间环节。而任何行政管理活动，都分为事先管理与事后补救两个过程。在前一过程中，行政管理机关根据法律、行政管理法规、规章的规定，预先设定行为准则，主动干预社会生活，调整社会关系；在后一过程中，由于相对人对具体行政行为提出不服，有关国家机关必须对具体行政行为进行审查，作出维护或撤销原决定的裁决，从而解决行政争议。在这两个过程中，行政执法起着承前启后的作用，它是前一过程中不可缺少的环节，抓住了这一环节，对把握路政管理的全过程，搞好高等级公路路政管理工作有重要意义。

一、路政管理权限

《公路路政管理规定》第18条规定：除省级人民政府根据《公路法》第8条第2款就国道、省道管理、监督职责做出决定外，路政管理许可的权限如下：

①属于国道、省道的，由省级人民政府交通主管部门或者其设置的公路管理机构办理。

②属于县道的，由市（设区的市）级人民政府交通主管部门或者其设置的公路管理机构办理。

③属于乡道的，由县级人民政府交通主管部门或者其设置的公路管理机构办理。

路政管理许可事项涉及有关部门职责的，应当经交通主管部门或者其设置的公路管理机构批准或者同意后,依照有关法律、行政管理法规的规定,办理相关手续。

二、路政执法的特征

高等级公路路政执法在实践过程中,通常具有以下7个特征:

①高等级公路路政执法是路政管理部门的行为,它必须是交通主管机关及其授权的高等级公路路政管理机构的行为,而不是其他行政主体的行为。

②高等级公路路政执法是按照路政管理的法律和行政管理法规所明确的条款依法行使的行为。

③高等级公路路政执法是对管理相对人所实施的管理,对管理相对人的权利、义务发生影响的一种外部行政行为。

④高等级公路路政执法是指路政管理机构依法针对特定的人和事所采取的某种行政措施的行为,并能够产生相应的法律效果。

⑤高等级公路路政执法,是一种自由量裁决定的行政行为。所谓自由量裁决定的行政行为是指法律和行政管理法规对某种行政行为的内容、方式和程序只规定一定范围和幅度、允许行政主体在此范围和幅度内自由量裁决定的行政行为。如《公路管理条例实施细则》第56条3款规定,"对已造成公路设施损失的,责令停止施工作业,赔偿公路损失;情节严重的,另处以不超过公路损失赔偿费20%的罚款"。路政管理机构可以在规定幅度内进行处罚。

⑥高等级公路路政执法是一种要式行为,它是指必须依据某种方式或具有某种形式进行的行政行为。比如,作出处罚,必须向当事人送达《处罚决定书》;提出复议,必须向复议申请人送达《复议决定书》等。

⑦高等级公路路政执法受行政诉讼法和行政复议法的调整。若当事人对给予的处罚不服,可向上级公路主管部门提出行政复议;对上级公路主管部门的复议决定不服的,可以在接到复议决定书之日起15日内向人民法院起诉。

三、路政执法的原则

《公路管理条例》第23条规定:"公路主管部门负责管理和保护公路、公路用地及公路设施,有权依法检查、制止,处理各种侵占、破坏公路、公路用地及公路设施的行为。"

《路政管理规定》第4条规定:"县级以上地方人民政府交通主管部门设置的公路管理机构根据《公路法》的规定或者根据县级以上地方人民政府交通主管部门的委托负责路政管理的具体工作。"

根据上述法规和规章,路政管理机构具有合法的、独立执法的主体资格,在路政执法过程中,必须坚持以下原则:

1. 坚持以动态管理为主、以静态管理为辅的原则

高等级公路路政执法是对高等级公路路产、路权实施管理和监督的专门活动,要做好路政执法工作,必须从两方面工作着手:

首先,从静态管理着手,建立路政档案。包括路政处罚档案、路政复议档案和路政诉讼档案等。通过建立路政档案,全面掌握和了解高等级公路用地范围及公路产权,为高等级公路路政执法奠定必备的基础。

其次,从动态管理着手,实施上路巡查。因为路政违法案件中,除了非法占用公路用地以外,大部分违法案件主要是由分散性、流动性对象造成的。高等级公路路政管理人员,只有上路巡查,才能发现和纠正破坏、侵占公路路产的行为。通过上路巡查,有利于路政管理人员及时了解故障车辆、交通事故情况,及时了解路基、路面、桥涵、隧道及交通工程等设施的完好情况,搜集证据,为路政处罚提供必要的依据。

2. 坚持以教育为主,以处罚为辅的原则

高等级公路路政处罚的目的,在于预防路政违法案件的发生,教育路政违法案件当事人。处罚是手段,不是目的。在高等级公路路政执法活动中,要在充分体现有法必依、执法必严、处罚适度、依法办事的前提下,充分考虑违章情节,坚持教育为主,处罚为辅的原则。通过执法活动,对公路使用者进行教育,使其自觉地维护高等级公路的路产路权,依法使用公路。高等级公路执法人员,还要严格依法行政,坚决杜绝以罚代赔现象。对违法行为已造成路产损失的,不能对违法当事人仅以行政处罚了事,处罚是对违法当事人的一种惩戒措施,以期达到警戒和教育的目的。此外,还必须根据路产的实际损坏,给予等值的经济赔偿。

3. 坚持综合治理,与有关部门密切配合的原则

高等级公路的路政管理工作,涉及到社会的方方面面,不是用单一的方法和手段能够解决了的,必须与有关部门密切配合,取得社会的理解和支持。比如公安、国土、城建、工商等部门的密切配合,才能有效地控制公路两侧建筑红线,维护好公路沿线的治安,维护好公路路况,保障高等级公路的安全畅通。

4. 坚持执法为民,端正执法思想的原则

执法为民是依法治路的根基,执法的准则,力量的源泉,是路政执法工作和队伍建设的生命线。端正执法思想,坚持执法为民,对开创路政执法工作和队伍建设新局面,都有十分重要的意义。

1)端正执法思想、坚持执法为民是路政执法工作最根本的要求

端正执法思想,就是要解决好"为谁掌权、为谁执法、为谁服务"的思想问题;坚持执法为民,就是要解决好"掌好权、执好法、服好务"的工作问题。这两者相辅相成、密不可分。万事民为大,水能载舟,亦能覆舟。路政执法活动离开了人民的支持和拥护,就会成为无水之源、无本之木。只有大力营造全民爱路护路环境,使依法治路有序、健康、持续、协调发展,才能更好地发挥公路促进社会经济发展的作用。执法思想不端正,执法为民无法落到实处;不坚持执法为民,端正执法思想就是一句空话。端正执法思想,坚持执法为民,是对维护路产路权、确保公路畅通、依法治路的根本要求。

2)客观、科学地看待端正执法思想过程中出现的负效应

端正执法思想的冲击力,将会使少数路政执法人员头脑中不良的执法思想得到改正。执法为民的主旋律已在路政执法队伍中奏响,各级路政管理机关越来越多地对队伍建设、执法工作、执法模式进行审视、反思,推出了许多改革创新之举,有力地推动了路政执法工作的发展进步。同时,端正执法思想的举措也带来了一些负面效应,主要表现为,少数路政执法人员工作消极;部分线路沿途违章反弹现象严重,路政案件的查处率有不同程度地下降等。对此要辩证地分析、认识这些负效应,用积极的态度应对这些负效应,既不能熟视无睹、置之不理,更不能因为出现了这些负效应而放松或放慢端正执法思想的努力。

3）从思想和行动上真正落实端正执法为民

要站在实践“三个代表”重要思想的高度，站在维护社会稳定、增强群众安全感、推动公路工作持续发展的高度，采取积极有效的措施，不断深化端正执法思想的改革，切实坚持执法为民。

加强公路法治精神和人本理念的培养。路政执法人员坚持执法为民，必须从头脑中剔除特权思想，牢固树立法治精神和人本理念，切实做到对法律负责和让人民满意的统一。法治精神的实质是法律至上的信念，它解决的是执法的形式问题，即一切执法行为都以法律为准绳，当法律与其他一切社会、政治、经济等各方面因素发生冲突的时候，要毫不动摇地维护法律的尊严；人本理念的实质就是维护公民包括违章人的合法权益。要让执法人员知道，乱作为或不作为都有悖于法治精神。在执法工作中，要牢固树立人本理念，以维护和保障为公路安全畅通为中心，真正把为社会为人民服务作为第一信号，把人民群众的需要作为第一选择，把人民群众的满意作为第一标准，切实做到管好公路为人民。

积极帮助解决路政管理“怎么办”的问题。要加强对执法人员的学习教育培训工作，认真落实培训学习制度，积极探索“岗前培训”、“岗位练兵”的教育训练模式，不断提高教育培训质量和水平。加强对路政执法人员进行依法办事的教育，加强思想教育、转变思想观念，逐步增强内心的约束力；同时，强化监督、制约、激励等措施，切实增强外力的作用。以为民、便民、利民为基点改革执法运行模式。路政机关过去采用的执法模式，主要是从自身工作的角度、从便于管理的角度来考虑、设计，而没有真正从维护群众利益的角度出发来考虑。随着社会经济的发展，路政执法应深入开展为民、诚信、公正、文明执法活动，以宣传教育为主，多形式、多层次辐射扩大宣传面，进村入户，服务上门，排忧解难办实事，以情感人、以诚取信的有情执法模式，积极营造全民爱路护路的良好执法环境，不断拓展路政管理新局面。

路政执法是为了保护人民群众的公益设施——公路，端正执法为民，不能光对执法人员提要求，还必须积极想办法解决执法人员在执法中遇到的各种困难，优化执法环境。一是要加大政府支持力度，使路政管理行为上升为政府行为。牢固树立“安全畅通的环境才是良好的投资环境”的理念，正确处理好优化经济环境和优化执法环境的关系，坚持依法行政，避免和减少行政干预。二是要建立齐抓共管网络，实行综合治理，使路政管理行为真正变为社会行为。三是要严格按照《公路法》的规定履行职权，严格依法治路，确保公路完好畅通，为人民群众提供便捷、舒适、优美的出行环境。

• 第二节 路政执法的内容 •

一、路政执法的内容

根据《公路管理条例》、《公路管理条例实施细则》和《路政管理规定》的规定，高等级公路路政执法的具体内容有12项：

（1）负责管理和保护路产路权，依法检查、制止、处理各种侵占、破坏公路、公路用地及公路设施的行为，保证高等级公路的安全畅通。

公路路产的内容：根据《公路管理条例》第39条和《公路管理条例实施细则》第34条的规

定,包括:公路的路基、路面、桥梁、涵洞、隧道、排水设备、防护构造物、交叉道口、界碑、测桩、安全设施、通讯设施、检测及监控设施、养护设施、服务设施、渡口码头、花草树木、专用房屋及公路用地等。

公路路权的内容:指对公路的所有权和使用权,包括:公路平面和公路净空使用权;公路执法部门根据国家法律规定对公路的管理权。

适用公路的类型主要有3种:

①有偿使用,即机动车使用公路必须按国家规定缴纳养路费、通行费。

②禁止使用,即履带车和铁轮车不得在铺有路面的公路上行驶。

③有条件使用,即采取有效技术保护措施后,允许超过桥梁限载标准的车辆通行。

高等级公路是国家财产,为了使高等级公路得到合理利用,发挥其应有的经济效益和社会效益,高等级公路路政管理部门对路产路权的管理应包括以下内容:

①对现有高等级公路路产进行核定,进行路产调查,建立路产档案。

②对新建高等级公路竣工验收给养时的公路产权资料进行审定、验收等。

③对高等级公路产权变更的审定,以及公路改建、扩建时,旧路产权变更的审定等。

④依法检查、制止、处理各种侵占、破坏公路、公路用地和公路设施的行为,追究违法当事人的法律责任。

具体工作有两项:

一是高等级公路路政管理机构根据《公路管理条例》、《公路管理条例实施细则》和《路政管理规定》的有关法律和行政管理法规、规章的规定,在公路及公路用地范围内,禁止行政相对人实施以下行为:

①设置电杆、变压器、地下管线或其他类似设施。

②设置棚屋、摊点、维修场所及其他类似设施。

③堆放垃圾、建筑材料及其他堆积物。

④挖掘、采矿、取土、引水灌溉、排放污水、种植作物、沤肥及其他类似作业。

⑤任何违章利用、侵占、破坏路产的行为。

二是高等级公路路政管理机构依据有关规定,禁止在公路大中型桥梁和渡口上下游各200m、公路隧道上方和洞口外100m范围内:

①采挖砂石、淘金开矿、修筑堤坝、压缩或扩宽河床、烧荒、刷坡、爆破、取土、伐木或进行其他类似作业。

②倾倒垃圾、污物、堆放或倒运物资或进行其他类似活动。

③有任何妨碍公路桥梁、隧道安全和畅通的行为。此外,在公路两侧从事开山、采矿、伐木和施工作业,不得危及公路、公路设施的安全。如有危及的可能时,从事作业的单位或个人应在作业前报当地高等级公路管理部门,同时采取必要的防护措施;已发生危及路产安全的,须立即停止作业,听候处理。

(2)负责除公路防护、养护外,占用、利用或者挖掘公路、公路用地、公路两侧建筑控制区,以及更新、砍伐公路用地上的树木等事宜的审批。

(3)负责因修建铁路、机场、电站、通信设施、水利工程和进行其他建设工程需要占用、挖掘公路或者使公路改线等事宜的审批。根据上述规定:兴建铁路、机场、通信设施、水利工程和进行其他建设工程,需要挖掘公路或占用、利用公路、公路用地和公路设施时,建设单位和个人必须事先征得高等级公路路政管理部门同意,签订协议,并承担按原公路技术标准修复或按规划标准改建公路的费用,影响交通安全的,还须征得公安交通管理机关的同意。

(4)负责跨越、穿越公路,修建桥梁、渡槽或者架设、埋设管线等设施,以及在公路用地范围内架设、埋设管(杆)线、电缆等设施事宜的审批。根据上述规定:"修建跨越公路和各种桥梁、渡槽、管线等设施,应事先征得高等级公路路政管理部门同意,必须考虑公路的远景发展规划,满足公路工程技术标准规定的各项几何尺寸及净空的要求"。因施工造成公路及公路设施损坏的,由损坏方承担公路管理部门为此采取技术保护措施的费用和修复损坏部分的费用。

(5)负责因抢险、防汛需要在大中型公路桥梁和渡口周围200m范围内修筑堤坝、压缩或者拓宽河床等事宜的审批。

(6)负责铁轮车、履带车和其他可能损害公路路面的机具需要在公路上行驶等事宜的审批。根据上述规定:履带车、铁轮车以及类似可以损害路面的其他运输机具,不得在铺有路面的公路上行驶;必须通行的,须经高等级公路路政管理机构批准,根据长期通行或临时通行的不同情况,分别采取技术保护措施,并由车主承担修复损坏部分的费用。

(7)负责超过公路、公路桥梁、公路隧道或者汽车渡船的限载、限高、限宽、限长标准的车辆,确需在公路上行驶等事宜的审批。

(8)负责在公路用地范围内设置公路标志以外的其他标志等事宜的审批。

(9)负责在公路上增设平面交叉道口等事宜的审批。

(10)负责在公路两侧的建筑控制区内埋设管(杆)线、电缆等设施等事宜的审批。

(11)负责更新砍伐公路用地上的树木等事宜的审批。

(12)负责高等级公路两侧建筑控制区的监督管理。

根据《公路管理条例》、《公路管理条例实施细则》和《路政管理规定》的规定,在国道、省道、乡道外缘的一定距离内禁止构筑永久性工程设施。控制建筑红线距离的具体规定是:建筑设施边缘与公路边沟(坡脚护坡道、坡顶截水沟)外缘的最小间距,国道不少于20m、省道不少于15m、县道不少于10m、乡道不少于5m。其中,高等级公路、一级公路和封闭的二级公路不少于30m,立交桥、通道不少于50m。除公路防护、养护需要外,禁止在公路两侧的建筑控制区内修建建筑物或地面构造物。

二、公路"三乱"的治理

1.公路"三乱"的主要表现形式

公路"三乱"是指在公路上乱设卡、乱罚款、乱收费的现象,是一种部门和行业的不正之风。其主要表现形式为:

①一些地区和部门,巧立名目,对车辆进行乱罚款、乱收费。

②公路收费站点过密,收费行为不规范,有的超越审批权限,盲目设置收费站;有的不按规定或不经批准,先收费,后修路;有的虽经批准设站,但收费项目过多,收费标准偏高。

③一些公路执法人员在上路执法时,违反国家有关规定,逢车必查,每查必罚,以罚代管,多罚多收以及为其他部门"代查"、"代罚"或"搭车收费"等违章行为。

④强行洗车。

2. 公路“三乱”的危害

一是严重影响公路畅通，扰乱正常的交通秩序；二是加重了企业和人民群众的负担；三是腐蚀干部职工队伍，有损行业行政执法部门的形象，败坏党风和社会风气。

3. 治理公路“三乱”的措施

①结合税费改革，切实抓好公路收费站点的清理整顿工作，从源头上为治理“三乱”创造良好的环境。

②全面清理整顿公路收费站点，所有公路收费站和检查站做到设置规范，管理有序。

③坚持开展以明查暗访为主要形式的监督检查，从严查处违纪案件，从社会上聘请义务监督员，接受社会、舆论监督。

④继续开展文明样板路的创建工作。

⑤加强执法队伍建设，提高执法人员素质。

4. 治理公路“三乱”的考核标准

①未经省级政府批准的收费站、检查站撤除率达到100%，经批准设置的收费站、检查站符合国家规定条件。

②除交通、公安、林业部门以外，没有其他任何部门、单位在公路上设站、检查、罚款、收费的。

③各级政府及有关部门没有向上路的执收执罚单位和人员下达收费、罚款指标的。

④各省对发现的交通、公安、林业上路执罚人员的乱收费、乱检查、乱罚款问题，查处率达到100%。

⑤公路上和城市人口处无强制拦车清洗行为。

⑥各省通过对运输企业和驾驶人员的问卷调查，对本考核标准前5项表示满意和比较满意的要达到70%以上。

阅读材料

公路“三乱”何以屡禁不绝

2005年以来，陕西省×县工商局利用潼关这一“风水宝地”，大发横财。他们多次在连霍高速陕西潼关收费站处，强行对入境的货车进行拦截，以货物有质量问题为由进行罚款，数额一般都在万元以上，而且不出具任何凭证，不少车主把潼关戏称为“鬼门关”。河南省巩义市一车主张×，因在过潼关时被工商人员非法罚款2.7万元后，不堪重负，回家后竟服毒自尽。(2006年5月22日《河南商报》)

一个县的工商局竟然在高等级公路拦车收费，没有交警的配合，这费怕是收不上来；收了费不开票或者多罚少开，这又是公然地违法行政。所以，陕西省×县的乱收费绝不仅是行风问题，估计顺着乱收费这条线查下去，会查出一个“窝案”。但最大的问题是为什么公路“三乱”治理整顿了这么多年，可仍不绝迹，有的地方甚至还相当严重。分析原因主要有以下3个方面：

一是“执罚行政”作怪。一些地方，为了弥补财政不足，便让有执法权的行政部门自己动手解决，罚的款一部分上缴财政，另一部分作为奖励返还给执“罚”单位。这样做，既缓解了财政压力,又增加了"收入"。为了调动"执罚"的积极性,不仅每年的罚款的任务水涨船高,而且每个执"罚"单位将罚款任务分解到科室和个人。而罚款的"潜力"不是无限可挖的,当罚款的任务超出正常的承受阈值后,执"罚"者便会铤而走险,任意扩大罚款途径,"创新"罚款方法。

二是公路罚款是效益最好、执罚最省力的罚款途径。相对于其他罚款途径来说,到公路上执"罚",将外地车辆和司机作为罚款的对象,风险小,罚款入库快。外地司机人生地不熟,一般不敢争辩,而且没有人为其说情,罚款时不用有那么多顾虑。外地车辆都急着赶路,不愿为罚款耽误生意,所以,都会"花钱消灾"。

三是对外地车辆和司机罚款"额外收入"来得方便。几乎所有的公路"三乱"都有贪污受贿相伴,因为面对外地司机的逆来顺受,执"罚"者多罚少开票甚至不开票的"勇气"会大增,而罚款中的"讨价还价"又让许多司机选择了"开不开票无所谓,少罚就行"。正是因为在公路上罚款可以得"外快",所以,不少执"罚"者都更乐意到公路上罚款,为了"公平",一些单位甚至让执"罚"者轮流到公路上罚款,以使单位内部"个人收入差距不至过大"。

所以,公路"三乱"不只是一个行风问题,而是往往与违法犯罪相联的问题,如果只靠纠风办明查暗访,或者有人举报就查一查,没人举报谁也不过问,那"三乱"永不会绝迹。因为"三乱"这块臭豆腐对一些执"罚"者的吸引力太大。

(材料来源:浙江在线新闻网站.张铁鹰)

•第三节 路政执法的法律依据•

一、路政管理法规的表现形式

高等级(速)公路路政管理的法律依据比较广泛,其表现形式主要有法律、法规、规章以及法律解释等。

1.《宪法》

《宪法》在我国是由作为国家最高权力机关的全国人民代表大会依据严格的程序制定的,是我国的根本大法,也是其他一切形式的法律和法规的母法及其效力的终极渊源,具有最高的法律地位和法律效力,任何法律、法规都必须以宪法为基础,不得与其相违背。

在《宪法》中,没有任何具体的条款对高等级(速)公路管理进行规范,这是因为宪法作为母法,它只对全局性、根本性的行政法律问题做出原则性的规定。就其本质而言,与其说它是一部法,不如说它是一种法的精神、法的灵魂。因此,尽管《宪法》没有具体涉及高等级(速)公路路政管理,但任何有关高等级(速)公路的法律、法规、规章都渗透着宪法的灵魂,体现着宪法的精神,并不得与宪法相抵触。《宪法》是高等级(速)公路管理法规产生的依据和法源,公路管理法规是宪法有关行政管理的具体化。

《宪法》规定:"国家保护社会主义公有财产。禁止任何组织和个人用任何手段侵占或者破坏国家和集体的财产"。公路作为我国一项重要的基础设施,具有很明显的社会公益性,属于社会主义公有财产的范畴。为此,《公路法》第7条明确规定:"公路受国家保护,任何单位和个人不得破坏、损坏或者非法占用公路、公路用地及公路附属设施"。"任何单位和个人都有爱护公路、公路用地及公路附属设施的义务,有权检举和控告破坏、损坏公路、公路用地、公路附属设施和影响公路安全的行为"。

2. 法律

法律专指由全国人民代表大会及其常务委员会制定的规范性文件。法律按其制定主体的不同可以分为两类,一类是由全国人民代表大会制定的,称为基本法律;另一类是由全国人民代表大会常务委员会制定的,称为一般法律。基本法律和一般法律的效力仅次于宪法,高于其他规范性法律文件。与法律相抵触的其他规范性法律文件一律无效。

到目前为止,我国有关公路方面的法律最为权威的是1998年1月1日起实施的由中华人民共和国第8届全国人民代表大会常务委员会第26次会议通过,并由1999年10月31日第9届全国人民代表大会常务委员会第12次会议修改过的《公路法》。《公路法》最大的贡献之一就是明确了路政执法的执法主体资格问题,《公路法》第8条第4款规定:"县级以上地方人民政府交通主管部门可以决定由公路管理机构依照本法规定行使公路行政管理职责"。这使公路管理机构(路政管理机构)通过接受有权机关的委托来行使路政管理的职责有了法律依据。

3. 法规

法规按其法律地位和效力的不同,可分为行政法规和地方性法规。行政法规在我国是由作为国家最高行政机关的国务院制定和颁布的,它是有关国家行政管理活动的规范性文件,其法律效力和地位在宪法和法律之下,但高于地方性国家机关制定的地方性法规。1987年10月13日国务院国发[1987]92号文发布的《公路管理条例》就是一部关于公路管理方面的行政法规,该法规第4章比较系统、全面地阐述了有关公路路政管理内容,解决了我国很长一段时期公路路政管理无法可依的问题。除《公路管理条例》以外,国务院发布的有关公路路政管理的通知、意见等,当属此例。

地方性法规,是指省、自治区和直辖市以及省级人民政府所在地的市和国务院批准的较大的市的人民代表大会及其常务委员会在宪法、不同法律和行政法规相抵触的前提下所制定的规范性文件。在国家《公路法》颁发后,地方结合本地区的实际,制定出一些地方性公路管理法规,使公路路政管理工作具有完整的法律体系。比如,四川省人大8届9次会议通过的《四川省路政管理条例》,甘肃省第8届人大常务委员会第25次会议通过的《甘肃省公路路政管理条例》;江苏省第9届人大常务委员会第33次会议通过的《江苏省高等级公路条例》等,均属于地方法规。

4. 规章

根据我国有关法律规定,规章可分为部门规章和地方政府规章两种。部门规章是指由国务院所属各部、各委员会发布的决定、命令、指示、规章等,具有规范性。在我国有关公路路政管理方面的部门规章主要是指由交通部发布的决定、命令等,如交通部2003年第2号部令发布的《路政管理条例》,它是《公路法》最为重要的配套法规之一,它的发布是我国公路领域管理工作的一件大事,必将对我国公路管理工作进一步向"依法治路"迈进产生深远的影响。

到目前为止,交通部出台的与高等级(速)公路路政管理有关的规章有以下几种:

(1)交通部1990年第24号令发布的《公路路政管理规定》(试行),该《公路路政管理规定》已经被交通部2002年11月26日第12次部务会议通过的《路政管理规定》更新替代,自2003年4月1日起施行。

(2)交通部2000年2月13日发布新的《超限运输车辆行驶公路管理规定》,该规定自

2000年4月1日起施行。

(3)交通部1988年6月28日发布的《公路管理条例实施细则》。

(4)以下各种行政文件,也属于行政规章的范畴:

①交通部交公路发[2000]463号文关于发布《高等级公路联网收费暂行技术要求》的通知。

②2001年6月22日,交公路发[2001]328号《关于印发〈公路养护与管理发展纲要(2001~2010年)〉的通知》。

③2001年8月6日,交公路发[2001]409号文《关于印发〈2001年度全国高等级公路养护管理工作检查实施方案〉的通知》。

④2002年12月10日交通部发布的《公路监督检查专用车辆管理办法》。

⑤交通部2003年3月21日发布的《关于印发全国超限运输车辆行驶公路通行证式样的通知》。

⑥2003年5月27日,交通部交公路发[2003]201号《关于印发路政管理文书(格式)的通知》等。

除了上面介绍的交通部出台的与高等级(速)公路路政管理有关的规章外,还有地方规章。地方规章是指省、自治区和直辖市的人民政府根据国家法律、行政法规和本省、自治区、直辖市的地方法规制定的规章。地方政府规章在本行政区域内具有法律效力,适用于本地区的路政管理工作,比如,江苏省政府颁布的《沪宁高等级公路江苏段管理办法》。

5. 法律解释

法律解释,也是高等级(速)公路路政执法的依据之一。所谓法律解释,是指由特定的机关、组织或个人,根据国家的立法意识、法理原则和政策观点对现行的法律条文的内容、含义以及所使用的概念、术语、定义等所作出的必要说明。法律作为一种社会规范,不可能对一切社会现象都做出规定,因此,抽象的、有限的规定在适用于具体情况时往往会有不同的理解,这就需要统一的法律解释。否则也就谈不上法制了。应当注意的是,法律解释不得与被解释的规范性文件的法律规定相抵触。

另外,在高等级(速)公路路政管理中,除了执行法律、法规、规章以外,还要执行一些县或县级以上人民政府制定的规范性文件,这些规范性文件既不是法规也不是规章。根据我国宪法和组织法的有关规定,称之为行政措施。它实际上是省、自治区人民政府所在地的市和经国务院批准的较大的市对本市地方性法规的具体应用问题所做出的解释,也是一种法律解释。比如,苏州市人民政府1998年12月发布的苏府(1998)107号文件《苏州市公路环境综合整治办法》就是一项法律解释。需要注意的是,法律解释虽然是路政执法的法律依据之一,但不能在制作路政处罚法律文书中加以引用。

除上述依据外,《民法通则》、《行政处罚法》、《行政复议法》、《行政诉讼法》、《国家赔偿法》、《土地管理法》、《森林法》等法律中调整公路路政法律关系的条款,也属于公路法律的范畴。

随着高等级(速)公路的不断发展,将要出台的有关高等级(速)公路路政管理的法规会越来越多,在路政管理实践中,必然会出现新法规与旧法规如何协调的问题,即是适用新法规,还是适用旧法规?对于这一问题,根据国家法律规范的统一性原则,下位法服从上位法。《公路法》属于《公路管理条例》的上位法,《公路管理条例》中与《公路法》相抵触的内容当然失效,其余部分仍然有效。

二、路政管理法规的主要内容

任何法规都是法律条款和具体内容相结合的有机体,高等级公路路政管理法规也不例外。在有关路政管理的法规中,既有法律条款,又有保护的具体对象(也可理解为法规的内容),只有把二者结合起来,才能使人们了解制定路政法规是要保护什么、维护什么、追究什么、惩处什么。法规的作用只有通过其具体规范的内容才能体现出来,因此,路政管理法规的内容对于法规效力的产生是必不可少的。高等级公路路政管理法规的主要内容有:管理和保护路产路权、管理和审批公路的特殊利用和超限运输、高等级公路建筑控制区管理以及公路非交通标志管理。

三、加强文明执法教育,提供可持续发展的服务和执法环境

(1)开展"文明执法"集中教育。

首先要用科学的发展观武装执法队伍思想,组织全体路政执法人员开展"文明执法 ,执法为民"大讨论,牢固树立正确的世界观、人生观、价值观,以及权力观、地位观、利益观。坚持以人为本,引导广大执法人员努力解决好"为谁执法,为谁服务"的问题,忠实履行执法为民的神圣职责,争做文明执法的楷模。以文明执法窗口创建为载体,进一步统一思想,端正态度,提高对开展"文明执法"活动重要性、必要性的认识,切实增强工作的主动性和自觉性。

二是加强职业道德教育和作风效能建设。思想作风整顿把学习陈刚毅活动和作风效能建设结合起来,在执法人员中牢固树立宗旨意识、责任意识、服务意识,切实解决执法队伍中存在的门难进、脸难看、话难听、事难办的衙门作风。并彻底消除路政队伍中存在的执法动机不良,执法行为不规范等趋利行为和行政执法不作为、慢作为、乱作为,粗暴、冷漠执法以及"吃、拿、卡、要、玩"等违纪违法行为。

三是加强法纪教育。组织执法人员学习《行政诉讼法》、《行政处罚法》、《行政许可法》、《公路法》、交通部《交通行政处罚程序规定》、《超限运输车辆行驶公路管理规定》、《路政管理规定》、《交通行政许可实施程序规定》、《交通行政许可监督检查及责任追究规定》等法律法规和支队有关路政管理的规定、制度和办法。

(2)开展"文明执法"整改工作。一是切实整治执法活动中存在的问题。通过认真梳理,发现问题,严格落实执法责任制,对违法违纪问题严肃查究,决不姑息。从人民群众最关心、最迫切需要解决的实际问题入手,制定文明执法、便民惠民措施,推进依法行政。二是切实整治业务素质中存在的问题。创新学习理念,完善管理机制和考核机制,本着干什么、学什么、缺什么、补什么的原则,加快执法队伍的知识更新,提高队伍综合素质和文明执法的水平。

(3)开展"文明执法"示范活动。各路政大队要做到严格执法、热情服务,依法行政,以文明执法示范岗位和示范窗口为载体,开展系列文明执法创建活动,不断丰富内涵,扩大社会影响面,营造良好的创建氛围。以文明执法示范岗位和示范窗口为平台,正确处理执法与服务的关系,努力建设社会和群众公认的文明岗位和形象窗口,在全局文明执法示范窗口创建中真正起到示范作用。

(4)开展“文明执法”竞赛活动。大力培养和宣传文明执法的先进典型，在群众中树立秉公执法、清正廉洁的良好形象。全面倡导文明执法新型理念，实现从“重管理轻服务”向“强化服务”的转变，坚持效率优先与文明公正相统一，做到依法维护政府权威与依法维护人民合法权益并重，保障社会的“公平与正义”。积极探索建立文明执法的激励和警示机制，加大奖优罚劣、优胜劣汰力度，对有作为有贡献的重奖重用，对有损执法形象的路政执法人员予以严罚严惩，引导全体路政执法人员积极向上、争创一流。

(5)开展“文明执法”工作评议。组织开展“开门评议文明执法”活动。采取召开行风监督员座谈会、服务对象代表座谈会、以及发放征求意见表、广泛征求社会各界和群众对文明执法工作的意见和建议。全面推行政务公开，扩大群众的知情权、参与权、监督权，建立健全文明执法的监督机制和投诉承办责任制度，自觉接受群众监督。

•第四节　路 政 许 可•

一、路政许可的特征

许可制度古已有之，是我国和世界各国普遍使用的对社会和经济进行管理的重要制度之一。

路政许可是路政管理的重要手段之一，也是一种卓有成效的管理方法。通过路政许可，充分发挥了路政管理机构对于路政管理工作的控制和调节机能，有利于从宏观上加强路政管理工作，对于维持良好的公路交通秩序具有重要意义。

按照许可的范围，可分为一般许可和特殊许可。

一般许可，是只要符合法定条件，就可向主管机关申请，对申请人并无特殊限制的许可。如超限运输车辆行驶公路许可等，都是一般许可。

特殊许可，是除必须符合一般条件外，还对申请人有特殊限制的许可。

路政许可是指路政管理机构因路政管理相对方的申请，依据《公路法》、《公路管理条例》、《超限运输车辆行驶公路管理规定》等规定，通过颁发许可证、通行证等，准许相对方从事某种活动的法律资格或实施某种行为的法律权利的行政行为。如准许超限运输车辆行驶公路，准许挖掘公路，准许在公路沿线开山，准许修建跨越公路的渡槽、管线等。路政许可具有以下特征：

1. 法律禁止是路政许可存在的前提

许可是禁止的解除，没有法律法规禁止也就没有路政许可。例如，《公路法》第 50 条规定，超过公路、公路桥梁、公路隧道或者汽车渡船的限载、限高、限宽、限长标准的车辆不得在有限定标准的公路、公路桥梁上或者公路隧道内行驶，不得使用汽车渡船。超过公路或者公路桥梁限载标准确需行驶的，必须经县级以上地方人民政府交通主管部门批准，并按要求采取有效的防护措施，运载不可解体的超限物品的，应当按照指定的时间、路线、时速行驶，并悬挂明显标志。《公路法》第 54 条规定，任何单位和个人未经县级以上地方人民政府交通主管部门批准，不得在公路用地范围内设置公路标志以外的其他标志。这些都充分说明了路政许可是禁止的解除。

2. 路政许可是要式行政行为

路政许可因为是赋予相对方一定的法律资格或法律权利并在一定时期内有效，具有此种法律资格、法律权利的个人、组织可以进行其他个人、组织所不能进行的某种活动，所以，路政许可必须有特定的形式要件，便于路政管理机构对路政相对方进行监督检查。

3. 路政许可是路政管理部门的权利和资格

路政许可是赋予路政管理相对方某种权利和资格的路政行为，它不同于其他具体的路政行为，如路政处罚等是课以义务的路政行为。

4. 路政许可是依申请的行政行为

没有相对方的申请，路政管理机构不能主动予以许可。路政管理机构实施路政许可，必须以相对方提出申请为前提。因为作为路政许可相对方的个人或组织要获得某种资格或禁止的解除，行使某种权利，就必须具备相应的法律、法规、规章规定的条件，并向路政管理机构做出相应的意思表示。

二、路政许可程序

1. 提出申请

路政管理相对方要取得许可证，必须先提出申请。提出申请时必须符合下列要求：

①申请人必须向有权颁发许可证的路政管理机构提出申请，如超限运输车辆跨省、市(地)行驶的许可，必须向省级公路管理机构提出申请。

②申请人必须具备法律法规规定的办理许可的一切手续。

③申请人必须具备从事许可证所指活动的条件和能力。

④申请人要有明确的申请许可的意思表示，未经申请，路政管理机构不能主动授予。因此，申请人的申请是颁发许可证的前提条件。一般地说，路政管理相对方要以书面形式提出申请。申请书要写明所申请许可的内容、理由，从事该项许可活动的能力的证明，从事该项活动的场地(所)及设施等。

2. 审查申请

路政管理机构对申请人提出的申请及附件必须认真进行审查。对申请书内容不全、证件不全的，可以要求申请人加以补充；对申请书附件局部不满意，可要求申请人对附件作补充。审查应在一定期限内进行，不能无限拖延，也不能含糊其词，而应明确作出准予申请，颁发许可证或者不批准申请，不发许可证的书面决定。

3. 颁发许可证

路政管理机构收到利用、占用、挖掘、跨(穿)越公路、公路用地和公路设施的申请后，应在15d内作出答复。

路政管理机构决定批准路政管理相对方申请的，应立即办理手续，颁发书面形式的许可证。许可证一般要写明许可的内容、许可的路线、许可的时间及注意事项等，并加盖路政管理机构的公章。由于许可是要式的法律行为，所以，许可证也应较为详细，以便日后检查许可证持有者从事的活动是否超出许可的范围。

在实际工作中，路政许可证主要有挖掘公路许可证、占用公路许可证、公路沿线开采许可证、超限运输通行证等。

三、路政许可的无效、失效和撤销

路政许可一经批准发给许可证,该项许可便具有法律效力,其他人不得侵犯许可证持有人的权利,路政管理机构非经法定程序不得对其许可权加以剥夺。但是,某些情况的出现,会引起路政许可的无效、失效与撤销。

1. 路政许可的无效

路政许可的无效,是指由于某些情况,路政许可自始至终不存在效力。这些情况主要有:①无权机关颁发的路政许可,或有权机关的主管人员滥用职权所颁发的路政许可,是无效的许可。如某路政管理员收取贿赂而给予路政许可,是滥用职权,其许可自然无效。

②申请人不具备被许可的条件,却被赋予许可,是无效的路政许可。

③申请人以欺骗手段取得的路政许可,是无效的许可。

实施无效的路政许可是违法活动,一经路政管理机构查实,可给予相应的处罚,以制止该行为。

2. 路政许可的失效

路政许可的失效不同于无效,它不是自始至终没有效力,而是自路政许可失效之日起丧失其法律效力。

路政许可失效的情况主要有以下几种:

①路政许可法定期限届满,路政许可自动失效。如《超限运输通行证》时间规定为7d,超过7d就自行失效。

②路政许可的活动完成而使路政许可失效。例如《挖掘公路许可证》,只限于挖掘期间使用,一旦工程修复完毕,其许可证也自行失效。

3. 路政许可的撤销

路政许可的撤销,是因为许可证持有人不履行有关的法定义务,而由许可机关撤销该项路政许可。

路政许可的撤销不同于无效和失效,路政管理机构在这里起着决定性的作用。它实际上是对违法者的一种惩罚,所以必须依法行使,包括依照这方面的实体性和程序性法律法规规定而行使。

四、路政许可争议的解决

对路政管理机构不批准申请,或长期无故拖延不作决定的,申请人可提出申诉。申诉的途径,一是要求被申请的路政管理机构当面对话,听取申请人的陈述,或当场进行咨询,回答申请人提出的问题,这一程序也可称为听证;二是申请人向上级路政管理机构申诉,请求复议。对复议决定仍然不服的,可以向人民法院起诉。法院如判决路政管理机构败诉,路政管理机构应接受判决,履行职责,发给许可证。

五、路政许可制度改革

路政许可,很大程度上可以说是路政审批,属于国家行政审批的组成部分。目前,我国的社会主义市场经济体制尚处在逐步完善阶段,交通行业计划经济观念仍较普遍存在,反映在具体的管理中，就是凡事都要经过审批，审批环节过多，审批程序复杂，审批时限过长，一些地方重审批、轻管理，甚至出现以审代管的现象。通过近几年国家行政审批制度改革，路政管理的行政审批项目大大减少，下放审批权力，审批透明度和审批效率有了进一步提高。但相对国外路政许可制度工作，我国公路路政审批还有很多事情要做。

改革路政审批制度已成为当前转变政府职能、校正政府在市场经济中"错位"、"缺位"和"越位"行为最为迫切的工作。在路政管理中，设定路政审批要符合社会主义市场经济的要求，符合路政管理法律、法规的规定，符合行政审批自身的规律和要求。凡是市场机制能够解决的，要按市场机制解决，市场机制一时难以解决，但通过公正规范的中介组织和行业自律能够解决的，应当发挥中介组织的作用。对不符合政事企分开原则、妨碍市场开放和公平竞争以及实际上难以发挥有效作用的路政审批，要坚决予以取消。

对必须保留的路政审批项目，要按照客观和透明的要求，进一步规范路政审批项目的条件和程序，要明确审批标准，建立政务公开制度。公开路政审批的内容、标准、条件和要求，按照权责一致的原则，建立路政审批责任追究制度。

•第五节　路政监督•

一、路政监督的概念

关于路政监督检查，《公路法》第 7 章对此作了专门规定，如《公路法》第 69 条、第 70 条、第 71 条规定，交通主管部门、公路管理机构依法对有关公路的法律、法规执行情况进行监督检查；交通主管部门、公路管理机构负有管理和保护公路的责任，有权检查制止各种侵占或损坏公路、公路用地、公路附属设施及其他违反公路法规定的行为；公路监督检查人员依法在公路建筑控制区、车辆停放场所、车辆所属单位等进行监督检查时，任何单位和个人不得阻挠。公路经营者、使用者和其他有关单位、个人，应当接受公路监督检查人员依法实施的监督检查，并为其提供方便。

路政监督又称路政监督检查，是指路政管理机构依法定职权，对路政管理相对方遵守路政管理法律、法规、规章，执行行政命令、决定的情况进行检查、了解、监督的行政行为。它包括下列 4 层含义：

①路政监督的主体是指享有路政管理权的机构，即路政管理机构，除此之外的其他国家机关、企事业单位、社会团体或公民个人，不具有路政监督的资格，它们不得进行路政监督行为。

②路政监督的目的以直接实现路政管理职能为宗旨，从而对路政管理相对方遵守路政法律、法规、规章，执行路政管理机构的命令、决定情况进行监督检查。

③路政监督的对象是路政管理相对方，即作为路政管理对象的公民、法人和其他社会组织。

④路政监督是路政管理机构的一种管理职能，是路政管理机构进行路政管理的有效手段之一，是整个路政管理活动过程的一个必经阶段。

路政监督是路政管理机构对路政相对方实施的一种控制力，这种控制力来自路政监督权本身的特殊属性。路政监督的目的在于防止和纠正相对方的违法行为，保障路政管理法的实施和执行,规定路政相对方在法律允许的范围内活动。

二、路政监督的特点

路政监督主要有以下几个特点:

(1)路政监督内容的实体性和程序性。路政监督内容的实体性,是指路政监督主体对相对方行使实体权利、履行实体义务是否遵守法律法规的规定所实施的监督检查。如路政管理机构对超限运输车辆的装载及行驶情况进行监督检查,就是对路政管理相对方行使某种实体权利、履行某种实体义务的监督。

路政监督内容的程序性,是指路政监督主体对路政管理相对方行使权利或履行义务是否遵循了法定程序进行的监督检查。

(2)路政监督与路政处理具有联结性。路政监督在路政管理过程中,处于路政立法和路政处理的中间环节。因此,多数情况下,路政监督与路政处理具有联结性。

路政监督是路政处理的前置阶段,毫无疑问,无监督检查无以确认路政管理相对方的某种申请是否符合路政管理法规定的条件,也就无法做出许可的处理;无监督检查,也就无以发现或确认路政管理相对方的某种行为是否违法,也就无法做出路政处罚决定。路政监督与路政处理这种联结性恰恰说明路政监督是路政处理的前置阶段。从某种意义上讲,路政监督比路政处理(路政许可、路政处罚、路政执行等)更为重要,因为没有路政监督检查,路政处理的各种手段就失去实施的前提条件。

路政监督既可以实施于路政处理之前,也可实施于其后,二者在路政管理过程中相互联结。例如,路政管理机构对超限运输承运单位的申请予以审查,这是作出路政许可之前的监督检查;作出路政许可之后,对超限运输车辆的行驶情况和装载情况仍可进行监督检查。

三、路政监督的作用

路政监督作为一种间接的管理手段,在行政法制建设中将发挥十分重要的作用。路政管理法律、法规制定以后,能否得到执行,相对方是否遵守法律、法规,是否执行路政管理机构的决定、命令,这都需要通过监督检查来反映、查证。缺少这一环节,行政法律秩序的建立也就无从谈起,路政管理的目标也就无法实现。具体地说,路政监督具有以下作用:

(1)路政监督可及时反馈法律、法规实施的社会效果,为路政管理法律、法规的制定、修改、废止提供实践依据。

路政管理法律、法规制定以后,能否产生积极的社会效果,其执行是否有困难、有阻力,是否切实可行,哪些地方有欠缺,通过路政监督都能直接地反映出来,从而为下一步的改进与完善提供依据。

(2)路政监督可以预防和及时纠正路政相对方的违法行为。

建立路政监督机制,对相对方有一种外在的约束作用,具有威慑力,可预防其实施违法行为,督促其执行路政管理机构的决定和命令。此外,通过监督检查,路政管理机构能及时了解相对方守法的情况,及时发现问题,纠正相对方的违法行为。例如,未经审批在公路用地内设置广告牌的违法行为,如路政相对方拒不履行法定义务又无正当理由,路政管理机构可采取强制执行措施。路政强制执行措施的作出是以路政监督为前提和基础的。

(3)路政监督是保证执行路政管理法律、法规,实现路政目标的重要环节。

路政监督是实现路政目标必不可少的手段,通过对相对方执行与遵守法律、法规情况的监督检查,及时纠正违法行为,从而保证路政管理法律、法规的贯彻执行。

四、路政监督的分类

根据不同的标准,路政监督可以分为3类。

(1)以路政监督的对象是否特定为标准,可分为一般监督和特定监督。

一般监督是针对不特定的相对方实施的监督,具有巡察、普查的性质,一般监督大多是路政管理机构的事实监督行为。

特定监督是对具体的相对方进行的监督检查,对于同一个路政管理机构来说,这两种监督可以同时使用,并不截然分开。

这样,既可以在宏观上创造一个良好的法律环境,又可以在微观上防止和纠正具体的违法行为。

(2)以路政监督的实施时期为划分标准,可分为事前监督、事中监督和事后监督。

事前监督是指对相对方某一行为实施之前进行监督,如事先登记、申报情况等。

事中监督是指对相对方正在实施的行为进行监督检查,比如检查路政合同履行情况。

事后监督是对相对方已实施完的行为进行的检查,如对已完成的执行路政管理机构某项行政决定的检查。

一般来说,事前监督的作用在于防患于未然,防止违法行为的发生;事中监督的作用在于及时发现问题,纠正违法行为,保证路政目标的实现;事后监督的作用在于对已发生的问题及时进行补救,制止违法行为对社会利益的继续侵害。

(3)以路政监督与监督主体的职权关系为标准,可分为依职权的监督与依授权的监督。

依职权的监督是路政管理机构依据自身的行政职责权限所实施的监督检查;

依授权的监督是指路政管理机构不是依据自身管理职责权限而是依据法律、法规授予的行政监督检查权所实施的监督检查。

五、路政监督的程序

为有效地监督法律、法规、规章的实施以及执行行政命令、决定的情况,协调行政管理过程中国家、集体、个人三者之间的利益关系,保证行政目标迅速实现,规范行政监督行为,提高行政主体的工作效率,必须完善我国的行政监督程序。

《公路法》规定,公路监督检查人员执行公务,应当佩戴标志,持证上岗;用于公路监督检查的专用车辆,应当设置统一的标志和示警灯。

路政监督的程序规则应当包括:表明身份、说明理由、提取证据、告知权利等。

①表明身份。路政管理机构的工作人员在实施行政监督时,应佩带公务标志或出示相关证件,以表明自已有权执法的身份。对不表明身份的人员要求进行的检查、调查等,相对方有权予以拒绝。

②除法律、行政法规另有规定外,对有关实物、场所实施监督检查时,应当通知当事人到场,进行公开检查。当事人无正当理由拒不到场的,不影响检查的进行。

③对涉及公民基本权利的某些特别检查,必须有法律的明确授权,应当符合法定的特别要件和方式。

④说明理由。在作出不利于相对方的检查结论前要允许相对方陈述和申辩,并说明作出监督检查结论的理由。

⑤告知权利。路政管理机构应在作出不利于相对方的监督检查结论后,告知相对方相应的救济(补救)手段。

•第六节　路政强制•

一、路政强制的概念与特征

路政强制是指路政管理机构为了保障路政管理的顺利进行,通过依法采取强制手段迫使拒不履行路政管理法义务的相对方履行义务或达到与履行义务相同的状态;或者出于维护社会秩序或保护公民人身安全的需要,对路政相对方的财产等采取紧急性、即时性强制措施的具体行政行为的总称。从这一定义可以看出,路政强制具有以下几个主要特征:

①路政强制的主体是作为行政主体的路政管理机构或法律、法规授权的组织。适用路政强制的路政管理机构,应有严格的条件限制,都必须由法律、法规予以明确规定。

②路政强制的对象是拒不履行路政管理法规义务的路政相对方,或对社会秩序可能构成危害或其本身正处在或将处在某种危险状态下的路政相对方。路政强制并非适用所有违反路政管理法规的相对方,相对方必须是违反了路政管理法规的特殊规定,符合适用行政强制的条件。

③路政强制的目的是保证法定义务的彻底实现,维护正常的社会秩序,保障社会安全,保护公民的人身权、财产权免受侵害。

④路政强制行为的法律性质是一种具有可诉性的具体行政行为。行政强制属单方行政行为,由路政管理机构单方面作出,无需路政相对方同意。但路政相对方对行政强制不服,可以依法向人民法院提起诉讼。

二、路政强制的依据与措施

1. 路政强制的法律依据

《公路法》第 79 条规定:"违反本法第 54 条规定,在公路用地范围内设置公路标志以外的其他标志的,由交通主管部门责令限期拆除,并可处 2 万元以下的罚款,逾期不拆除的,由交通主管部门拆除,有关费用由设置者承担。"

《公路法》第 81 条规定:"违反本法第 56 条规定,在公路建筑控制区内修建建筑物、地面构筑物或者擅自埋设管线、电缆等设施的,由交通主管部门责令限期拆除,并可处 5 万元以下罚款,逾期不拆除的,由交通主管部门拆除,有关费用由建筑者、构筑者承担。"

由此可见,路政强制的内容是公路控制区以内的违法建筑及设施、公路用地内擅自设置的非公路标志牌。路政强制的主要表现形式就是强制拆除。

2. 即时性强制措施

在路政管理中，对正在建造、埋设的建筑物、广告牌、管线、电缆等设施，可以采取即时性强制措施。

所谓即时性强制措施，是指行政机关为了维护社会秩序的稳定，依照法定职权，对违法行为人的财产或人身自由采取紧急措施予以限制的行政行为，这是法律赋予某些特定行政机关的一种紧急处置权。

即时性强制措施，根据其适用的对象和呈现的形态，又可分为预防性强制措施和制止性强制措施。

(1)预防性强制措施，是指行政主体对可能发生危害行政管理秩序的人或物，依法采取的即时性强制措施。

预防性强制措施适用的主要特点是：相对方的行为或物体即将对社会或公共利益产生危害，非采取即时强制不足以防止危害结果的发生。

(2)制止性强制措施，是指行政主体对正在实施危害行政管理秩序的相对方采取的限制其财产或人身自由的即时性强制措施。

制止性强制措施适用的主要特征是：相对方危害社会的行为已经发生，非采取即时制止性强制措施不足以遏制违法行为的继续和发展。路政强制措施属于制止性强制措施。

综上所述，即时性强制措施的主要特征是具有紧迫性，行政处理和执行同步(无间歇性)，相对方必须无条件执行，即先执行后争讼。

三、路政强制与相关概念的区别

1. 路政强制与行政诉讼强制措施的区别

①适用的主体不同。路政强制只能由路政管理机构及其人员，在路政管理过程中依法适用。行政诉讼中的强制措施，只能由人民法院在行政诉讼活动中，对有妨害诉讼行为的人适用，其他机关或组织无权适用。

②适用的目的不同。路政强制的适用，是为了预防或制止相对方违法侵害或迫使义务人履行法定义务或达到与履行义务的相同状态。行政诉讼强制措施的适用，是为了排除影响行政诉讼活动的障碍，以保证诉讼活动的顺利进行。

③所依据的法律规范不同。路政强制所依据的是路政管理法律、法规，行政诉讼强制措施所依据的是行政诉讼法律规范。一个依据的是实体法，一个依据的是程序法。

④适用的法律后果不同。路政强制大多具有可诉性，一旦违法或适用不当，路政相对方提起诉讼，路政管理机构就要承担败诉或侵权赔偿责任，而行政诉讼强制措施不能提起行政诉讼。

2. 路政强制与路政处罚的区别

①性质不同。路政强制是路政执法过程中的重要手段和保障，它不是最终的处理行为，它是为实现路政管理目的服务的，只要路政相对方放弃或停止对社会秩序的危害，接受法律制裁，履行法定义务，符合停止适用的条件，路政强制措施即可解除。路政处罚则是对实施了路政违法行为尚未构成犯罪的人的最终处理结果，具有制裁性，非经法定程序任何人不得改变。

②目的不同。路政强制的目的是为了预防或制止违法行为的发生或继续，或迫使义务人

履行义务或达成与履行义务相同的状态。路政处罚的目的是通过对路政相对方实施一定的惩戒,使其承担一定的法律责任,以教育其遵守法律。

③法律后果不同。路政强制的适用是为了保障路政执法的目的得以实现,其本身不给相对方课以或增加义务。路政处罚是为了最终制裁路政相对方的路政违法行为,因而在处罚内容上主要表现为课以或增加路政相对方的义务。

④适用的频率不同。路政强制可以适用一次,特殊情况下也可以对同一相对方持续适用,直至达到其停止对社会的危害或迫使其履行完义务为止。路政处罚则应适用一事不再罚原则,即一事一罚或一次性处罚,不能对同一事多次进行处罚。

⑤诉讼结果不完全相同。路政强制是羁束的行政行为,诉讼中对违法或适用不当的,人民法院只能判决撤销。部分路政处罚行为是自由裁量的行政行为或具有自由裁量的因素,对其中显失公正的,人民法院可以判决变更。

案例分析

案例一:路政人员上路是否合法?

《公路法》第71条明确规定:“公路监督检查人员依法在公路、建筑控制区、车辆停放场所、车辆所属单位等进行监督检查时,任何单位和个人不得阻挠。”依此条款公路路政人员上路进行超限运输车辆检查属合法。然而,湖北省×市×交警大队在处理一起1死3伤的特大交通事故时,判定×市×区公路路政大队上路检查超限运输车辆违法,与肇事驾驶员负同等责任。其依据是《道路交通管理条例》第68条:“除公安机关外,其他部门不准在道路上设置检查站拦截、检查车辆……”。

案情简介

2002年7月18日早晨6时10分许,湖北省×公路段路政大队副大队长章×、中队长钱×带领横沟中队全体人员,在107国道K1284+500m处,根据有关规定对超限运输车辆进行部分抽查,对没有按规定办理超限运输车辆通行证的车辆进行补办通行证。当时,他们示意停车抽查的有两台车,一台广西车向南,一台河北车向北,两车相距100余m,并且两车各有一侧停放在公路路基上,均未占据公路有效路面。路政执法车则停在公路路肩以外两株行道树中间,两车办证驾驶员正在路政执法车车门外办理超限运输通行证。突然,一新疆解放大货车在没有任何人示意停车的情况下,由南向北朝路政车及办证驾驶员冲过来,瞬间撞断了3根示警桩,压碎路肩石,把路政执法车和车门外办证驾驶员撞出6m多远。1驾驶员当场死亡,另有2人重伤,3人轻伤,路政车报废,造成重大交通事故。

对此,2002年7月31日《武汉晚报》以《路政人员上路拦车检查,新疆货车国道连环撞》为标题作了报道,湖北广播电台交通音乐频道《交通三人行》栏目以“路政部门此举措是否合法?是否应对此事故承担一定责任?”为题进行热线讨论,同时《南鄂晚报》也对此进行了报道。

案情分析

2002年8月6日,×交警大队以(2002)第123号作出《道路交通事故责任认定书》,认定新疆驾驶员周建平严重违反《道路交通管理条例》第 7 条(2)款:"……车辆、行人必须在确保安全的原则上通行。"和第 30 条(1)项"不准超过行驶证上核定的载质量。"同时认定咸安区路政大队工作人员违反《中华人民共和国道路交通管理条例》第 68 条:"除公安机关外,其他部门不准在道路上设置检查站拦截、检查车辆……",据此认定 × 路政大队上路检查车辆违法,要与驾驶员周 × 负同等责任。省人大、省政协的一些委员也就此事递交提案,认为路政上路违法。一时之间,"7.18"交通事故成为人们交谈的热门话题,舆论对 × 路政大队十分不利,路政上路执法简直成了公路"三乱"的代名词,各级路政部门都背负着巨大的压力。

面对来自各方的压力,当时,当地路政依法维权工作举步维艰。他们清楚,如果认可 × 交警大队的《道路交通事故责任认定书》,不但自己要遭受重大的经济损失,同时也承认了路政上路变成非法,那《公路法》的法律尊严何在?2002 年 8 月 16 日,× 路政大队向 × 市交警支队提交重新认定责任申请书,要求对本次事故责任进行重新认定。2002 年 9 月 12 日 × 市交警支队作出《道路交通事故责任重新认定书》,维持 × 交警大队裁决的责任认定。事已至此,维护《公路法》的尊严就只有用法律的手段!经过请示湖北省交通厅、湖北省公路局、× 市交通局、× 市路政支队、× 区交通局,× 路政大队于 2002 年 9 月 29 日向 × 人民法院提起行政诉讼,要求判决撤销 × 交警大队作出的关于本次交通事故的《道路交通事故责任认定书》。

事关全省路政执法权的问题,湖北省路政总队队长谢 × 多次指示:要按照《公路法》及有关法律法规坚决维护路政部门的上路检查执法权。× 交通局、× 市公路管理处、× 交通局等部门领导多次过问案情,一再强调要依法维权,并出谋划策。× 公路段更是高度重视,并成立了诉讼专班,聘请了两名熟悉交通法规的律师,将 × 交警大队送上了法庭。× 人民法院于 2000 年 12 月 4 日开庭审理此案。法庭上控辩双方针锋相对,精彩纷呈,双方争锋的焦点主要有两点。

焦点一:路政上路是否合法?

被告 × 交警大队在(2002)第 123 号"责任认定书"上,适用《道路交通管理条例》第 68 条之规定,认为原告违反了该规定,无权在公路上"检查车辆"。被告的这种认定是极其错误的。首先,从法律的规定看,《公路法》第 70 条和第 71 条明确规定:"交通主管部门、公路管理机构负有管理和保护公路的责任,有权检查、制止各种侵占、损坏公路、公路用地、公路附属设施及其他违反本法规定的行为","公路监督检查人员依法在公路、建筑控制区、车辆停放场所、车辆所属单位等进行监督检查时,任何单位和个人不得阻挠。"因此,× 路政大队依法有权在本区内的公路监督检查超限运输车辆,因为超限运输车辆会损坏公路,必须依法实施监督检查!其次,我们在适用法律和行政法规时,必须遵循上位法优于下位法的原则。《立法法》第 79 条第 1 款规定:"法律的效力高于行政法规、地方性法规、规章。"《公路法》是全国人大常委会通过的法律;《道路交通管理条例》是国务院发布的行政法规。据此,当效力低的《道路交通管理条例》与效力高的《公路法》对同一问题的规定相抵触时,应适用效力高的《公路法》。

被告 × 交警大队说:"《公路法》第 8 条就公路管理权限作了明确规定:"县级以上地方人民政府交通主管部门对国道、省道的管理、监督职责,由省、自治区、直辖市人民政府确定。" "× 路政大队要在 107 国道进行检查,就必须得到省人民政府的批准决定。"

对此,1999 年 1 月 22 日湖北省人大常委会通过的《湖北省公路路政管理条例》第 2 条的规定是:"本条例适用于本省境内国道、省道、县道及交通部门的公路管理机构,根据国家法律、法规和规章的规定,为保护公路、公路用地和公路附属设施,维护公路秩序所进行的行政管理。”也就是说×路政大队在国道、省道进行路政检查,是经过授权的。

被告又说:原告×路政大队违反了“对超限运输车辆的检查一律不得在运输途中进行”的规定,因而“原告在107国道上进行超限检查是非法的。”并引用了交通部公路发[2001]第591号文件和鄂交运安[2001]795号文件予以论证。而被告在作出责任认定时并不是依据或参照这两个规范性文件,其违反了《行政诉讼法》第32条的规定,属适用法规错误。被告在作出该具体行为时没有依据或依据不足,因此,其对该事故的“责任认定”,应依法予以撤销。根据交通部交公路发[2001]第591号文件的第2条,×路政大队检查河北、广西的两台解放大货车不在其列;至于被告引用交通部公路发[2001]第591号文件关于“执法人员不得随意上路拦车检查和目测判定车辆是否超限”问题,原告上路检查和判定,显然不是“随意”,因为原告的行为不是个人行为,而是有组织地、有计划地、着装整体地上路检查和判定。

焦点二:原告执行公务的行为与事故的发生没有因果关系。

解决了路政上路合法性的问题,第二个问题就是要认定路政人员的执法行为与事故发生是否有因果关系。×交警大队是根据《道路交通事故处理方法》第17条、第19条之规定,来认定“责任”的。然而,有两个目击证人证明×路政大队没有进行双向拦车。再说,×交警大队在“责任认定书”中,已认定肇事驾驶员周×“措施不力,处置不当。”事实上,周×的行为违章,是导致事故发生的根本原因,与此次事故有必然的因果联系,应负此次事故的全部责任。因此,被告认定原告和周×均有违章行为、共同造成交通事故是建立在认定路政人员上路非法的基础上的,是没有事实根据的,而且是与法律相悖的。所以,×路政大队上路检查超限运输车辆的行为,不违法,也不违章,对此次交通事故的发生没有因果关系,不应负任何责任。

2002年12月17日,×市×区人民法院作出了庄严的宣判:①撤销×市公安局交通警察支队×大队第2003(123)号道路交通事故责任认定书;②责令被告×交警大队在本判决生效后30日内对此事故责任重新作出责任认定决定。×交警大队不服,上诉到×市中级人民法院。2003年3月25日,湖北省×市中级人民法院以(2003)×行终字第2号文下达行政判决书,就×交警大队与×公路段路政大队因交通事故责任认定一案作出终审判决:驳回上诉,维持原判。即×公路段路政大队胜诉。这场从2002年7月18日起,历时273d的维护路政人员上路执法权案最后以×公路路政大队的胜利而告终。

(材料来源:湖北省×市公路管理处　何汉春　王金梅)

案例二:路政执法要环环相扣

案情简介

中国交通报记者在天津采访一起路政案件时,天津市公路局路政一支队队长马×深有感触地说,路政执法人员要想用法律保护其执法行为,就必须在执法过程中依法办事。依法办事,说起来容易做起来却不简单,他以一起普通的路政案件为例阐明了一个道理——路政执法要环环相扣。

一天上午,正在路上巡查的天津市公路局×路政大队接到举报电话,得知×公路×分局附近一辆小货车撞到了路中央的隔离带,公路设施遭到严重损坏。路政执法人员立即赶到事故发生地点，发现有辆吊车正准备吊起事故发生车辆离开现场。路政执法人员立即上前制止其行为，并积极开展现场勘察工作，有的疏导车辆，有的进行询问，有的进行拍照，合理分工，秩序井然。路政执法人员掌握确凿的证据后，依据有关法律、法规对肇事者进行了耐心细致的说服教育，3d 后完成了赔付工作。这起路产损坏赔偿案顺利结案。

案情分析

路政执法人员执法是由公路主管部门授权和国家法律、法规规定的，所以其执法时的一言一行体现的都是政府行为，也正是因此其执法行为才受法律保护。

执法主体要合法。路政执法人员必须是正式在册的职工，受有执法主体资格的上级部门委托从事路政执法工作。工作中应按规定着装、佩带标志、持有相关执法证件。上例中，×路政大队路政员就是受天津市公路局委托从事路政执法工作的。

执法依据要合法。路政执法人员在执行公务中对管理相对人的违章处理、处罚和有关路政申请及收费时，使用的执法依据应是在有关法律、法规允许范围内并合法、有效的，即公路路政管理的法律依据、国务院的行政法规、交通部的规章和地方人民政府的地方法规，任何有悖于上述法律、行政法规的规定，都不能作为执法依据。所以路政执法人员必须熟悉法律、法规的相应条款并熟练地将其应用到实践当中，才能称其为严格执法。

执法范围要合法。路政执法人员应是在上级部门指定的工作区域内行使路政管理权。×路政大队的工作区域即为天津市 28km 的×公路界限内。

执法程序要合法。路政执法人员应按有关法律、法规、规章等规定的程序，对管理相对人的违章行为进行处理或处罚。

执法行为要合法。执行公务时需要事先出示证件，亮明身份，指出违法(规)行为，告知法律依据。对对方的暴力行为，首先要报警，面对不法侵害可行使正当防卫，但不可言语过激、行为粗暴，更不能以过激行为纠正违章。

(材料来源：中国交通报)

案例三：行政执法必须履行“告知”义务

案情简介

李×于 2004 年 4 月 2 日在×高等级公路建筑控制区内违法搭建棚屋，不顾该路段路政人员的制止而继续建筑，路政部门于 4 月 6 日向李×发出《违章通知书》，要求李×停止建筑并限期拆除。李×没有在限期内拆除该棚屋，路政部门于 4 月 15 日对李×作出强制拆除决定，李×拒绝在该决定书上签字。4 月 28 日，路政部门实施强制拆除。4 月 29 日，李×向法院提起行政诉讼，否认作出强制拆除决定书认定的事实、理由及依据，要求撤销路政部门强制拆除决定。法院审理后认为：李×未经路政部门许可在建筑控制区内搭建棚屋属于违法建筑，该建筑对交通安全和公路管理有严重影响，应当拆除；另经法院审理查实，路政部门已口头告知李×，并出具了当时告知的记录材料，由于当事人李×拒签，于是由当时一并在场的群众签字可以证实已告知李×。因此，法院判定：维持路政部门作出强制拆除决定。

结合本案谈谈高等级公路路政执法部门如何正确履行“告知”义务？

案情简析

①根据《行政处罚法》第31条规定:“行政机关在作出行政处罚决定之前,应当告知当事人作出行政处罚决定的事实、理由及依据,并告知当事人依法享有的权利”。可见,告知,是行政机关在作出行政处罚决定之前必须履行的程序上的义务。

②×高等级公路路政部门履行“告知”义务,是路政处罚公正实施的重要保障,也是路政管理相对人充分维护自身合法权益不受侵犯的需要。路政部门在告知当事人有关的事实和权利时,应当把该告知行为记录在卷,由当事人李×阅核签字认可后备查,如当事人李×不配合,由在场人员签字也可认同已告知。

③×高等级公路路政部门履行告知义务,必须是在作出路政处罚决定之前,这是保障路政管理相对人享有的告知权利的需要。在实施路政处罚的过程中,×高等级公路路政人员已经依法履行了告知当事人陈述或者申辩权利的义务。

(材料来源:中珠路政队)

阅读材料

公路执法难背后的3个实质性问题

提起公路执法,我们业内一些同志将之视为中国第二难,即次于计划生育工作。的确,无论是路产路权的维护,还是公路规费的征收,我们都面临着太多的困难和阻力。从表象上看,这些问题通常被归咎于地方政府支持配合不够、管理机构设置混乱、公路执法人员整体素质不高、相关装备不能配备到位等因素。

当然,以上因素也确实是造成公路执法难的原因。但是,如果我们的分析仅停留在这些原因上,那么,这个“中国第二难”恐怕就只能永远“难”下去了。可以说,至少10年前,这些因素就被当时的人们所认识和重视,然而,10多年过去了,公路交通事业的发展一日千里,可在行政执法这个问题上,却总走不出死胡同。结论只有一个:我们至今没有抓住问题的实质,一直是在隔靴搔痒,而不是釜底抽薪。

其实,公路执法难只是公路所有权属不清、相关法律法规不相配套、管理体制不够完善3方面问题在实际工作的必然反映。这3个问题一天不解决,公路执法难现象就一天不会消失。

先说公路所有权的归属问题。从表面上看,公路是国家公益性设施,除少数由民间资本直接建设经营的(其最终权属的界定目前仍有争议)之外,所有权无疑为国家所有。但是,国家毕竟是个抽象的概念,涵盖的面十分广泛,具体考究起来,就只能在各级政府之间定位。问题是各级政府由于所处的位置不一样,最终的利益并不可能总是完全一致,特别是在目前公路建设仍具有“政治任务”特色,往往靠方方面面“齐抓共管”的情况下,客观上,使公路执法注定要代表不同的利益主体,服务于不同的“东家”,而不可能是一个抽象而模糊的“国家”。这在对非交通标牌的管理和公路街道化问题的管理上,表现的十分明显。从地方政府角度来看,那不是违不违背公路法规的问题,而是他们作为东家“兼东道主”所自然具有的权力。

更严重的权属问题还是地界的问题:在公路建设时,由于征用土地涉及巨额的费用问题,许多承担征地任务的地方政府,往往变通处理,并不办理正式的土地征用手续,这就造成众多公路部门路产路权的“虚置”。从法律上讲，我们对公路的管理权几乎要大打问号。如我们禁止农民在边坡种植农作物，农民却因交纳了“两上缴”而理直气壮向我们“讨说法”。至于路边的开挖填土、搭建，由于我们常常连最基本的土地使用证书都拿不出来，在法律上，本身就处在不利的位置，要进行阻止，谈何容易！我们总在说依法治路，但遇到这类情况，还得实行“人治”，请地方政府出面干预。当然，这种干预不会是无偿的，是以我们其他方面的妥协为代价的。

要解决所有权归属问题，笔者认为，应放在商品经济大环境下去想办法，即建设资金的筹集可以多元化，包括地方政府投入以及民间资本，但作为公益性很强，又特别强调整体网络化协调功能的公路来说，所有权主体不宜分散，应集中在省市级政府上，再由各级公路部门代表他们行使相应管理职能。“全民办交通”是件好事，但好事不能过头，应该限定在资金的筹集和对交通支持的“全民”化上。

再说相关法律法规不配套问题。关于公路管理的法律法规不可谓少，国家有《公路法》，各省有《公路管理条例》，大多数省辖市、地、县还有这样那样的管理规定，差不多每年都要发一次文。可惜，真所谓“龙多不治水，鸡多不下蛋”，这样多的法律、法规、红头文件，就是解决不了公路执法难问题。稍作研究，就可以发现，这些法规文件往往是自说自话，与国家的大法不配套，与相关的专门法律不“兼容”。举一个最简单的例子，从去年起，对养路费征收实施新的计量标准，这本是遵从实际，增加国家规费收入的良好措施，但实施后，矛盾却相当尖锐，部分地区甚至出现了车主围攻征收所导致直接冲突的事件。不错，我们上级的政策规定需要执行，但退一步想，人家车主按我们的标准载货，公安部门却依据公安法规视之为超载（甚至在运管部门也是这样），随时可能因此而被查处，人家心里能乐意？如果认真较劲，谁又能保证在法庭上我们一定会是赢家？

还有对超限运输的查处，应该说是十分迫切十分必要的。可是，在实际中，我们虽说有法可依有章可循，但没查几天，就不让查了，好象是怕有“三乱”嫌疑。后来又集中到一个固定点查，标准的守株待兔，效果可想而知。那么，我要说，既然是一个十分必要，于国于民都有利的事，为何当初制定相关法规时，不在程序和内容上都更正式些呢？何必稍有风吹草动就只得作罢，灰溜溜的，倒象做错了什么似的？

第三，管理体制的问题。这个许多同志都有深刻的体验。公路管理机构重复设置之多，连我们业内人员也感到不可思议，不少省（区）在公路管理局以外，又平行设置了高等级公路管理局、路政管理局、征费稽查局，有的还成立收费公路管理局等，在一个行政区域内出现了几个公路管理机构，形成政出多门，多头管理，不要说对外行政执法，就是相互间的关系都难以协调。此外，公路管理机构的名称也不规范，省一级的好些，基本都叫公路管理局，而地、市以下名称则比较混乱，有称公路管理局或分局的，有称公路总段的，还有称公路管理处。县、市级与地、市机构名称上基本对应，上设局，下叫分局，上设总段，下叫段，上设处，下叫站，但还有乱中添乱的，如江苏省部分地区，地级市和县级市的全叫公路管理处，常常让人不知所以然。

这样不规范的体制降低了我们行业管理工作的运行效能，增加了系统“内耗”，也直接影响了公路部门的整体行政执法能力和执法力度，人为制造了许多执法难问题。比如在东部沿海地区普遍存在当地车挂异地牌照问题，明明是在当地使用，却挂着外地的车牌，按外地较低的标准交纳养路费。从本质上说，这无疑是一种漏逃国家规费的行为，交通部曾明令禁止，但因为管理体制上的不顺，外地的养路费征收机构非但不予以限制打击，反而暗中支持鼓励。

管理体制的问题，根源是在于各级政府在公路管理上的职责没有合理划分，而职责的划分又依赖于公路权属的划分和确认。因此，体制问题的解决，根本上还得靠权属问题的解决，哲学上说，经济基础决定上层建筑，这将是一个例证。

（材料来源：新疆交通建设管理局高管局卡子湾管理处路政大队／路政管理 顾枫）

复习思考题

1. 何为高等级公路路政执法？高等级公路路政执法的主要任务是什么？
2. 高等级公路路政执法的特征是什么？
3. 高等级公路路政执法必须坚持什么原则？
4. 分析高等级公路路政执法难点所在。
5. 高等级公路路政执法的具体内容是什么？
6. 对公路路政文明执法如何理解？
7. 公路“三乱”的含义是什么？其危害何在？并叙述治理措施。
8. 路政许可有何特征？简述路政许可的程序。
9. 列举路政许可的无效、失效、中止和撤销的各种情况。
10. 叙述路政强制与路政处罚的区别。
11. 什么是路政监督？如何理解其含义？
12. 路政监督有哪些类型？叙述路政监督的主要特点。
13. 叙述路政强制与行政诉讼强制措施的区别。
14. 简述路政监督的程序。如何理解路政监督的作用？
15. 简述路政强制的概念与特征。
16. 路政强制的主要内容有哪些？
17. 开展高等级公路路政文明执法调查，并撰写一份3000字的调查报告。

第六章 高等级公路路政外业管理

教学要求

1. 描述路政巡逻的主要任务、组织管理、交接与报告制度；
2. 描述突发事故及恶劣气候条件下的路政管理；
3. 描述拖带、清障工作的主要环节。

●第一节　路政巡逻与外业管理●

高等级公路路政巡查是路政管理工作中最大量、最直接的管理活动，许多路政管理的措施和手段主要是通过这种直接的管理实现的。通过路政巡查这种动态管理方式，运用法律、法规所赋予的强制力，及时查处各种侵害路产路权的违法行为，使公路处于完好的状态，以保障高等级公路安全、畅通。

一、路政巡逻

1. 路政巡逻的主要任务

①实施24h巡查、监控，并记录车流、路况、路产和建筑控制区内的情况。

②发现和查处各种违法行为。

③控制交通事故和突发事件现场，并迅速上报。

④组织清障、救援工作，及时为求援(助)者提供帮助。

⑤协助现场勘查取证工作，依权限处理简易程序案件。

⑥施工作业现场交通管制和监督。

⑦实施特殊勤务和专项整治工作。

⑧超限(长)运输的监护。

⑨完成上级机关临时指令。

2. 路政巡逻组织

高等级公路路政巡逻应根据公路里程、交通流量、气象情况和公路沿线的社会情况进行合理安排，以机动车巡逻为主，实行24h巡逻制度。

(1)高等级公路巡逻人员每班一般3人1组。乘坐位置为：正驾驶位、副驾驶位、后排左侧位。正驾驶位：负责驾驶、观察路面情况；副驾驶位：担任主要巡视，包括右侧标志、路肩、缘石、边坡、隔离栅、排水沟、应急电话、桥涵通道、护栏、建筑控制红线内的状况等，并协助进行路面巡查;后排左侧位:担任辅助巡视,包括路面及左侧防撞护栏、中央分隔带及设施、里程牌的巡视。

高等级公路路政巡逻人员出巡时,必须按规定穿制式服装,扎制式武装带或穿反光标志背心,佩带执勤标志和执法证件,文书和票据应齐备,保持仪容严整,举止端庄。执勤执法时,应当向当事人敬礼,用语准确、规范、文明,态度和蔼,不得从事职责以外的活动。

(2)高等级公路巡逻车车容整洁,配备齐全有效。巡逻车应配置通信设备,勘查器材、消防器材、安全标志等。

执行巡查任务时,应当开启示警灯,非紧急情况下时速以 60 ~ 80km 较好。可沿右侧行车道行驶。注意观察路面车流动态和路产完好情况,遇停驶车辆应主动上前询问。发现违法行为,可以通过巡逻车发声器喊话等方式,责令机动车驾驶人停驶。违法车辆拒绝停驶的,一般不对违法车辆进行追缉,确要纠正的,可通知前方巡逻车在收费站、服务区和紧急停车道内进行检查,禁止在高等级公路上拦截正常行驶车辆。当接到报警或求助时,巡查车应立即赶到现场。

(3)高等级公路路政巡逻方式。高等级公路路政巡逻方式包括定时巡逻、临时巡逻及异常情况下的紧急出动等。巡逻间隔可根据车辆人员配备情况及管辖半径合理确定,通常有首尾相接式和交叉滚动式两种。但无论何种方式,在目前条件下高等级公路至少应保证同一地点每隔 1 ~ 2h 有一辆巡逻车通过,以发现问题及时通报为宗旨,服从值班室指挥调度。重点路段、特殊天气或车流高峰期应加大巡逻密度,必要时应设置检查岗,夜间可适当加大巡逻间隔。

(4)高等级公路路政巡逻注意的主要事项。公路巡逻人员在高等级公路上巡逻时,应注意观察车流动态、路面情况、路产完好情况以及违章控制区内的情况,及时发现路政违法行为。主要是观察下列违法行为:

①车辆是否超长、超宽、超高、超重。

②铁轮车、履带车和其他可能损坏公路路面的机具违法行驶高等级公路。

③行驶中不正常现象,机动车驾驶人可能有试车的。

④交通肇事或车载物品不当污染损坏公路及其附属设施的。

⑤擅自施工作业或施工路段不按规定设置明显的施工标志、安全标志的。

⑥擅自在建筑控制区内修建建筑物、地面构筑物或擅自埋设管线的。

⑦擅自占用、挖掘公路,违法在公路用地范围内堆放物品、摆设摊点、设置障碍线或设置其他标志的。

⑧挖砂、采石、取土、爆破、倾倒废弃物等危及公路安全作业的。

⑨其他违法行为。

3. 路政巡逻交接和报告制度

高等级公路路政巡逻要建立每日巡逻登记制度,坚持天天巡逻,昼夜值班,特别是交通事故多发路段和重点部位及恶劣天气,要增加巡逻班次,加大巡逻密度,保证问题的及时发现和处理。同时巡逻人员要开启移动电话,随时向值班室通报情况和自己的位置,接受值班室的调度,并详细记录巡逻情况。巡逻记录也是巡逻人员在当班的巡逻情况的具体反映。

①每次巡逻后,巡逻人员应在巡逻手册上详尽记载巡逻结果,复杂事项应于现场及时

记载。

②每班次交接前,应由班长查阅路政巡逻手册,并依次填写“路政巡逻交接班记录”,必要时可召集路政人员核实有关情况。本班次未了事宜,应在交接班记录中注明,由班长向下班负责人做好交接。

③交接班时,应列队换岗,互相敬礼,由交班班长向接班班长通报勤务情况,并履行交接手续。收取的罚款和路政赔偿费必须当日上缴,特殊情况例外。

二、突发事故(件)的路政管理

高等级公路突发事故(件)主要有人为和自然两种。人为突发事件主要由交通事故、聚众闹事等造成;自然突发事件主要由恶劣天气、边坡跨塌等造成公路堵塞引起。因此,作为公路路政管理机构应积极预防突发事故(件),在事发时,协助公安机关处理各类突发事件。

1.人为灾害引起突发事(案)件的处置

1)对特大及连环交通事故引发交通堵塞的处置

路政巡逻人员应立即向上级有关部门报告情况,寻求增援和协调处理;协同交警控制现场和阻止车辆进入堵塞路段,防止事故的再次发生。

实行单道双通,即将中央分隔带的活动隔离栅栏打开,设置必要的标志,在交警或路政管理人员指挥下,组织堵塞的车辆从另一侧道路通行。

此外,还可协同交警部门根据堵塞的情况,采取行之有效的外围分流、内围截流等措施,找准堵塞节点,及时化解节点,恢复交通。

2)对群体人员引发交通堵塞的处置

注意观察,及时发现苗头。对进入高等级公路的行人要立刻劝阻离开,尽力防止其进入高等级公路车道上,以免影响车辆安全畅通。同时,在人群聚集的车行方向的前方进行交通控制,使车辆缓行通过,避免意外事故发生。若发现有聚集堵塞的趋势,应立即向上级机关汇报事件的时间、地点、人数、行进方向等,并通报当地公安机关。同时,组织人员一方面在高等级公路外进行控制,向参与者和周围群众宣传、解释有关政策与法规,疏散围观人群;另一方面加强对进入高等级公路人员进行疏导工作,力争不形成大规模的群体状态。如人群聚集造成交通堵塞态势,应立即通知各收费站暂缓车辆进入,同时封闭堵塞路段,将车辆控制在堵塞路段外,协助公安机关实施处置工作。

3)对群众求助的处置

①路政巡逻人员在巡逻的过程中,经常会碰到群众迷路而要求帮助的问题。对群众一般性迷路求助,可为其指明行走路线和方向;如果自己也不清楚的,可指引群众寻求附近的公安机关或其他人帮助。

②发现走失儿童和老人时,首先将走失儿童和老人照顾好,然后询问其姓名、住址、亲人的姓名、单位等情况,以便取得联系。如果老人或儿童说不清自己的姓名、住址,要注意从其随身穿带的衣物、物品中寻找线索。对痴呆儿童和老人一时难以查清身份的,移送属地派出所或民政部门处理。

③当遇有外国人求助时,能进行语言交流的,就立即进行简单了解,能够现场解决的就立即提供帮助,如不能解决的应及时向上级汇报,并移交有关部门处理。

2. 自然灾害引起突发事件的处置

1)对恶劣天气阻碍交通的预防和处理

恶劣天气主要指大雾、冰雪和大风天气。恶劣天气对道路交通安全畅通的影响非常大,其不仅容易造成交通堵塞,还能引发交通事故。

①加强公路巡查,随时关注恶劣天气动态,及时向上级机关报告恶劣天气信息,以便采取相应措施。

②能见度低于200m的路段,应采取必要的交通管制。如果能见度在50m之上,可以采取在各个入口收费站对进入高等级公路的车辆进行安全告诫,并且利用信息可变标志情报板提供信息,在重点路段的路边设置频闪灯,以提示和警戒过往车辆通行;或者在能见度较好的地方组织过往车辆逐次有序的通过恶劣天气路段。

如果能见度低于50m、大面积路面结冰、大雪等异常恶劣的天气情况下,必须立即向上级机关汇报并向有关部门通报,采取关闭高等级公路的交通措施。

③当恶劣天气路段内发生堵塞。首先应当查明堵塞原因,如果是发生了交通事故,应立即向上级机关汇报,并通知交警部门勘察现场,恢复交通;同时,在能见度较好的地方采取交通控制,禁止其他车辆进入恶劣天气路段,以免发生连环事故。必要时,通知沿线收费站关闭高等级公路。如果车流量大,行车缓慢造成的堵塞,应立即向上级机关汇报并通报沿线各收费站放缓外部车辆进入高等级公路的速度,以减轻主干道的压力,防止事故发生。

④恶劣天气路段内有故障时,应在能见度较好的地方进行交通控制,禁止车辆驶入,并组织人员进行清障,在路障排除后,依次放行车辆。

⑤在路政巡逻时,加强对边坡及重要设施的观察,及时发现事故隐患。发现事故隐患后,应立即向上级机关报告并通知高等级公路工程养护部门对其进行及时的治理。

⑥如果发生边坡及重要公路设施倒塌,造成重大伤亡事件时,应及时控制交通、抢救伤员、疏散车辆、了解事件现场情况,并立即向上级机关报告并通知高等级公路工程养护部门联系就近的部队请求支援。

2)水毁、地震自然灾害的应急处理

如高等级公路所经区发生水毁或地震自然灾害,路政人员应立即巡查沿线桥梁、隧道、路基、路面、交通安全设施损坏情况,及时向上级汇报,并采取有效安全措施或关闭交通。

三、路上作业及恶劣气候条件下的路政管理

以"生命至上,以人为本,安全第一"为宗旨,兼顾高等级公路效率、效益原则,发挥高等级公路安全、高效、快捷的作用,最大限度消除恶劣气候对高等级公路安全通行带来的影响。根据有关规定,借鉴相关经验、公路特点和路网实际,在恶劣气候条件下采取分级交通管制措施,即在不同条件下,采取限速、限制车种、组队间隔放行、局部封闭、完全封闭等不同的交通管制措施。

一般情况下,采取非封闭交通管制措施;当出现大雾,大范围(10km以上)能见度低于30m,或在雾区已经发生交通事故时,视不同情况采取局部或全部封闭管制措施。

实施全线交通管制措施由省级高等级公路路政执法部门的领导决定,局部交通管制措施由辖区下属路政执法部门的有关领导决定。决定作出后立即通知相应的高等级公路经营公司

执行,并报上级机关。

交通管制应遵循快捷、高效原则,利用高等级公路现有的通信设备(无线对讲系统和内线电话),通过监控中心,将交通管制决定在最短时间内传达到相关收费站及其收费亭。

高等级公路经营公司,应与路政执法总队通力协作,在恶劣气候条件下,获悉交通管制信息后,应立即指令监控中心,通过内部通信设备将交通管制决定传达到相关的收费站及其收费亭,并在可变情报板和电子限速标志等安全设施上发布相应的交通信息,同时要求清障救援车辆及其人员做好交通管制的配合工作。

管制措施分为特级管制、一级管制、二级管制和三级管制四个级别。

1. 特级管制

能见度不足30m或能见度不足50m且已经发生事故,不能保障车辆安全通行时,实行特级管制。除特别紧急公务、紧急抢险救护等特殊车辆在巡逻车引导下通行外,禁止其他各类车辆驶入高等级公路。

对高等级公路上的在行车辆,通过巡逻车喊话和可变情报板提供信息,要求其开启雾灯、近光灯、示廓灯、前后位灯以及危险报警闪光灯,并就近驶离高等级公路或进入服务区休息等待。

2. 一级管制

能见度在30m以上50m以下,不能保障所有车辆安全通行时,实行一级管制。禁止危险化学品运输车辆、"三超"车辆(超宽、超高、超长)、大型客货车辆、未安装后防雾灯车辆和后尾灯不亮的小型车辆驶入高等级公路;管制路段限速30km/h,禁止超车,开启雾灯、近光灯、示廓灯、前后位灯及危险报警闪光灯,保持车辆间距不小于30m。

3. 二级管制

能见度在50m以上100m以下时,实行二级管制。禁止危险化学品运输车辆、"三超"车辆、重载大货车及后尾灯不亮的其他车辆驶入高等级公路;管制路段限速50km/h,开启雾灯、近光灯、示廓灯、前后位灯,保持车辆间距不小于50m。

4. 三级管制

能见度在100m以上200m以下时,实行三级管制。管制路段限速70km/h,开启雾灯、示廓灯、前后位灯,保持车辆间距70m以上。

在秋冬和冬春交替时节,路政执法部门应加强与气象部门沟通信息,提前掌握雾情,并加大巡逻密度,及时发现高等级公路气象变化情况,做好恶劣气候条件下交通管制的人力、物力准备工作。

为了做好对恶劣气候的预防和预控工作,及时掌握和监测雾情,高等级公路经营公司应逐步在高等级公路的相关路段设置测量大雾仪器,为实施相应的交通管制措施提供科学依据。

在实施特级、一级和二级管制措施后,路政执法部门应及时通报辖区交警支(大)队,配合疏导阻塞车辆。高等级公路经营公司及其收费站有关人员,要做好高等级公路入口限制驶入车辆的宣传、解释和疏导工作。

在雾情好转和影响行车安全的危险消除后,路政执法部门应及时告知高等级公路经营公司及其收费站,实施降级管制或恢复正常通行。

●第二节　路政拖带、清障●

拖带、清障是高等级公路路政管理的日常主要工作之一，是一项必须使用专门机械设备完成的有偿服务项目。

一、拖　　带

拖带，通常是指对高等级公路上故障车的牵引。在拖带工作中应注意：

①拖带前应向当事人出示"拖带服务收费标准"，事先讲明收费数额，严禁乱收费。

②一般的拖带在抵达现场后，应先安排专人摆放有关标志（牌）；移动作业时应有人持指挥旗（灯）疏通车流。对占用车道时间较长装载复杂的拖带，应实行作业现场交通管制。管制方式可根据实际情况，制定相应措施，以保证交通安全为前提给予适应调整。

③在拖带过程中，无论何种情况，牵引拖带作业均不准逆行、不准软拖、牵引车不准同时拖带一辆以上的车辆。

二、清　　障

清障，通常是指清除在高等级公路上因交通事故或其他原因停留的损坏车辆或物资。

1. 清障管理职责

1）高等级公路管理处清障管理的主要职责

①贯彻上级机关有关清障的法规和办法，制定具体的各类清障工作操作规程。

②建立健全清障工作责任制，做好经常性的考核、考评。

③及时做好管理范围内的清障协调工作。

④经常进行安全生产教育，安全检查，落实各项规章制度，采取有效措施，确保安全生产。

⑤负责清障队伍骨干人员的培训与考核。

2）高等级公路清障队伍的主要职责

①收集、分析、处理各种信息，随时做好执行任务的各项准备工作。

②制订和落实各种排障与清理处理方案、作业程序和应急措施。

③加强各种机械、设备的保养维修，使之经常处于完好状态，并足量储备各种所需器材。

④清障值班人员24h值班，不得擅自离开岗位。

⑤接到清障通知后迅速出动，排除路障，清理现场，保持畅通。

⑥按规定标准收取清障费。

⑦负责清障工作中及清障作业现场的自身作业安全。

2. 清障管理要求

①作业人员佩带安全反光标志，清障机械设备有明显的警示标志。

②接到通知后，清理人员、设备立即赶往现场，实施排障与清理。

③事故车辆须经公安机关、公路管理机构和公司资产安全人员进行现场勘察、取证后方可排障、清理，并按指定地点停放。

④清障作业现场应严格按规定摆放安全标志。

⑤车辆因故障停在行车道或匝道上时，清障人员立即将故障车辆按规定拖至服务区修理厂；特殊情况可牵引至收费站出站口。

⑥做好清障原始资料的记录工作，并由有关人员签字确认。

⑦清障收费根据实际发生的清障工作量按规定标准进行收费。

⑧先清障、后收费，依照收费标准进行收费；接到清障通知后，10～40min 内到达事故现场，及时清障，保障高等级公路安全畅通。

3. 清障作业规程

1）作业前的准备

①检查汽车，按汽车操作规程进行检查与准备。

②检查各部件及连接件是否牢固、可靠，液压系统有无渗漏，液压油是否充足。

③检查各种托具、拖带用具和锁具是否齐全、有效。

④绞盘、吊机和拖板部分：分别按卷扬机、吊车、拖车部分的操作规程进行检查与准备。

⑤检查照明设备及各种警告标志是否齐全、有效。

⑥作业现场应按规定摆放安全标志设施。

2）清障作业规程

（1）行驶与作业中的要求。

①清障车行驶时，驾驶室以外的任何地方严禁载人。

②根据交通肇事或发生机械故障车辆的损坏程度及损坏部位的不同，选用合适的托具、拖带用具及锁具。

③使用吊机、绞盘和拖板作业时，分别按吊车、卷扬机和拖车操作规程进行。

④作业时，清障车应停靠在平整、坚实的地面上，装有液压支腿的应放下支腿，并保护路面。

⑤在坡上进行清障作业时，用楔块将车轮塞牢防滑。

⑥夜间作业有良好的灯光照明，并设明显的警告标志。

⑦清障作业时，只能有一人指挥。

（2）作业后的要求。

①作业后，将各种托具、锁具卸下保存好。

②按规定对清障车进行保养。

3）清障时应注意的事项

①对范围较广、规模较大的清障，首先应在作业现场根据实际需要摆放有关警示、指示等标志和设施；对规模较小，一般性的清障，应于现场前方 500m 处设置第一级限速标志，200m 后设第二级限速标志，并采用渠化隔离装置布设作业区及改道，再于后方 100m 处设解除限速标志。

②遇有易燃、易爆、有毒物品，采取必要的防护措施。

③吊装车辆时，必须切断车辆电源。

④清障完毕后，要清扫作业区，将残留物品清出现场，及时撤除有关标志。

4）自然因素造成障碍的排除与清理

洪水、台风、地震、冰雪等自然灾害发生后，高等级公路管理部门应迅速组织人力、物力、机械设备,清理现场,排除路障,恢复交通。

5)清障值班人员应认真执行交接班制度

交接班为每日上午8时,要交清、接明车辆、机械及安全设施等,值班人员应认真做好值班记录并签字确认,同时向接班人员做好情况介绍与未完事务交接,确保工作的连续性。

三、拖带、清障工作的难点

肇事、故障车辆的拖带、清障,是拖带、清障的难点。由于肇事、故障车辆严重影响高等级公路的安全畅通,具有极大的安全隐患,应快速及时地进行拖带、清障,也是高等级公路路政管理的一项重要内容。高等级公路的拖带、清障职能,应该归属于哪个部门?全国没有统一的法律规定,一般都依据地方性法规的规定执行。目前,在实际拖带、清障工作中有3个难点:

①管理体制不顺,致使拖带、清障工作难度较大。有的地方高等级公路的清障工作由公路养护部门负责,但在日常工作中常常出现拖带、清障车辆不及时,对保证高等级公路的行车安全及道路畅通造成障碍。公路养护部门作为道路管理机构,极容易被告上法庭。依据《公路法》第46条规定:"任何单位和个人不得在公路上进行其他损坏、污染公路和影响公路畅通的活动",建议清障部门应由路政部门负责,做到统一指挥,快速反应,提高经济效益。

②设备不齐全,服务质量不高。清障部门应配备必要的专用设备,增加便民服务项目,如清障车可以携带常用规格的轮胎,租借给无备用轮胎的车辆;准备备用油箱及抽油设备,为没油的车辆解燃眉之急;配备专用切割设备,抢救肇事车辆里的伤员;携带一定的汽车通用配件,如风扇皮带,轮胎螺丝、灯泡、熔断丝、标准件等,为小故障车辆提供维修服务。

③专业技术水平不高。提高清障人员素质,清障人员应通过培训,掌握一定的汽车维修技术及拖带车辆技巧,为驾驶员排忧解难。

除上述措施外,高等级公路管理部门要走群众路线,发动沿线广大人民群众,运用通俗易懂的语言及表达方式,利用广播、电视、报纸、宣传单册、可变情报板、宣传标语等宣传途径,把保护路产,维护路权的观念送进沿线千家万户及驾乘人员,使他们知道哪些是侵犯路产、路权的违法行为,应该向哪里举报,怎样举报,使他们成为"兼职路政员",是路政部门的"千里眼"、"顺风耳",自觉地与侵犯路产、路权的行为作斗争,以实际行动维护路产、路权。

高等级公路路政管理部门还要积极争取地方政府及其职能部门的配合支持,并通过立法的形式确定彼此之间的职责,保障路政管理渠道畅通,保障高等级公路的完好、安全、畅通。

阅读材料

从法理角度评析公路清障管理

公路路政与公安交通管理的对象和目标都是通过对道路、车辆、驾乘人员和其他当事人的管理,维护公路的安全畅通。尽管侧重点不同,但不可避免造成部分职能交叉,其中之一就是公路清障工作。

1.公路清障管理工作的现实状况

多年以来,我国公路清障管理都是由公路路政部门负责。公路管理部门耗费大量人力、物力进行公路巡查、清障,而且为了道路安全畅通,把公路上堆积物管理等清障工作纳入了各级公路养护检查评比的考核范畴。公路路政部门是依据公路管理法规的有关规定承担清障职责的。以福建省为例,省公路管理局以闽路政(1997)19 号文转发省政府办公厅《关于进一步做好清理公路路障工作的通知》,明确规定了公路管理部门对打场晒粮、占道贸易等公路清障工作的工作职责。《交通部2005 年全国公路检查管理规范化评分标准——普通干线公路之路政管理》明确地将"公路部门管辖的穿越村镇路段新建违章建筑、乱堆乱放情况"写进了检查内容。

2. 关于公路清障管理的法律法规规定

《公路法》第 44 条规定:"任何单位和个人不得擅自占用、挖掘公路……";第 46 条规定:"任何单位和个人不得在公路以及公路用地范围内摆摊设点、堆放物品、倾倒垃圾、设置障碍、挖沟引水、利用公路边沟排放污物或者进行其他损坏、污染公路和影响公路畅通的活动。"《公路管理条例》第 23 条规定:"公路主管部门负责管理和保护公路、公路用地及公路设施,有权依法检查、制止、处理各种侵占、破坏公路及公路设施的行为。"

但是对于公路路障清理工作,国发[1986]94 号文《国务院关于改革道路交通管理体制的通知》(以下简称《通知》)第二条规定:"公安机关对全国城乡道路交通依法管理,包括交通安全宣传教育、交通指挥、维护交通秩序、处理交通事故和车辆检验、驾驶员考核与发牌发证、路障管理以及交通标志、标线与安全设施的设置与管理等。"第三条规定:"任何单位和个人未经公安机关批准,不准占用道路摆摊设点、停放车辆、堆物作业、违章建筑和搞集市贸易等。公路养护和市政管理部门为维修道路需占用、挖掘公路的(日常维修、养护作业除外),须与公安机关协商后再行施工,并共同采取维持交通的措施,公安机关要尽力支持、积极协助,维护施工作业的顺利进行。其他单位和个人,临时占用道路需经公安机关批准,挖掘道路和超限运输需经公路养护或市政管理部门审核同意后,由公安机关办理手续。"

1993 年 12 月,国务院《关于研究道路交通管理分工和地方交通公安机构干警评授警衔问题的会议纪要》(国阅[1993]204 号)明确:"公安部门将公路标志、标线的设置和管理连同原划拨的专项经费一并移交给交通部门"。

2004 年 8 月 28 日,经十届全国人大常委第 11 次会议修改后的《公路法》第 50 条第 1 款为:"超过公路、公路桥梁、公路隧道或者汽车渡船的限载、限高、限宽、限长标准的车辆,不得在有限定标准的公路、公路桥梁上或者公路隧道内行驶,不得使用汽车渡船。若需行驶的,必须经县级以上地方人民政府交通主管部门批准,并按要求采取有效的防护措施。运载不可解体的超限物品的,应当按照指定的时间、路线、时速行驶,并悬挂明显标志。"由此可见,除了标志标线和超限运输管理权变更外,国发(1986)94 号文的其他规定仍然有效。

2003 年 10 月 28 日,十届全国人大常委会第 5 次会议通过的《道路交通安全法》第 5 条规定:"国务院公安部门负责全国道路交通安全管理工作,县级以上地方各级人民政府公安机关交通管理部门负责行政区域内的道路交通安全管理工作,县级以上各级人民政府交通、建设管理部门依据各自职责,负责有关的道路交通工作。"第 32 条第 1 款规定:"因工程建设需要占用、挖掘道路,或者跨越、穿越道路架设、增设管线设施,应当事先征得道路主管部门同意;影响交通安全的还应征得公安机关交通管理部门的同意。"第 87 条规定:"公安机关交通管理部门及其交通警察对道路交通安全违法行为,应当及时纠正。"第 104 条规定:"未经批准,擅自挖掘道路、占用道路施工或者从事其他影响道路交通安全活动的,由道路主管部门责令停止违法行为，并恢复原状，可以依法给予罚款；致使通行的人员、车辆及其他财产遭受损失的，依法承担赔偿责任。有前款行为、影响道路交通安全的，公安机关交通管理部门可以责令停止违法行为，迅速恢复交通。”

从以上法律法规的规定来看，对占用挖掘公路、在公路上及公路用地范围内摆摊设点、堆放物品、倾倒垃圾、设置障碍、挖沟引水、打场晒粮、种植作物、积土堆肥、放养牲畜、修车洗车、倾倒废弃物、设置电杆、集市贸易、举行物资交流会等营业性活动，公路路政、交警均有权管理，两个部门在如何理解适用有关法律法规及国务院规范文件方面还存在的争议。

（材料来源：福建省宁德市公路局 缪君智）

案例分析

案例一：司法实践的冲突

2003 年 8 月，湖南省株州市炎陵县黄 × 为新建庄房将建筑石料堆放在 106 国道 K197 + 600m 处炎陵县城关至水口方向右侧路边。当月 29 日晚，叶 × 无证驾驶未办理车辆牌照的两轮摩托车经过此路段，恰逢一辆卡车相向驶来，为避让卡车而驶入路边的石料堆，当即摔成重伤，花费医疗费用 6 万余元。无独有偶，2004 年 4 月，炎陵县陈 × 无证驾驶摩托车驶过路边砂石堆后摔成重伤，花去 1 万多元医疗费。叶 ×、陈 × 伤，花去 1 万多元医疗费。叶 ×、陈 × 将公路局等相关责任人告上法庭。炎陵县法院判决：“炎陵县公路局作为公路的管理者，没有及时清除路障，清除安全隐患，没有履行保障公路安全、畅通的职责，管理上存在瑕疵，应承担相应赔偿责任。”后来，株州市中级人民法院二审则认为：根据《公路法》及国发（1986）94 号文的规定，路障管理不属于公路管理部门的职责范围，公路管理部门没有清除路障的法定义务，不承担这两起事故的民事责任（《中国公路》2005 年第 10 期）。有关法学界人士评析此案时指出，《道路交通安全法》和《公路法》均未对路障管理的行政主体予以确定。但《国务院关于改革道路交通管理体制的通知》第 2 条规定是对路障管理行政分工有效的规范法律文件。因此，公路部门没有清除公路路障的法定职责，公安机关是负责路障管理的行政机关，负有清理公路路障的义务，对未尽职责而侵害他人的，应承担相应法律责任。

案例二：对公路清障工作的法理评析

案情简介

2004 年 5 月 25 日，山东赵 × 驾驶两轮摩托车撞在路面上的建筑垃圾上致伤，经抢救无效死亡。倾倒垃圾者已无法查找，当地公路局成为被告。法院一审认为：依照《公路法》的有关规定，公路局作为公路管理机构，负有对公路进行养护并保证公路经常处于良好的技术状态的职责，公路部门未全面及时履行其法定职责，应当承担赔偿责任；但赵 × 在驾驶摩托车时，未尽到注意安全的义务，亦应自行承担部分责任。判决公路局赔偿原告各项损失 38500 元，一审判决后双方均未上诉。法律人士就此案作出评析，认为：1993 年施行的《公路法》第 8 条规定，交通主管部门主管本行政区域内的公路工作，县级以上地方人民政府交通主管部门可以决定由公路管理机构依照本法规定行使管理职责。第 43 条规定，县级以上政府交通主管部门应认真履行职责，依法做好公路保护工作，保障公路的完好、安全和畅通。第 57 条规定，本章规定由交通主管部门行使的职责，可依第 8 条第 4 款的规定，由公路管理机构行使。在本案中，为保障公路安全、畅通而进行的清障工作应由公路局承担。另外，《公路法》与《国务院关于改革道路交通管理体制的通知》存在法律冲突，《公路法》是新法又是上位法，《国务院关于改革道路交通管理体制的通知》在法律位阶上不属于行政法规而应归属于其他规范性文件，按《立法法》确定的原则，与《公路法》相抵触的国务院的其他规范性文件在此不应适用。

案情分析

《公路法》等公路管理法律法规与《道路交通安全法》、《国务院关于改革道路交通管理体制的通知》等法律、法规、规范性文件是否存在冲突？以上判例不同法院、法律人士对法律法规的理解、引用大相径庭的原因何在？

笔者认为，解答这些问题应该从法理角度进行评析。

首先，从立法目的上看，公路交通管理部门和公安交通管理部门对公路清障管理的职责不同。

《公路法》第 1 条："为了加强公路的建设和管理，促进公路事业的发展，适应社会主义现代化建设和人民生活的需要，制定本法"，立法首要目的是为了加强公路的建设和管理。《公路管理条例》第 1 条："为加强公路的建设和管理，发挥公路在国民经济、国防和人民生活中的作用，适应社会主义现代化建设需要，特制定本条例"，立法首要目的也是为了加强公路的建设和管理。

何为公路路政管理？交通部《路政管理规定》第 2 条第 2 款规定："本规定所称路政管理，是指县级以上人民政府交通主管部门或者其设置的公路管理机构，为维护公路管理者、经营者、使用者的合法权益，根据《公路法》及其他有关法律、法规和规章的规定，实施保护公路、公路用地及其公路附属设施（以下简称"路产"）的行政管理。"可见，公路行政管理就是保护公路路产的管理，通过保护公路路产不受非法侵害，维护公路的完好、安全、畅通。

同时《公路法》规定，占用、挖掘公路或者使公路改线的或者跨越、穿越公路修建设施或在公路用地范围内修筑设施的且影响交通安全的，还须征得有关公安机关的同意。《道路交通安全法》第 1 条规定："为了维护道路交通秩序、预防和减少交通事故，保护人身安全、保护公民、法人和其他组织的财产安全及其他合法权益，提高通行效率，制定本法"；第 2 条规定："中华人民共和国境内的车辆驾驶人、行人、乘车人以及与道路交通活动有关的单位和个人，都应当遵守本法"。由以上规定可以看出：公路路政管理立法目的就是保护路产路权，而交通安全立法管理的目的就是维护交通秩序，创造安全、便捷的出行环境。

那么具体到占用、挖掘公路，在公路上及公路用地范围内摆摊设点、堆放物品、倾倒垃圾、设置障碍、挖沟引水、打场晒粮等行为，笔者认为则应区分 3 种情况对待。第 1 种损害、污染公路的。毫无疑义适用公路管理法律法规，应由路政管理部门依法处罚，依法收取赔偿费。第 2 种仅影响交通安全，不损害、污染公路或损害、污染公路情节轻微的。如轻微污染、损害公路的占道贸易、打场晒粮、堆放砂石等建筑材料行为，足以影响公路畅通、交通安全的，则应由公安交通管理部门依据《道路交通安全法》第 104 条第 2 款规定，责令停止违法行为，迅速恢复交通；对其中占用公路行为，公路部门可以依法收取临时占用费，如公安交通管理部门不作为造成人身,财产损失的,理应承担不作为赔偿责任。第3种情况是既损害路产,又影响交通安全的。这种行为应由道路交通管理部门和公安交通管理部门依据各自职责范围分别处理。对损害、污染公路的行为,由公路部门依法处罚,收取赔偿费;影响交通安全的,由公安交通管理部门依法处理。同时根据行政处罚法一事不再罚原则,一家给予处罚的另一家不再处罚;但公安交通管理部门应责令当事人停止违法行为,迅速恢复交通,确保安全。正如车辆超限超载运输管理一样,车辆既超限又超载,路政部门管理的法理依据是超限行为损坏公路,公安交通管理部门管理的法理依据是该行为危害交通安全。

其次,从立法原意上看,公路路政管理法律法规并未赋予公路路政部门对路障的强制执行权。

《路政管理规定》第6章"行政强制措施"第38条规定:对公路造成较大损害、当场不能处理完毕的车辆,公路管理机构应当依据《公路法》第85条第2款规定,签发《责令车辆停驶通知书》,责令该车辆停驶并停放于指定场所;调查、处理完毕后,应当立即放行车辆,有关费用由车辆所有人或者使用人承担。第39条规定:违反《公路法》第54条规定,在公路用地范围内设置公路标志以外的其他标志,依法责令限期拆除,而设置者逾期不拆除的,依照《公路法》第79条的规定强行拆除。对占路摆摊设点,堆放物品,倾倒垃圾,设置障碍,挖沟引水,打场晒粮等,《公路法》第77条规定"由交通主管部门责令停止违法行为,处以3万元以下的罚款",责令停止违法行为并非强制措施。而《道路交通安全法》第104条规定"……有前款行为,影响道路交通安全的,公安机关交通管理部门可以责令停止违法行为,迅速恢复交通。"从立法原意上看,公安交通机关责令停止违法行为的目的是迅速恢复交通,若当事人不停止违法行为,则公安机关可以采取必要的强制措施,以达到迅速恢复交通的目的,实际上赋予了公安交通管理部门即时强制执行的权力。

第三,从体制沿革上分析产生以上问题的原因。

我国目前道路管理体制,是由原来的交通部门一家管理在1986年变成公安部门与交通部门两家管理,致使道路管理存在两个执法主体。经过多年运行,暴露出不少问题,路障清理职责交叉仅是其中之一,此管理体制是否合理值得商榷。在目前体制下,当务之急是交通部门与公安部门应正确区分各自职责,积极协调配合,形成合力,确保公路完好、安全、畅通。

复习思考题

1. 高等级公路路政巡逻的主要任务是什么?

2. 恶劣气候条件下高等级公路分级交通管制措施的内容是什么?

3. 什么是路政拖带?什么是路政清障?在高等级公路路政拖带、清障工作中,应注意哪些事项?

4. 简述高等级公路路政巡逻方式及应注意的主要事项。

5. 简述人为灾害引起突发事(案)件的处置。

6. 讨论分析前述案例。

7. 拖带、清障工作的3个难点是什么?

第七章 高等级公路路政处罚程序

教学要求

1. 描述高等级公路路政处罚概况；
2. 描述高等级公路路政处罚的管辖、适用及处罚程序；
3. 对路政违章处罚采取准确的程序。

●第一节　路政违章与处罚概述●

一、路政违章概述

1. 路政违章的概念

路政违章是指违反了《公路法》及相关路政管理法规的路政违法行为。路政违章是路政管理相对人的行为，根据公路法律、法规的相关处罚规定，违章情节及违章后果程度的大小，路政执法人员要给予路政违章行为人相应的违章处罚。

2. 路政违章行为的认定

1）路政违章行为认定的法律依据

高等级公路路政违章行为的认定是以法律、法规、规章为依据的。高等级公路属于公路范畴，有关公路的法律规定都适用于高等级公路。目前，路政违章行为认定的法律依据，即路政执法的法规依据主要有：

①1997 年第 86 号主席令发布的《公路法》。

②国务院发（1987）92 号文发布的《公路管理条例》。

③交通部（1988）第 1 号部令发布的《公路管理条例实施细则》。

④交通部（1996）第 7 号部令发布的《交通行政处罚程序规定》。

⑤交通部（2003）第 2 号部令发布的《路政管理规定》。

除上述依据外，《宪法》、《民法通则》、《刑法》、《行政处罚法》、《行政复议法》、《行政诉讼法》、《治安管理处罚条例》、《国家赔偿法》、《道路交通安全法》、《土地管理法》、《森林管理法》等法律中也有适用于公路路政执法的条款。同时，国务院和部级发布或联合发布的相关文件和地方性法规和规章都可作为路政执法的法律依据。比如国发（1983）105 号文《国务院关于加强路政管理保障公路安全畅通的通知》、交通部 2000 年第 2 号部令《超限运输车辆行驶公路管理规定》等。

2)路政违章行为的认定

①违反《公路法》第44条第1款规定,擅自占用、挖掘公路的行为。

②违反《公路法》第45条规定,未经同意或者未按照公路工程技术标准的要求修建跨越、穿越公路的桥梁、渡槽或者在公路用地范围内架设、埋设管线、电缆等设施的行为。

③违反《公路法》第46条规定,在公路上及公路用地范围内摆摊设点、堆放物品、倾倒垃圾、设置障碍、挖沟引水、利用公路边沟排放污物或者进行其他损坏、污染公路和影响公路畅通的行为。

④违反《公路法》第47条规定,在大中型公路桥梁和渡槽口周围200m、公路隧道上方和洞口外100m范围内,以及在公路两侧一定距离内,挖砂、采石、取土、倾倒废弃物,进行爆破作业及其他危害公路、公路桥梁、公路隧道、公路渡口安全的行为。

⑤违反《公路法》第48条规定,铁轮车、履带车和其他可能损害路面的机具擅自在公路上行驶的行为。

⑥违反《公路法》第50条规定,超过公路、公路桥梁、公路隧道或者汽车渡船的限载、限高、限长标准的车辆,在有限定标准的公路、公路桥梁上或者公路隧道内行驶,或使用汽车渡船的行为。

⑦违反《公路法》第51条规定,将公路作为检验机动车制动性能的试车场地的行为。

⑧违反《公路法》第52条规定,损坏、擅自移动、涂改公路附属设施的行为。

⑨违反《公路法》第53条规定,造成公路损坏,未报告的行为。

⑩违反《公路法》第54条规定,未经县级以上地方人民政府交通主管部门批准,在公路用地范围内设置公路标志以外的其他标志的行为。

⑪违反《公路法》第55条规定,未经批准在公路上设置平面交叉道口的行为。

⑫违反《公路法》第56条规定,在公路建筑控制区内修建建筑物、地面构筑物或者擅自埋设管线、电缆等设施或者损坏、挪动建筑控制区的标桩、界桩的行为。

二、路政处罚概述

1. 路政处罚的概念

路政处罚是指路政管理机构对违反路政管理法律法规的违法人给予法律制裁的行政行为,又称路政处罚。它属于行政法的范畴,是对违法人的惩戒,促使其今后不再重犯。路政处罚是一种具体行政行为,也是路政行政复议和路政行政诉讼的依据和理由。理解这一概念应把握以下4个方面:

①路政处罚是特定路政管理机构的行为,即只有交通主管部门或授权的公路管理机构才有权行使路政处罚权,其他行政主体、国家机关均无权行使。

②路政处罚是对违反路政管理法律法规的违法行为的制裁,是路政管理机构行使职权的行为,是一种外部的、具体的路政行为。

③路政处罚是因路政管理相对人不履行法定义务,或不正当行使权利受到相应损害的行为。因此,路政处罚是以惩戒而不以实现义务为目的,一次处罚后,即告结束。

④路政处罚所指向的对象是违法者的财产等利益。

2. 路政处罚的种类

《行政处罚法》第8条规定："行政处罚的种类有：警告、罚款、没收违法所得、没收非法财物、责令停产停业、暂扣或者吊销许可证、暂扣或者吊销执照、行政拘留以及法律、行政法规规定的其他行政处罚"。结合行政法规有关规定，路政处罚的种类有：

1）申戒罚

或称影响声誉的处罚。申戒罚的主要形式是警告和通报，这是路政管理机构对违反路政管理法的管理相对人精神上的惩戒，并不像其他处罚种类那样涉及路政管理相对人的实体权力，如财产罚、能力罚。申戒罚一般处于其他罚之前。

申戒罚的目的在于引起路政违法者精神上的警戒，使其以后不再违法，如不改正，会受到更重的影响其实体权力的处罚。因此，从处罚的程度上看，申戒罚可以是独立的处罚，也可能是其他处罚的先行程序。警告作为一种正式的处罚形式，必须是要式行为，要由执行处罚的路政管理机构作出书面决定，口头警告不能算作路政处罚，而只是批评教育的一种方法。

路政警告不同于司法机关的训诫。训诫是人民法院以国家的名义对犯罪情节轻微可以不予以刑事处分的人进行公开谴责的一种教育方法。

2）财产罚

财产罚是强迫违法者交纳一定数量的货币或实物，或剥夺其×些财产权的一种处罚。由于罚款不影响被处罚人的人身自由及其合法活动，又能起到惩戒的作用，所以，是目前行政处罚中应用最广的一种，也是路政处罚适用最多的一种处罚形式。具体形式主要有3种：

①罚款：是指路政管理机构依法强制违法人在一定时期内缴纳一定数量货币的处罚形式。罚款不同于刑罚中的罚金，罚金是一种附加刑，适用的对象主要是牟取非法利益的罪犯，而罚款是行政处罚的一种形式，其适用的范围要远远超出前者。

②没收非法所得：是指特定的路政管理机构依法将违法人的非法所得收归公有的一种处罚形式。行政处罚中的没收不同于刑法中的没收财产。后者是一种附加刑，是对犯罪分子个人所有财产的一部分或全部无偿收归公有。

③责令赔偿损失：是指路政管理机构依法责令侵犯国家利益的相对人，对其所造成的损害给予赔偿的一种处罚形式。他是路政处罚中运用较为广泛的一种。责令赔偿损失是路政管理机构依职权的单方面的主动行为，在路政管理中，接受赔偿的一方是国家。

3）行为罚

行为罚也称能力罚，是限制或剥夺路政管理违法人某项行为能力的制裁，是仅次于人身罚的一种较为严厉的行政处罚。能力罚的设立和实施，在我国比较严格，在路政管理能力罚中，主要形式有责令停工、责令停驶、责令停止违法行为、责令限期拆除、吊销许可证等。

3. 路政处罚的原则

路政处罚的原则是指对路政处罚具有指导意义的准则。路政处罚是一种行政执法行为，它必须遵循以下原则：

1）处罚法定原则

《行政处罚法》第3条规定："没有法定依据或者不遵守法定程序的，行政处罚无效"。具体包含以下3方面：

（1）公民、法人或其他组织的行为，只有法律、法规、规章明文规定应受行政处罚的，才能受处罚。法律、法规、规章没有规定的,不能给予处罚。

(2)行政处罚必须由有权设定行政处罚的国家机关在职权范围内设定,无权设定的不得设定。

(3)行政机关实施行政处罚,必须严格依法执行。主要表现在:

①处罚机关是特定的,即只有法律、法规和规章明确规定为实施处罚的机关才能实施行政处罚。

②特定的行政机关只能实施法定的处罚内容,不能超越法定的处罚权限。

③行政处罚既要遵守实体法的规定,又要遵守程序法的规定。

2)公正、公开原则

《行政处罚法》第4条规定:"行政处罚遵循公正、公开的原则。设定和实施行政处罚必须以事实为依据,与违法行为的事实、性质、情节以及社会危害程度相当。对违法行为给予行政处罚的规定必须公布;未经公布的,不得作为行政处罚的依据。"

公正是指行政机关在行政处罚中对受处罚者一律平等,表现在:路政处罚要以事实为依据,以法律为准绳;路政处罚要与违法行为的事实、性质、情节以及社会危害程度相当;处罚决定要与处罚执行分开。

3)教育与处罚相结合原则

《行政处罚法》第5条规定:"实施行政处罚,纠正违法行为,应当坚持处罚与教育相结合,教育公民、法人或者其他组织自觉守法"。

处罚是手段,不是目的,因此要重在教育。对于严重违反路政管理行为的人要给予必要的处罚,通过处罚达到教育的目的。要防止"以罚代教"或"只教不罚",以保证严格依法办事,维护路政管理法的尊严和权威。

4)保障当事人合法权利原则

《行政处罚法》第6条规定:"公民、法人或者其他组织对行政机关所给予的行政处罚,享有陈述权、申辩权;对行政处罚不服的,有权依据申请行政复议或者提起行政诉讼。公民、法人或者其他组织因行政机关违法给予行政处罚受到损害的,有权依法提出赔偿要求。"另外,当事人还有要求组织听证的权利。

5)一事一罚原则

《行政处罚法》第24条规定:"对当事人的同一个违法行为,不得给予两次以上罚款的行政处罚"。路政管理机构对个人或组织的同一路政违法行为,只能依法给予一次处罚,不能重复处罚,也不能作出处罚决定送达当事人后又作补充处罚。

适用一事一罚原则必须具备4个条件:

①违法行为同一。

②侵犯的客体同一。

③适用的法律依据同一。

④没有发生新的违法事实或没有继续从事违法行为。

4. 路政处罚的要件

路政处罚是要式行为,如果路政处罚不符合法律规定的有效要件,则路政处罚无效。路政处罚必须符合法律规定的有效要件是:

1）处罚机关合法

路政处罚机关必须符合《行政处罚法》的有关规定，是依法拥有对外行使路政管理权的路政管理机构，而不是因某一需要临时组建起来的，或者仅是为内部工作需要组建的不享有对外路政管理权的机关。

处罚机关还必须是法定的对路政违法行为具有处罚权的路政管理机构。哪一级路政管理机构具有特定的路政处罚权都须经明文规定。

2）被处罚的路政管理相对人的行为已构成违法

即路政管理相对人的行为违反了路政管理法。构成违法必须满足 4 个要件：

①路政管理相对人具有相应的权利能力和行为能力，即能辨别自己的行为。

②路政管理相对人必须在主观上有违法行为的故意和过失。

③路政管理相对人必须已经实施了违法行为。如果路政管理相对人只有实施路政违法行为的意图，而没有实际实施，则不构成违法。

④违法行为必须违反了路政管理法律法规。

3）处罚必须符合法律法规规定的处罚形式

对路政管理相对人的处罚，必须事实清楚，证据确凿，适用法律法规正确，处罚与事实相适应。在处罚时，不能超出相关法律法规规定的处罚形式。

4）符合法定的处罚程序

路政处罚的实体内容准确，如果程序违法，特别是违反重要程序，该路政处罚无效。

三、路政违章行政处罚规定

根据《公路法》及《路政管理规定》（交通部 2003 年第 2 号部令），路政违章处罚应按照下列规定执行：

（1）《公路法》第 8 章及《路政管理规定》规定的行政处罚，由县级以上地方人民政府交通主管部门或者其设置的公路管理机构依照法律、法规的有关规定实施。

（2）实施路政处罚的程序，应按照《交通行政处罚程序规定》办理。

（3）路政违章行政处罚的几种情况：

①有下列违法行为之一的，依照《公路法》第 76 条的规定，责令停止违法行为，可处 3 万元以下的罚款：

a. 违反《公路法》第 44 条第 1 款规定，擅自占用、挖掘公路的。

b. 违反《公路法》第 45 条规定，未经同意或者未按照公路工程技术标准的要求修建跨越、穿越公路的桥梁、渡槽或者架设、埋设管线、电缆等设施的。

c. 违反《公路法》第 47 条规定，未经批准从事危及公路安全作业的。

d. 违反《公路法》第 48 条规定，铁轮车、履带车和其他可能损害路面的机具擅自在公路上行驶的。

e. 违反《公路法》第 50 条规定，车辆超限使用汽车渡船或者在公路上擅自超限行驶的。

f. 违反《公路法》第 52 条、第 56 条规定，损坏、移动、涂改公路附属设施或者损坏、挪动建筑控制区的标桩、界桩，可能危及公路安全的。

②有下列违法行为之一的，依照《公路法》第 77 条的规定，责令停止违法行为，可处 5000

元以下罚款：

a. 违反《公路法》第 46 条规定，造成公路路面损坏、污染或者影响公路畅通的。

b. 违反《公路法》第 51 条规定，将公路作为检验机动车辆制动性能的试车场地的。

③违反《公路法》第 53 条规定，造成公路损坏，未报告的，依照《公路法》第 78 条的规定，处以 1000 元以下罚款。

④违反《公路法》第 54 条规定，在公路用地范围内设置公路标志以外的其他标志的，依照《公路法》第 79 条的规定，责令限期拆除，可处 2 万元以下罚款。

⑤违反《公路法》第 55 条规定，未经批准在公路上设置平面交叉道口的，依照《公路法》第 80 条的规定，责令恢复原状，处 5 万元以下罚款。

⑥违反《公路法》第 56 条规定，在公路建筑控制区内修建建筑物、地面构筑物或者擅自埋设管线、电缆等设施的，依照《公路法》第 81 条的规定，责令限期拆除，并可处 5 万元以下罚款。

•第二节　路政处罚的管辖与适用•

一、路政处罚的管辖

根据《路政管理规定》（交通部 2003 年第 2 号部令），路政处罚一般按照以下原则进行管辖：

（1）路政案件由案件发生地的县级人民政府交通主管部门或者其设置的公路管理机构管辖。

（2）对管辖发生争议的，报请共同的上一级人民政府交通主管部门或者其设置的公路管理机构指定管辖。

下级人民政府交通主管部门或者其设置的公路管理机构对属于其管辖的案件，认为需要由上级人民政府交通主管部门或者其设置的公路管理机构处理的，可以报请上一级人民政府交通主管机构决定。

上一级人民政府交通主管部门或者其设置的公路管理机构认为必要的，可以直接处理属于下级人民政府交通主管部门或者其设置的公路管理机构管辖的案件。

（3）报请上级人民政府交通主管部门或者其设置的公路管理机构处理的案件以及上级人民政府交通主管部门或者其设置的公路管理机构决定直接处理的案件，案件发生地的县级人民政府交通主管部门或者其设置的公路管理机构应当首先制止违法行为，并做好保护现场等工作，上级人民政交通主管部门或者其设置的公路管理机构应当及时确定管辖权。

对于公路管理养护里程的划分与行政区域不一致时，应具体问题具体分析。一般认为，对于当事人接受处罚决定的路政案件，可由负责管养公路的县级路政管理机构负责。对于难度较大当场不能处罚的路政案件，可由行政区域所在地的县级路政管理机构管辖。

二、路政处罚的适用

（1）不满 14 周岁的人有违法行为的，不予路政处罚，责令监护人加以管教；已满 14 周岁不满18周岁的人有违法行为的,从轻或者减轻路政处罚。

(2)精神病人在不能辨认或不能控制自己行为时有违法行为的,不予路政处罚,但应当责令其监护人严加看管和治疗;间歇性精神病人在精神正常时有违法行为的,应当给予路政处罚。

(3)主动消除或者减轻违法行为危害后果的、受他人胁迫有违法行为、配合行政机关查处违法行为有立功表现的,应当依法从轻或减轻路政处罚。

(4)违法行为轻微并及时纠正,没有造成危害后果的,不予路政处罚。

(5)违法行为在2年内未被发现的,不再给予路政处罚,时间从违法行为发生之日起算,如果违法行为有连续或者继续状态的,从行为终了之日起计算。

•第三节　路政处罚程序•

一、路政处罚程序遵循的原则

路政处罚程序,是指在路政案件处罚过程中必须遵守的一系列前后相连的工作步骤和方式。路政处罚程序是约束路政管理机构路政行政处罚的程序性规定,只在实施行政处罚过程中有效。路政处罚程序是法定的,不能任意增减,顺序也不可颠倒,对当事人作出行政处罚,不得违反行政处罚程序,否则作出的行政处罚无效。具体原则如下:

1. 公正原则

是指路政管理机构在处罚时,要在程序上平等对待当事人各方,排除各种可能造成不平等或偏见的因素。公正原则主要由回避程序、合议程序、辩论程序和调查程序等表现出来。公正原则是现代行政程序的起码原则,也是路政处罚必须遵循的基本原则之一,是行政民主化的必然要求。

2. 公开原则

是指重大的路政案件,与公民权利义务直接相关的路政案件,要通过一定的行政程序让公民了解。公开原则主要通过下列程序得到体现:

①表明身份程序:即路政管理机构及路政管理人员通过出示证件让相对人了解自己的身份。

②通知程序:即路政管理机构及路政管理人员在办理路政案件时,将应该让相对人了解的事项通过合法途径告知当事人。

③咨询程序:当相对人了解路政办案过程中的某些内容时,允许他们向路政管理机构提出咨询,并给予答复,例如向哪个部门提出申诉,该部门的地址等。

④告知权利程序:即路政管理机构在使路政管理相对人承担某种义务时,应告知当事人在程序上享有何种权利,如告知其申诉和诉讼权利。

⑤说明理由程序:对于某些路政案件,路政管理机构不但要把处罚结论告知相对人,而且应当说明事实根据、法律依据或其他理由。

3. 听证原则

是指在路政案件办案程序上保障相对人对处罚结论发表意见,并且使这种意见得到应有重视的权利。

4. 顺序原则

是指路政处罚程序的各项制度表现为一定的顺序性,如果违反了法律所规定的顺序,也是程序违法。例如,表明身份程序应当在调查程序之前。调查程序和听证程序应当在处罚决定作出之前,通知必须在一定的时间之内发出等。顺序原则是路政办案程序时间性的表现和要求之一。

5. 效率原则

这一原则是路政处罚程序时间性的另一表现，它是指为了保证路政办案的高效率，路政办案程序的各个环节应当有时间上的限制，如超过法定时限，就构成违法，即所谓时效制度。

6. 路政管理办案的格式化

即各种路政法律文书应当作出统一的格式规定,这是保证相对人享有法律上的平等权的必要保障。

二、简易程序

简易程序,又称当场处罚程序,是相对于一般程序而言的,它是指对于违法事实清楚、情节简单、证据确凿、充分且程度较轻的行政违法行为,实施路政处罚时采取相对简单的程序。路政处罚适用简易程序要不失公正。“不失公正”是指不能因为适用了简易程序而使路政处罚的合法性、有效性失去保障。

1. 简易程序规定

《行政处罚法》对简易程序作了明确规定:

(1)违法事实确凿并有法定依据,对公民处以50元以下,对法人或者其他组织处以1000元以下罚款或者警告的行政处罚,可以当场作出路政处罚决定,即适用简易程序。

(2)路政管理人员当场作出路政处罚决定的,应当向当事人出示执法身份证件,填写预定格式、编有号码的路政处罚决定书,路政处罚决定书当场交付当事人。

路政处罚决定书应当载明当事人的违法行为、行政处罚依据、罚款数额、时间、地点以及行政机关名称,并由路政管理人员签名或者盖章。路政管理人员当场作出的行政处罚决定,必须报所属路政管理机构备案。

(3)当事人对当场作出的行政处罚决定不服的,可依法申请路政复议或者提起路政诉讼。

2. 简易程序适用范围

适用简易程序,一般不易发生行政争议,而且能减少行政机关的工作压力。有利于提高高速公路路政执法效率,节省人力、物力和财力。但是,简易程序有其严格的适用范围和条件:

1)违法事实清楚

即路政管理相对人确有违法事实,并有确切证据证明该违法事实。违法事实不清,证据不足的;不能适用简易程序当场作出路政处罚决定。

2)违法情节简单

即路政管理相对人的违法行为危害后果较轻,事实清楚,无须进行专门调查取证,经过现场搜集证据即可查明案件事实。

3）有法定的处罚依据

即有法律、法规和规章作为行政处罚的依据。

4）符合法定的路政处罚种类和幅度

可以当场作出路政处罚决定的只限于罚款和警告，并且罚款的幅度不能超出限额，即：对违法者处以罚款的数额必须在50元以下，对法人或其他组织处以罚款的数额必须在1000元以下，超出该罚款数额的路政处罚决定当场不能作出处罚。

3. 简易程序步骤

一般来说，简易程序应遵循下列步骤进行：

1）向当事人出示执法证件，表明身份

执法证件是由特定的行政机关颁发的，表明路政执法人员执法身份的法定有效证件，是路政执法人员代表国家行政机关并以国家行政机关的名义对外行使路政处罚权的合法证件。对当事人当场作出路政处罚决定时，必须向当事人出示执法证件，表明执法身份，否则当事人有权拒绝接受处罚。

2）向当事人说明理由，听取当事人的申辩意见

路政执法人员在实施当场处罚时，必须向当事人说明处罚的事实、理由和法律依据，告知当事人依法享有陈述和申辩的权利，并听取被处罚当事人对所指控的违法事实和适用的法律依据的陈述和申辩意见。如果当事人对所指控的事实根据有异议的，路政执法人员应该进一步补证或请证人当场作证。如果当事人对所适用的法律依据有异议的，路政执法人员应当为其提供有关法律文件，并为其作出解答。

3）作出行政处罚决定，填写处罚决定书

路政处罚决定书，是由交通主管部门统一制作的法律文书，是被处罚人依法据以申请行政复议或者提起行政诉讼的法律上的依据。因此，路政处罚决定书应当载明有关事项。

4）当场交付处罚决定书

处罚决定书由当事人签名后，路政执法人员应当场交给当事人一份，并应告知当事人履行处罚决定的期限、地点和方式；给予罚款处罚的，按规定可以当场收缴罚款的，还应向当事人出具省级财政部门统一制发的罚款收据。

5）告知当事人申请复议权

在路政处罚中，路政执法人员应告知当事人对当场作出的处罚决定不服的，可以依法申请行政复议或者提起行政诉讼。

6）将行政处罚决定报所属行政机关备案

路政处罚在适用简易程序结束后，具体办案的路政执法人员应当及时将处罚决定向所属的行政机关负责人汇报并备案。当场收缴罚款的，应在自收缴罚款之日起2d内，交至行政机关。

三、一般程序

一般程序是指路政管理机构对于事实比较复杂或者情节比较严重的违法行为给予法定较重的行政处罚时所适用的行政处罚程序，也称普通程序。一般程序适用于对公民处以50元以上、对法人或者其他组织处以1000元以上的罚款；没收违法所得；没收非法财物；责令停产停

业;暂扣或者吊销许可证、暂扣或者吊销执照;行政拘留以及法律、法规规定的其他较重的行政处罚。在处罚路政案件时除适用简易程序外,应按一般程序即:立案、调查取证、处罚决定、送达、执行的步骤进行处罚。

1. 立案

立案是路政处罚程序的开始。立案的任务,是审查获得的材料是否具有违法事实和依法需要追究行为人的法律责任,有无法定的不予追究或应当移送管辖的情形,以决定是否立案。

1)立案材料的来源

立案必须有确切的依据,对来源不清或者匿名检举的材料,均不能直接作为立案的依据。只有初步查证属实后,才可作为立案的材料。立案材料的来源主要有以下几种:

①路政管理工作中发现的。

②其他机关、单位和个人的控告、检举和揭发。

③有关部门移送的。

④当事人主动反映和承认的。

2)立案的条件

立案的条件,即立案的理由,包括:

①有违法事实。即有违反有关路政管理法律、法规和规章的事实。

②需要追究法律责任。即违法行为已经触犯了有关路政管理的法律、法规和规章的规定,依法应当追究相应的法律责任;如果行为人的行为违反了法律、法规和规章的规定,但尚不足以构成追究法律责任的条件,则不予立案,可对行为人进行批评、教育或作其他处理。

③按管辖的区域受理路政案件。路政案件一般由违法行为发生地或结果发生地的路政管理机构管辖;违法行为发生地或结果发生地涉及两个路政管理机构的,可通过协商处理或由上一级路政管理机关指定管辖。

路政管理机构及路政管理人员经审查认为确有违法事实存在,并根据法律、法规、规章需要追究法律责任的,经路政管理机构负责人审查决定立案后,应予以受理。首先填写《立案申请书》和有关材料,经路政管理部门的负责人审查决定后,制作《立案决定书》,交承办人办理。

当群众到路政管理机构报案时,要有专人负责接待,详细听取案情陈述,同时做好笔录。如报告的情况紧急,可以先派人到现场作紧急处理。

2. 调查取证

承办人接到《立案决定书》后应立即开始询问、调查、收集证据,查明当事人和由其所造成的损害后果。取证内容包括行为人的违法事实,违法行为的性质、情节轻重和危害后果等方面的材料,其目的是为了获得有关证据,以求得正确、合法的处理。

1)取证范围

高速公路路政案件的取证范围包括:

①书证:是以记载的内容证明案件真实情况的文字材料,如文件、信件、电报、路产路权证书等。

②物证:是以物质的形状、结构特征证明案件真实情况的物品和痕迹,如已被损坏的路基、路面、桥涵、护栏、隔离栅、被盗伐的行道树等路产实物以及违法使用的工具等。

③证人证言:是了解案件情况的人向路政执法人员对案件事实所作的陈述。

④当事人陈述:是与案件有利害关系并可能承担法律后果的人对案件事实所作的陈述。

⑤视听资料:是通过音像设备记录的能够证明案件真实情况的资料,如照片、录像带、录音带、电话录音、电影胶片、传真资料等。

⑥鉴定结论:指为解决专门技术性问题聘请专业人员就案件事实材料所作出的科学鉴定与分析意见。

⑦现场勘察笔录:指勘验人员对违法行为的发生地的现场情况所作的书面记录,包括文字记录和现场勘验图。

2)取证过程注意事项

路政案件的调查取证,是一项非常重要的基础性工作,搜集的证据除作为路政管理机构自身处理案件需要外,更重要的是为今后可能进行的行政复议和行政诉讼提前做准备。因此调查取证的过程中必须注意以下几点:

(1)及时、迅速。搜集证据的时间性很强,有的证据因时间因素而可能灭失或难以搜集,不能有丝毫拖延。当违法行为发生,痕迹比较明显、物证未被破坏、群众记忆犹新的时候,有利于获得完整和可靠的证据材料。

(2)全面、客观。搜集证据要围绕案件事实进行,凡是与案件有关的能够证明案件真实情况的证据材料,都应当搜集。要坚持实事求是的原则,尊重客观事实真相,如实地反映客观实际情况,坚决反对先入为主,切忌主观倾向性和片面性。

(3)询问当事人和证人,必须有 2 名以上路政执法人员在场共同进行;调查和取证,路政执法人员应当出示执法证件表明执法身份;路政执法人员还应当按要求制作笔录,注明调查和取证时间、地点、调查人和被调查人,并将询问笔录交当事人或证人核对后,被调查人和调查记录人都应签字盖章。

(4)调查程序中路政执法人员的回避制度。为了保障路政处罚的公正性,路政执法人员如遇以下事由之一者,应当回避:

①路政执法人员是本案的当事人或者是本案当事人的近亲属。

②路政执法人员或者其近亲属与当事人有直接利害关系。

③路政执法人员或者其近亲属与本案当事人有其他关系可能影响案件公正处理的。

具有上述情形之一者,路政执法人员应当请求回避。如果当事人认为路政执法人员具有上述情形之一,也可以向行政机关提出要求路政执法人员回避的要求。要求路政执法人员回避的请求提出后,是否准许,由路政执法人员所在的路政管理机构负责人决定。

(5)在证据可能灭失或难以取得时,应向人民法院和公正机关提出申请证据保全。在证据可能灭失或者事后难以取得的情况下,路政执法人员应及时提出保全证据的申请,经其所在路政管理机构负责人批准后,可对证据进行登记,并保存在一定的地点。但采取保全措施必须依法进行:

①要注意可以采取保全措施的证据范围,如与案件无关的当事人的个人财产不得采取保全措施。

②要制作证据登记清单。

③要注意保存好被保全的实物证据,不得损坏、销毁和挪用以及非法变卖。

④不得超出登记的保存期限。

对于搜集不同种类的证据,还应当按照各自的特点和特殊要求进行,以保证证据的客观性、相关性和合法性,使证据形成完整的证明系统。

3. 违章通知

违章通知,又称告知。告知程序是路政处罚的必经程序,"告知"对当事人来说是其法定的权利,对于高等级公路路政管理机构来说则是其法定的义务。

根据《行政处罚法》第31、32条规定:行政机关在作出行政处罚决定之前,应当告知当事人作出行政处罚决定的事实、理由及依据,并告知当事人依法享有的陈述、申辩、申请复议、提起行政诉讼、请求赔偿等权利。行政机关必须充分听取当事人的意见,对当事人提出的事实、理由和证据,应当进行复核;当事人提出的事实、理由或者证据成立的,行政机关应当采纳。行政机关不得因当事人申辩而加重处罚。

告知应制作笔录,笔录内容即包括高速公路路政管理机构及路政执法人员履行告知义务的时间、地点和有关情况,还包括当事人陈述和申辩的具体内容等。

告知程序容易被忽视。如果高速公路路政管理机构及路政执法人员在作出路政处罚之前,没有依法履行告知义务,或者拒绝听取当事人的陈述和申辩,作出的路政处罚决定不能成立,即对当事人不产生法律效力。

4. 组织听证

高速公路路政管理机构作出责令停产停业、吊销许可证或者执照、较大数额的罚款等行政处罚之前,应当告知当事人有要求听证的权利;当事人要求组织听证的,高速公路路政管理机构应当组织听证,认真听取当事人的陈述和申辩,并由听证参加人就有关问题相互进行辩论,从而查明案件事实。

5. 路政处罚决定

路政处罚决定是高速公路路政管理机构在查明案件事实的基础上,依法对当事人违反路政管理规定的行为作出处理决定。路政处罚决定是对当事人实体权利的处理,一经作出生效,即对当事人产生法律约束力,当事人必须依法履行,否则将承担相应的法律后果。

路政案件调查终结,路政管理机构负责人对调查结果进行审查,根据不同情况,分别作出如下决定:

①确有应受行政处罚的违法行为的,根据情节轻重及具体情况,作出路政处罚决定。

②违法行为轻微,依法可以不予行政处罚的,不予行政处罚。

③违法事实不能成立的,不得给予行政处罚。

④违法行为已构成犯罪的,移送司法机关。

对情节复杂或重大违法行为给予较重的行政处罚,路政管理机构的负责人应当集体讨论决定。

路政案件的承办人员通过调查取证,并对全部案件材料进行综合分析研究,得出认定案件事实真相的理由和根据,在事实清楚、证据充分的基础上,依据路政管理法的规定,对案件作出处罚决定,制作《处罚决定书》。路政处罚决定书是高等级公路路政管理机构出具的、载明该机构对当事人依法给予路政处罚的有关内容的法律文书,它是被处罚人依法申请行政复议、提起行政诉讼的法律依据。路政处罚决定书应当载明:当事人的姓名或者名称、地址;违反法律、法规或者规定的事实和证据;路政处罚的种类和依据;路政处罚的履行方式和期限;在不服路政处罚决定时,申请路政复议或者提起路政诉讼的途径和期限;作出路政处罚决定的路政管理机构的名称及作出决定的日期。处罚决定书必须盖有作出行政处罚决定的行政机关的印章。

路政案件的处罚,必须以事实为依据,以法律、法规、规章为准绳,做到事实清楚,证据确凿,适用法律、法规、规章正确。路政管理机构办理路政案件,依法独立行使职权,不受其他行政机关、社会团体和个人的干涉。路政案件应尽快结案,遇有特殊情况,可以适当延长;重大案件的处罚决定经集体研究后作出,集体讨论必须有讨论记录,参与研究案件的人员应在讨论记录上签名。

6. 处罚决定书的送达

路政管理机构在宣布处罚决定后,应当场将路政处罚决定书交付当事人签收;当事人不在场的,应在7d内将路政处罚决定书送达当事人。送达的法定方式有以下几种:

1)直接送达

直接送达是指路政管理机构直接将路政处罚法律文书送交当事人签收。受送达人是公民的,本人不在,亦可送达同住成年亲属签收;受送达人是法人或者其他组织的,应当由法人的法定代表人、其他组织的主要代表人签收;受送达人有诉讼代理人的,可以交送其代理人签收。

2)留置送达

留置送达是指受送达人拒绝签收路政法律文书,送达人邀请有关见证人到场,在送达回证上记明拒收事由和日期,由送达人和见证人签名或者盖章后,将路政法律文书留在被送达人住所即视为送达。见证人是被送达人居住地的基层组织的代表或其所在单位的代表。

3)委托送达

委托送达是指路政管理机构直接送达法律文书有困难时,委托送达人居住地的人民法院或有关单位代为送达。

4)邮寄送达

邮寄送达是指路政管理机构直接送达法律文书有困难时,通过邮局采用挂号信件方式送达,以邮件回执注明的日期为送达日。

5)公告送达

公告送达是指受送达人下落不明或者其他送达方式难以送达时,发布公告60d后,即视为送达。

6)其他送达方法

法律、法规规定的其他行政法律文书送达方法。

7. 路政处罚的执行

违反路政管理法规的当事人接到处罚决定书后,高等级公路路政管理机构应针对不同情况,依法采取不同的处理办法(详见第八章)。

四、听证程序

《行政处罚法》第42条规定:"行政机关作出责令停产停业、吊销许可证或者执照、较大数额罚款等行政处罚决定前,应当告知当事人有要求举行听证的权利;当事人要求听证的,行政机关应当组织听证。当事人不承担行政机关组织听证的费用"。

对于听证程序的有关要求,交通部在《交通行政处罚程序规定》中也作出了相应规定,较大数额的罚款应举行听证会确定,按省级人大常委会或者人民政府规定的标准执行。

1. 听证会前的准备工作

①办案单位对违法行为提出路政处罚的建议以后,对符合听证条件的案件,应当告知当事人有要求举行听证的权利。口头告知的,应当制作告知笔录。

②当事人在告知后3d内要求听证的,应当受理。当事人在告知后3d内没有要求听证的,可不予组织听证,但应当将情况记录在案。当事人因不可抗力或其他特殊情况耽误法定期限的,在障碍消除后3d内,可以申请延长期限。

③当事人要求组织听证,应采用书面形式,当事人书写有困难的,也可以由当事人口述,路政管理机构记录,并经当事人签名或盖章。

④当事人提出听证要求后,办案单位不得擅自改变已向当事人宣布的处罚建议。

⑤对当事人要求举行听证的材料进行审查后,认为符合听证条件的,应当组织听证会,并通知原办案单位或调查人员及时移送有关证据材料。

路政管理机构认为当事人的要求不符合听证条件的,应当在收到听证要求后3d内提出不予受理的意见,报本单位领导批准以后,制作不予受理通知书,通知当事人和办案单位。

⑥当事人放弃听证或者听证要求不被受理的,办案单位应当将原提出的行政处罚建议及时送有关部门审核,并报请本单位领导批准以后,作出行政处罚决定。

⑦听证会应及时举行,一般应当在当事人提出听证要求之日起15d内举行听证。听证主持人在举行听证会的7d以前,应将听证通知书送达当事人或代理人和办案单位。有第三人的,应及时通知第三人。

办案单位接到举行听证的通知后,应指派本案负责人和主要调查人员各1人参加听证。听证由行政机关指定的非本案调查人员主持;当事人认为主持人与本案有直接利害关系的,有权申请回避。当事人可以亲自参加听证,也可以委托1~2人代理。除涉及国家秘密、商业秘密或者个人隐私外,听证应当公开举行。公开的听证,在召开听证会的3d前,应将当事人的姓名或单位名称、案由和听证会时间、地点,通过公告栏等方式予以公告。

2. 听证会程序

听证会场,设听证主持人席、书记员席、调查人员席、当事人席、代理人席、第三人席、证人席和旁听席。本案的证人不得参加案件的旁听。

听证会开始前,先进行以下工作:

①书记员核对听证参加人的身份。

②书记员宣读听证纪律。

③听证主持人告知当事人、调查人员和第三人依法享有的权利和义务。

④听证主持人宣布听证主持人、书记员名单,询问当事人是否申请回避。

⑤不公开举行听证的,听证主持人应当说明不公开的理由。

听证会按照下列顺序进行:

①调查人员陈述当事人违法的事实,出示相关证据材料,提出拟给予的行政处罚建议和理由、依据。

②当事人进行陈述、申辩与反驳,提出自己的主张和意见,可以出示新的证据材料。

③第三人陈述事实,提出自己的主张和意见,可以出示证据材料。

④调查人员、当事人和第三人相互辩论,可以进行质证。

⑤当事人最后陈述。

听证应当制作笔录,由书记员将听证会的全部活动详细记载。听证笔录应载明下列事项:

听证参加人姓名或名称、地址;听证主持人、书记员的姓名;举行听证的时间、地点、方式;案由;调查人员陈述的事实、理由和行政处罚建议;当事人陈述、申辩的事实和理由;第三人陈述的事实和理由;调查人员、当事人、第三人质证、辩论的内容;证人陈述的事实;当事人的最后陈述。

听证主持人宣布听证结束后,听证笔录应当交调查人员、当事人、第三人和证人审核无误后签字或盖章。当事人或第三人拒绝签名的,由书记员在听证笔录上记明。

有关人员认为自己的陈述记录确有遗漏或有差错的,有权申请补正。

听证主持人和书记员应当在听证笔录上签名。

听证会结束以后,听证主持人根据听证笔录所记载的事实和证据,提出如下处理意见,报本机关负责人,同时告知原办案单位。

①违法行为事实清楚,证据确凿,办案单位提出的行政处罚建议适用法律、法规、规章正确,程序合法,量罚适当的,提出维持办案单位处罚建议的意见。

②有应受行政处罚的违法行为,但办案单位提出的行政处罚建议适用法律、法规、规章错误或量罚不当的,提出纠正办案单位处罚建议的意见。

③有应受行政处罚的违法行为,但办案单位在办案过程中有违反法定程序的行为,提出责令办案单位补正后再给予行政处罚的意见。

④违法行为轻微,依法可不予行政处罚的,或者违法事实不能成立的,提出不予行政处罚的意见。

⑤违法行为已构成犯罪的,提出移送公安机关追究刑事责任的意见。

⑥应当由其他行政机关处罚的,提出移送意见。

•第四节　路政处罚程序实训•

一、实训目的

在路政处罚程序有关知识学习的基础上,通过不同情况的具体案例,能够运用所学知识,正确分析和处理现实工作中有关处罚的工作程序,达到学有所用。

二、注意事项

熟练掌握有关路政处罚程序的内容,在对案例的分析过程中,具体问题具体分析,灵活运用有关知识,把握好不同情况的路政处罚程序。

三、实训内容

1. 路政处罚的简易程序

熟悉简易程序的概念,简易程序的适用范围和条件,简易程序的步骤。

案例分析

损坏高速公路附属设施行为的处罚。

案情简介

公民李×家住某高速公路附近，一天，高速公路路政管理人员在巡路时发现，李×正在偷盗高速公路边沟外的刺铁丝网，由于路政人员发现及时，李×还没来得及用钳子将铁丝完全掐断。经路政人员勘察，李×破坏路产价值20余元，因此，路政人员对其进行罚款40元的行政处罚。

案情分析

根据行政处罚的有关规定，该处罚适用于简易程序。具体执行的步骤是：

①表明身份，出示执法证件。

②确认违法事实，说明违法理由。

③听取陈述和申辩。

④作出处罚决定和送达处罚决定书。

⑤进行备案。

2. 路政处罚的一般程序

熟悉一般程序的概念，一般程序的适用范围和条件，一般程序的步骤。

案例一：在公路用地范围内倾倒垃圾损坏、污染公路的行为

案情简介

×单位毗邻高速公路，该单位经常向高速公路边沟内倾倒垃圾，造成边沟排水不畅，给高速公路的正常使用带来了安全隐患。因此，该段高速公路管理机构决定对该单位作出罚款4000元的行政处罚。

案情分析

根据行政处罚的有关规定，该处罚适用于一般程序。具体执行的步骤是：

①调查取证，包括出示证件、询问当事人、勘察、检查现场并制作笔录。

②听取申辩，应包括制作《交通违法行为通知书》听取当事人陈述、申辩并组织听证会（如果当事人提出听证申请）。

③作出处罚决定。

④送达《行政处罚决定书》（视具体情况采用直接送达、留置送达、委托送达、邮寄送达、公告送达）。

⑤若当事人不主动履行则申请法院强制执行。

案例二:在公路两侧一定距离内挖沙、采石、取土等危害公路安全的行为

案情简介

2002年6月10日,公民A在×高速公路K53附近一跨河大桥桥下挖沙,该辖区管理处路政科路政员B接报后,赶到现场,便直接责令A停工,并当场处以罚款1200元,A不服进行申辩,B则不听并将其载沙农用车扣留,未出具手续。事后A到B处交罚款,B给A开具了印有市财政局监制的罚没票据。请指出B在处罚过程中的不当之处。

案情分析

①B应首先向当事人A表明身份。

②此案处罚金额为1200元,应用一般程序,故不应由B一人前来调查,应由2人进行调查取证。

③此案适用一般程序,不应由B来作出处罚决定。应由负责人作出处罚决定。

④在作出处罚决定前没有告知当事人复议、起诉等合法权利。

⑤此案处罚金额已达1200元,根据《省政关于行政处罚听证范围中"较大数额罚款"数额的规定》已达到举行听证的数额,故应告知当事人享有听证权。

⑥B不可直接接收A的罚款,根据处罚相分离原则,A应到指定的银行交纳罚款。

⑦B对A的申辩不理会是错误的,在处罚过程中A享有申辩权,B应把A申辩内容记录在案,如申辩合理应予采纳。

⑧B未出具手续扣留A农用车错误,应出具相关手续。

⑨B不应给A开具了印有市财政局监制的罚款收据,应开具由省财政部门监制的罚没收据。

复习思考题

1. 什么是路政违章和路政处罚?路政处罚的形式有哪些主要种类?

2. 路政处罚的原则有哪些?

3. 路政违章处罚的简易程序和一般程序各适用于何种情况?简述二者的执行过程。

4. 高速公路路政案件的取证范围有哪些?调查取证的过程中应注意些什么?

5. 在哪些路政违章处罚中,可以应用相对人的申请举行听证会?可以要求哪些人参加听证会?举行听证会的程序是什么?

6. 利用本章所学内容,进行下列案例分析:

刘×是某个体饭店老板,由于该饭店毗邻高速公路与国道连接线,生意很好。该饭店是占用边沟开设道口修建的,因此办理该饭店道口使用证明的该辖区管理处路政员李×,常以此为借口在刘的饭店白吃。一日李×又来饭店吃饭,吃完后,刘×要求其付账。李×怀恨在心,遂以复查刘×的道口使用证为由,带人将刘×填好的道口重新刨开,致使该饭店生意大减。刘×

向多方申诉无效。遂向人民法院起诉。问：

①路政员李×刨开道口的行为是职务行为还是个人行为？为什么？

②刘×的损失应由谁来赔偿？

③该管理处在对刘×处理完毕后，应该对路政管理员李×怎样处理？

④路政员李×违反了路政处罚原则与要件的哪些方面？

7. 根据下列路政违章情况，作为一名路政执法工作人员，你该按哪种程序进行处理？详细描述出具体步骤及依据，并写出对该事件的调查报告。

2001 年 1 月 25 日有一辆货车在长吉高速公路上因操作不当损坏波形钢板 5 块，经×路政科调查勘验后，对车主作出赔偿路产损失 6000 余元的路政处罚决定，在缴纳路产赔偿费后，该车放行开走。

第八章

高等级公路路政处罚执行

教学要求

1. 描述路政处罚执行的 3 种情况；
2. 能对路政的违章情况依据相关法律、法规作出相应的处罚。

•第一节　路政处罚执行特征及执行情况•

一、路政处罚执行特征

路政处罚的执行是指生效的路政行政处罚决定，当事人自觉履行或者在当事人逾期不履行时，由行政机关采取措施，迫使当事人履行的活动。其特征有如下几方面：

(1)路政处罚的执行必须以生效的路政行政处罚决定为依据。

路政处罚决定虽然作出，但是如果处罚决定没有生效或者无效，那么当事人有权不履行或者拒绝执行，路政管理机构也不能依据未生效或者无效的行政处罚决定要求当事人执行。

路政处罚决定的有效是路政处罚执行的前提条件，根据《行政处罚法》的规定，没有法定依据或者不遵守法定程序的行政处罚无效。无效的行政处罚不能作为行政处罚执行的依据。

有效的行政处罚决定不等于就已生效，一个生效的行政处罚决定至少应具备下列条件：

①行政处罚实施的主体合法。

②行政处罚决定书的内容符合法律、法规、规章的规定。

③行政处罚决定书送达当事人。

(2)路政处罚的执行必须遵守法定的程序。

(3)路政处罚执行的目的是为了惩戒和教育违法行为当事人。

(4)路政处罚的执行以当事人自愿履行为主，当事人在法定期限内无正当理由拒绝，行政机关才能采取强制措施，强迫当事人履行。

(5)路政处罚强制执行的主体是特定的行政机关即交通主管部门或人民法院。

《行政处罚法》第 51 条规定，当事人逾期不履行行政处罚决定的，作出行政处罚决定的行政机关可以根据法律规定，将查封、扣押的财物拍卖或者将冻结的存款划拨抵缴罚款，也可以申请人民法院强制执行。

《公路法》规定,当事人逾期不拆除违法建筑和在公路用地范围内设置非公路标志的,由交通主管部门拆除,有关费用由设置者负担。

二、路政处罚执行情况

高等级公路路政处罚过程,包括路政处罚的审理和路政处罚的执行两部分内容。审理和执行是相互联系,而又相对独立的两种不同的制度。审理是执行的前提,执行是审理的保障;没有审理过程,就没有执行依托;没有执行保障,审理确定的内容就难以实现。实践中,当事人收到路政处罚决定书后,有 3 种不同情况:

①当事人服从路政管理机构作出的处罚决定,主动履行处罚决定书确定的处罚内容;

②当事人不服路政管理机构作出的路政处罚决定,向路政管理机构的行政主管机关提起行政复议或者直接向人民法院提起行政诉讼;

③当事人不服路政管理机构作出的处罚决定,既不履行,又不向路政管理机构的行政主管机关申请复议,也不向人民法院提起行政诉讼。

高等级公路路政管理机构应针对以上 3 种不同情况,依法采取不同的处理办法。

1. 当事人服从路政处罚决定

当事人服从路政处罚决定的,应当在法律、行政管理法规或路政处罚决定书规定的履行期限内及时、正确地履行,不得口头承诺,而不实际履行。但在执行过程中应当注意以下问题:

(1)当事人按期履行路政处罚决定确有困难的,可以向作出路政处罚决定的路政管理机构申请延期或分期履行,经路政管理机构同意后,当事人可以延期或分期履行。

(2)路政罚款决定的执行应当区别不同情况,采取不同的执行方法:

①作出罚款的路政管理机构应当与收缴罚款的机构分离。当事人应当在收到路政处罚决定书之日起 15 日内到指定的银行缴纳罚款。银行应当收受罚款,并将罚款直接上缴国库。除法律规定外,路政管理机构及路政执法人员不得直接收缴罚款。

②适用简易程序当场作出路政处罚决定的,路政执法人员可当场收缴罚款。但适用范围是:依法给予 50 元以下罚款;当场不收缴事后难以执行的;当事人到指定银行缴纳罚款确有困难的,经当事人提出,路政管理机构及路政执法人员可当场收缴罚款。

③路政管理机构及路政执法人员当场收缴罚款的,必须向当事人出具由省级财政部门统一制发的罚款收据;未出具财政部门统一制发的罚款收据的,当事人有权拒绝缴纳罚款。

④路政执法人员当场收缴的罚款,应当自收缴罚款之日起 2d 内,交至其所在的路政管理机构;路政管理机构应当在收到罚款之日起 2d 内,将罚款缴付指定银行。

2. 当事人不服从处罚决定,并申请行政复议或提起行政诉讼

当事人、法人或其他组织,认为路政管理机构的具体行政行为侵犯了其合法权益,可以向路政管理机构的行政主管机关申请行政复议;或者依法向有管辖权的人民法院提起行政诉讼。行政复议和行政诉讼是行政处罚补救制度的两种方式,是保证路政处罚结果合法、公正的事后补救措施,也是对路政管理机构的行政行为的一种监督和制约制度。

当事人申请行政复议或者提起行政诉讼,路政处罚原则上不停止执行。

(1)复议期间如遇下列情况之一的,可以停止执行:

①被申请人认为需要停止执行的。

②复议机关认为需要停止执行的。

③申请人申请停止执行,复议机关裁定停止执行的。

④法律、行政管理法规和规章规定停止执行的。

(2)行政诉讼期间有下列情况之一的,可以停止执行:

①被告认为需要停止执行的。

②原告申请停止执行,人民法院裁定停止执行的。

③法律、行政管理法规和规章规定停止执行的。

3. 实施强制执行的路政处罚决定

当事人不服路政管理机构的处罚决定,既不履行,又不申请复议和行政诉讼的,则强制执行。路政处罚决定的执行程序,以当事人自觉履行在先,强制执行在后。当事人自觉履行是基础,强制执行是保障。当事人在法定期限内,全面履行路政处罚决定后,该路政处罚即告结束;当事人在法定期限内拒不履行路政处罚决定时,该处罚决定即进入强制执行阶段。

1)公路路政强制执行程序

根据《路政管理规定》,高等级公路路政管理机构可依法实施路政强制执行措施,但应当遵守下列程序:

①制作并送达路政强制措施告诫书,告知当事人作出拆除非法标志或者设施决定的事实、理由及依据,拆除非法标志或者设施的期限,不拆除非法标志或者设施的法律后果,并告知当事人依法享有的权利;

②听取当事人陈述和申辩;

③复核当事人提出的事实、理由和依据;

④经督促告诫,当事人逾期不拆除非法标志或者设施的,制作并送达路政强制措施决定书;

⑤实施路政强制措施;

⑥制作路政强制措施笔录。

实施强行拆除涉及路政处罚的,可以一并进行调查取证,分别进行处理。

2)申请人民法院强制执行

根据《路政管理规定》,有下列情形之一的,可依法申请人民法院强制执行:

①当事人拒不履行公路行政处罚决定。

②依法强行拆除受到阻挠。

申请人民法院强制执行,必须符合4个条件:

①申请执行的手续完备。应提交申请执行书、据以执行的法律文书以及其他必须提交的材料;申请执行书应当写明执行申请人、被申请人、执行依据、申请执行的内容等;其他必须提交的执行材料,包括路政管理机构法定代表人的身份证明书、授权委托书、送达书证回执、可供执行的财产状况和材料等。

②据以执行的法律文书必须具有可执行的具体内容。即路政处罚内容必须具有给付义务的内容,如罚款、没收财物等,或具有的一定行为的内容,如强制拆除违章建筑、强制退出土地等。

③据以执行的法律文书必须发生法律效力。据以申请执行的法律文书如果是路政处罚决

定,则必须是当事人超过履行期限而没有履行的路政处罚决定;如果是路政复议决定,则必须是当事人既不是提起诉讼又不履行的路政复议决定;如果是人民法院的判决、裁定,则必须是终审的判决、裁定,或当事人在规定的期限内没有提起上诉的一审判决、裁定。

④必须在法定的申请执行期限内提出申请。执行依据是路政处罚决定的,必须是在该路政处罚决定作出之日起,至起诉期限届满之日的3个月内提出;路政处罚决定所确定的履行期限超出起诉期限时,可在路政处罚决定的最后履行期限届满之日起,3个月内提出执行申请;执行依据是人民法院判决、裁决的,应当自判决、裁定确实的履行期限的最后一日算起在3个月内申请执行。逾期申请无正当理由的,人民法院不予受理。

案例分析

案例一:损坏高速公路路面,实行强制执行。

案情简介

2002年2月6日,×市公路路政人员巡路时发现,该市绕城高速公路K23+50m处公路排水沟堆积大量土方,阻塞并损坏了公路排水设施,致使公路路基发软下沉,造成水泥路面板块破碎。

2月8日,该市公路段根据《公路管理条例》及《路政管理规定》的规定,决定立案查处。经调查,系×局的机运段在修建铁路施工中,为了方便,未经公路管理机构同意,擅自把废土堆放在公路排水设施内,后经双方派工程技术人员及专家鉴定,造成水泥路板块破碎的主要原因是:施工时破坏了公路排水设施所致。

2月12日,该市公路段根据《公路管理条例》的规定,向×局机运段发出《处罚决定书》,要求对方停止侵害,同时对造成的经济损失作出处罚决定:

①尽快恢复公路排水设施。

②赔偿公路损失13万元,罚款2.6万元。

×局的机运段以重点工程为由,接到违章处罚决定后,不予理睬,既不在法定时间内向公路管理机构申请复议,又不履行义务,在这种情况下,该市公路段根据《公路管理条例管理细则》第62条规定,向市法院递交了《申请强制执行书》,报请法院强制执行。

该市人民法院受理此案后,进行了重新调查,同时传讯了×局的机运段,此时,×局的机运段在事实面前亦承认有侵害行为,造成了一定的经济损失,要求法院采取调解方式解决,该市人民法院考虑到各方面的关系,从有利于解决问题出发,最后裁决:×局的机运段应承担损坏赔偿责任,赔偿经济损失10万元,并一次性付清。

案情分析

①这是一起因损坏高速公路路面引起的强制执行案。由于×局的机运段在法定期限内既不申诉,又不履行《处罚决定书》所确定的赔偿义务。在这种情况下,公路管理机构向人民法院提出申请强制执行,即强制该机运段缴纳赔偿费,程序是合法的。

②人民法院收到执行申请后,首先要对申请进行审查,本案中的人民法院对申请进行了两

方面的审查,即程序方面的审查和实体方面的审查。程序方面的审查,如申请书的事项、申请执行时效、执行根据的形式等;实体方面的审查主要有执行根据的内容是否合法、事实是否清楚、证据是否充分。

● 第二节 路政处罚执行实训 ●

一、实训目的

在路政处罚的执行有关知识学习的基础上,熟练掌握有关处罚执行中的3种情况及相关的法律、法规及规章制度,通过对不同案例的分析,能够正确分析和处理现实工作中的各种情况,达到理论和实践相结合的灵活运用。

二、注意事项

在对案例的分析过程中,注意准确运用适当的法律、法规及规章制度,具体问题具体分析,根据具体情况采取相应的执行方法;灵活运用有关知识,做到执法公正、合理。

三、实训内容

路政处罚的执行及相关法律、法规、规章制度的运用。

案例分析

案例一:对在公路建筑控制区内修建建筑物的当事人的处罚

案情简介

×高速公路路政人员在巡路时,发现所管辖路段控制区范围内有人正在违章建房,如果你是这名路政人员,该如何处理?

案情分析

①向建房者出示执法证件,表明身份,然后告知其在控制建筑区建房是违法行为(根据《公路法》、《省公路管理条例》、《省高速公路管理办法》有关规定),应无条件自行拆除,如其不能在限期内自行拆除,将由路政管理人员强制拆除。

②听取建房人的陈述和申辩,如陈述和申辩合理应记录在案,并向管理处和局里汇报,如合乎法律、法规规定的可以修建的临时建筑,则告知建房人先停工,按有关规定向管理处提出申请,按占用路产审批程序办理相关手续后,方可施工。

③如当事人拒绝拆除则向其出具《违章处理通知单》并让当事人填好送达回证,如当事人拒绝签收《违章处理通知单》,则采取留置送达或邮寄送达的方式送达。

④如建房人在《违章处理通知单》规定的期限内拒绝自行拆除违章建筑,则予以强行拆除。

案例二:对造成公路路面损坏,未报告的当事人的处罚

案情简介

2002 年 9 月 17 日,长平高速公路 16km 处有一大货车在停车道上使用千斤顶支地,并造成路面损坏。如果你是正在巡路的路政员,发现此情况后,应该如何处理?

案情分析

①向其出示执法证件以表明身份。

②向当事人告知千斤顶支地损坏路面系违法行为,对路产已造成损坏,应承担赔偿责任,并告知其有陈述、申辩权并听取当事人的陈述和申辩。

③与当事人一起对损坏的路产进行勘验,并制作勘验笔录并请当事人押印、签字;对当事人进行讯问并制作讯问笔录,请当事人确认无误后签字、押印。

④向当事人出示《赔偿标准》并告知其应当缴纳相关费用的数额。

⑤制作《违章处理决定书》,并送达当事人,告知其如对处理决定不服可申请复议或向法院起诉。

⑥向当事人收取路产赔偿费等相关费用并给其开具票据,如当事人现场不愿当场缴纳的,可根据《吉林省公路管理条例》的有关规定,暂扣由交通部门核发的证件,并将整个案卷移交内业处理。

⑦向其发放投诉卡,并进行登记。

⑧放行车辆,疏导交通。

案例三:对擅自占用公路用地及损坏公路附属设施的当事人的处罚

案情简介

村民张友,男,48 岁,个体工商户。张友于 1985 年在 × 市环城高速公路边上盖一小饭店经营,十几年来已积累了一定的资金,张友一直想拆旧翻新扩大规模。

该市公路局在 1987 年公路普查时,已将张的饭店进行了登记备存并告知,1987 年《公路管理条例》实施后,不准在公路用地 70m 范围内构筑永久性建筑。2002 年 2 月 8 日,该市公路局路政人员巡查时发现张友未经批准,已擅自开工建起了 3 层饭店。路政人员劝阻无效,遂进行必要的调查取证后向领导汇报。经查:张现已注册成立"张友餐饮公司",领有私营企业法人营业执照。此次建 3 层饭店是沿公路边坡,共占用了边沟面积 0.8m × 50m。

该市公路局在研究中认为,张的行为违反《公路法》无疑,但有以下几个问题存在异议:

①是张友违法,还是"张友餐饮公司"违法?还是张友与"张友餐饮公司"中 2 个多称的同一主体?

②张友的行为如何定性?违反了《公路法》的哪些条款?应以《公路法》的哪个条文为处罚依据?

③在多次劝阻中均与张友发生争执,且张友有暴力抗拒倾向,因此如何才能达到目的?

案情分析

(1)该案违法主体应是“张友餐饮公司”,因为此次建3层饭店所有人是张友餐饮公司,该3层饭店是张友餐饮公司注册时的经营场所,张友餐馆公司持有私营企业法人营业执照,标志着其具有企业的法人资格和地位。

(2)张友对其1985年的小饭店拆旧的行为并不违法。张友餐饮公司的翻新行为违法。

①违反了《公路法》第44条规定,构成占用公路违法行为。因为该公司此次建饭店是沿公路边坡始占用边沟0.8m×50m,公路边沟属于公路。

②违反了《公路法》第46条规定,构成非法占用公路用地的违法行为。因为根据《公路法》34条规定,公路两侧边沟外缘不少于1m属公路用地。

③违反了《公路法》第52条规定,公路排水设施属公路附属设施。

④违反了《公路法》第56条规定,构成建筑控制区内非法修建建筑物的违法行为。《公路管理条例》规定公路建筑控制区为公路边沟外缘起20m的范围,该区域内禁止修建建筑物。该公司建3层饭店不仅占用公路、公路用地,还超出公路用地外缘的部分,属违法建筑。因为《公路管理条例》规定公路建筑控制区为公路边沟外缘起20m的范围,该区域内禁止修建建筑物,该公司建3层饭店不仅占用公路、公路用地,还超出公路用地外缘,该外缘部分属违法建筑。

对张友餐饮公司的违法行为应根据《公路法》第77条、第78条和第82条规定,构成了违法行为的相似现象,即同一行为违反3项法规,采用“重处罚吸收轻处罚”的原则进行处罚。第77条规定处3万元以下罚款,第78条规定处5千元以下罚款,第82条规定处5万元以下罚款。其中处罚为第82条,故应根据该条进行处罚,所以对张友餐饮公司的违法行为应根据《公路法》第82条进行处罚。

(3)对“张友餐饮公司”的违法行为予以罚款后,如该公司既不要求行政复议,又不提起行政诉讼,也不履行的,交通主管部门或公路管理机构根据行政诉处罚规定,申请人民法院强制执行。

根据《公路法》第83条规定,已赋予交通主管部门行使的行政处罚权和行政措施,故可由交通主管部门或公路管理机构强制执行。对张友餐饮公司的违法建筑,交通主管部门或公路管理机构应在处罚的同时责令其限期拆除,逾期不拆除的,由交通主管部门或公路管理机构拆除,有关费用由该公司承担。

鉴于张友已有暴力倾向,交通主管部门或公路管理部门应在执行前及早做好防范,充分适用《公路法》第84条和第85条规定解决。

复习思考题

1. 路政处罚执行的特征是什么?

2. 在路政违章处罚执行的过程中,路政管理人员将遇到3种可能,分别叙述路政管理人员的处置办法。

3. 运用本章有关路政处罚的执行及相关路政管理法律、法规的内容，对下列案例进行分析，并写出相应的案例分析报告。

案例一：2002年1月10日晚9时许，四川省简阳市新市镇亢坝一农民钟×和其家属在成渝高速公路简阳所辖区内K61+100m处，将成都至重庆方向公路边沟外的6m刺铁丝网和两根钢筋混凝土桩抬回家中，用于修猪圈。钟×这一破坏高速公路路产设施的行为，违背了路政管理中的哪些法规？该如何进行路政处罚？

案例二：2001年7月中旬，王×在×高速公路上擅自卸走高速公路的波形钢板12块(每块长度为4.32m。单块造价为1300元)，拿到废品收购站卖，共获得1200元人民币。

当高速公路管理部门发现这一情况后，立即报案，经公安机关立案侦察，发现是王×所为，故对其实施逮捕。王×对此供认不讳，后由检察院向人民法院提起公诉，法院判处王×有期徒刑10年，剥夺政治权利1年。请问：

(1)王×触犯了哪些法律规定？

(2)法院为什么判处王×有期徒刑10年，剥夺政治权利1年？

4. 1997年建设竣工的×省际高速公路与×市自来水公司的D/V1000m输水干线于K17+900m左右处发生交叉。2001年12月中旬，由于该管道破裂，自来水外溢，故该市自来水公司向该省高速公路管理局发来公函，指出该省高速公路建设部门虽然在修建高速公路时对输水管道采取了安全维护措施，但未与自来水公司办理相关手续，并要求挖掘高速公路对管道进行维修，双方就此问题产生异议。

问：根据《公路法》，该市的自来水公司输水管道与该省高速公路交叉存在什么法律关系？该如何依法解决？

第九章

高等级公路路政内务管理

教学要求

1. 描述路政信息管理、统计报表、档案管理、票据管理的内容；
2. 描述规范化标志；
3. 描述对路政内业人员的要求；
4. 描述路政管理常用公文、路政事务文书、路政法律文书的内容。

●第一节　路政内务管理概述●

一、路政内务管理的意义

高等级公路路政内务管理是对路政基础性业务工作管理的简称。它是通过路政案件数字的统计和管理手段，反映路政管理工作情况，为部门领导和上级业务主管部门了解情况、指导工作、制定政策和措施提供了重要依据。做好路政内务管理工作，也是提高路政管理水平，为路政管理规范化创造条件。因此，各级路政管理部门及其授权的路政管理机构，要切实抓好和重视路政内务管理工作，为保障公路设施完好和安全畅通服务。

二、路政内务管理的内容

高等级公路路政内务管理是整个路政管理工作的重要组成部分。路政内务是以外业为基础，路政外业要靠路政内务来反映，它们之间是相辅相成的。其根本目的是为了提高路政管理的整体效能。主要内容有以下几项：

1. 路政信息管理

高等级公路的路政信息，是掌握高等级公路及其附属设施真实情况的源泉，是领导决策以及制定相应管理措施的重要依据。它包括路政信息的搜集、积累、分析、加工、传递、反馈等。做到“5 快”，即对问题发现快、分析问题原因快、问题处理快、措施落实快、处理后反馈快。当天巡查的重大问题，当天及时整理汇报，根据情况分别进行处理。

2. 路政管理统计报表

路政统计报表工作，应及时、准确、全面地反映路政管理部门及其授权的路政管理机构开展工作的成果，对于了解各个时期的路政动态，路政工作好坏，掌握路政活动的情况和解决路政管理中存在的问题是相当重要的。因此，在路政管理实际工作中，要建立健全路政统计报表制度，要落实专人，对路政信息资料严格按照有关规定，认真地按期填报路政信息日报、月报及年报，其参考内容详见表 9-1、9-2、9-3、9-4，并就对其占有的统计资料进行分析研究，制作统计图表，提出统计报告。

高等级公路路政管理统计月(季)报表　　表 9-1

填报单位(盖章)：　　　　填报日期：　年　月　日

<table>
<tr><td>1</td><td colspan="2">召开路政协调会、座谈会、咨询会</td><td>人/次</td><td></td><td></td></tr>
<tr><td>2</td><td colspan="2">举办违章学习班</td><td>人/期</td><td></td><td></td></tr>
<tr><td>3</td><td colspan="2">张贴布告、宣传画</td><td>份</td><td></td><td></td></tr>
<tr><td>4</td><td colspan="2">广播宣传</td><td>min/次</td><td></td><td></td></tr>
<tr><td>5</td><td colspan="2">电视宣传</td><td>min/次</td><td></td><td></td></tr>
<tr><td>6</td><td colspan="2">印发路政手册</td><td>份</td><td></td><td></td></tr>
<tr><td>7</td><td colspan="2">制作宣传标牌</td><td>块</td><td></td><td></td></tr>
<tr><td>8</td><td colspan="2">喷刷宣传标语</td><td>幅</td><td></td><td></td></tr>
<tr><td>9</td><td colspan="2">制作幻灯片</td><td>块/次</td><td></td><td></td></tr>
<tr><td>10</td><td colspan="2">出动宣传车</td><td>km/次</td><td></td><td></td></tr>
<tr><td>11</td><td colspan="2">发违章通知书</td><td>份</td><td></td><td></td></tr>
<tr><td>12</td><td colspan="2">签订协议书</td><td>份</td><td></td><td></td></tr>
<tr><td>13</td><td colspan="2">人均上路率</td><td>d</td><td></td><td></td></tr>
<tr><td rowspan="2">14</td><td rowspan="2">路政经费</td><td>用于装备</td><td>元</td><td></td><td></td></tr>
<tr><td>用于路政宣传</td><td>元</td><td></td><td></td></tr>
<tr><td>15</td><td colspan="2">举办业务培训班</td><td>人/期</td><td></td><td></td></tr>
<tr><td>16</td><td colspan="2">制作违章建筑案卷</td><td>卷</td><td></td><td></td></tr>
<tr><td rowspan="2">17</td><td rowspan="2">撰发各种信息、简报</td><td></td><td>篇</td><td></td><td></td></tr>
<tr><td>其中被报刊采用</td><td>篇</td><td></td><td></td></tr>
<tr><td>18</td><td colspan="2">收到举报信、电报、电话</td><td>封(个)</td><td></td><td></td></tr>
</table>

审核人：　　　　填表人：

高等级公路路政管理统计月(季)报表　　表 9-2

填报单位(盖章)：　　　　填报日期：　年　月　日

<table>
<tr><td rowspan="2">序号</td><td rowspan="2">违章内容</td><td rowspan="2">单位</td><td rowspan="2">本月发案数</td><td rowspan="2">本月查处数</td><td rowspan="2">本年累计发案数</td><td rowspan="2">本年累计查处数</td><td colspan="2">本月查处情况</td><td colspan="2">本年累计查处情况</td></tr>
<tr><td>赔款(元)</td><td>罚款(元)</td><td>赔款(元)</td><td>罚款(元)</td></tr>
<tr><td>1</td><td>占用路面</td><td>m^2/起</td><td></td><td></td><td></td><td></td><td></td><td></td><td></td><td></td></tr>
<tr><td>2</td><td>占用公路用地</td><td>m^2/起</td><td></td><td></td><td></td><td></td><td></td><td></td><td></td><td></td></tr>
<tr><td>3</td><td>占用路肩</td><td>m^2/起</td><td></td><td></td><td></td><td></td><td></td><td></td><td></td><td></td></tr>
<tr><td>4</td><td>占用边沟</td><td>m^2/起</td><td></td><td></td><td></td><td></td><td></td><td></td><td></td><td></td></tr>
<tr><td>5</td><td>挖掘公路</td><td>m^2/起</td><td></td><td></td><td></td><td></td><td></td><td></td><td></td><td></td></tr>
</table>

续上表

序号	违章内容	单位	本月发案数	本月查处数	本年累计发案数	本年累计查处数	本月查处情况		本年累计查处情况	
							赔款（元）	罚款（元）	赔款（元）	罚款（元）
6	挖掘公路用地	m^2/起								
7	堆放物料	m^2/起								
8	种植作物	m^2/起								
9	挖路引水	m^2/起								
10	挖损路基	m^2/起								
11	损坏路面路肩	m^2/起								
12	超限车辆	辆/起								
13	停放车辆	辆/起								
14	履带、铁轮车	辆/起								
15	损坏标牌	块/起								
16	损坏桥栏	根/起								
17	损坏护栏	根/起								
18	损坏声屏墙	m^3/起								
19	盗窃路料	t/起								
20	盗损行道树	株/起								
21	殴打养管人员	人/起								
22	其他									
23	合计									

审核人：　　　　　　　　　　　　　　　　　　　　　　　　　　　　填表人：

注：违章内容可根据公路占用、损失赔偿规定项目实际填写。

高等级公路路政案件查处情况统计（　　）月份报表　　　　表 9-3

填报单位（盖章）：　　　　　　　　　　　　　　　　填报日期：　　年　　月　　日

项目 / 队别（所）	损坏公路及其设施		违章建筑		占用公路及其留地		超限运输		标牌广告设置		上路巡查
	发生（处）	处理（处）	发生（处）	处理（处）	发生（处）	处理（处）	发生	处理	发生（处）	处理（处）	（人次）
							（车次）				
合计											

单位主管：　　　　　　　　　　　　填表人：　　　　　　　　　　×省交通厅制

高等级公路路政案件(　　)度汇总表　　表9-4

年　月

单　位	发生案件数	查处案件数	查处率(%)	结案件数	结案率(%)	金额(元)	备注

填报人:　　填报日期:　年　月　日　负责人:

1)路政统计报表的构成

路政内务统计报表由主项和次项构成,即由横栏和竖列来表达统计调查项目的内容。要求各路政部们要规定程序、报表格式、时间,定期向上一级和部门领导报告,并在制填报表时要掌握以下几点:

①项目标题要概括,能反映统计报表的主要内容。

②项目要清楚,力求简明扼要,通俗易懂。

③项目之间要合乎逻辑,有概念交叉、性质不同的在分组时不要放在同一个组内。

④项目统计要注意计量单位,认真全面的编报。

2)路政统计指标

路政案件发生数:是指违反路政管理条例和管理法规,造成公路产损坏,依法给予处罚的案件发生数。

路政案件查处数:是指对违反路政管理条例和管理法规的单位和个人进行了路政处罚,依法作出了赔偿损失或罚款等的路政案件数量。

路政案件查处率:是指一个单位在一定时期内查处路政案件数量占路政案件总数的比率。其计算式:

案件查处率(%)=(查处路政案件数/路政案件总数)×100%

路政索赔额:是指对违反路政管理条例和管理法规造成公路路产损失的单位或个人,依照管理法规的规定,为国家挽回经济损失的数额。

违章车辆查处数:是指违反路政管理条例和管理法规的超限运输、履带车、铁轮车上路以及在高等级公路上上下乘客、乱停乱放、车辆行驶不当等造成路产损坏和违反行车规定的车辆数。

路政管理人员上路率:是指路政管理人员在法定劳动时间内上路巡查的出勤程度的指标。其计算公式为:

人均上路率(%)=(巡查工作日数与巡查人数乘积之和/制度工作日数与外勤人员总数之乘积)×100%

3)路政分析

为了反映路政管理机构的工作量,提供研究路政管理问题资料,在统计报表的基础上,还必须进行路政分析工作,以揭示路政管理活动,摸索其规律性,以便总结经验、吸收教训、采取措施。

路政统计分析大致分为:综合分析、专题分析、典型分析 3 种。

综合分析,就是在一段时间内对各项路政统计资料进行全面系统分析,找差距、定措施、推广好的办法经验、制定对策;

专题分析,就是运用统计资料对某一方面的情况进行分析;

典型分析,就是选择一个有代表性的点或有代表性的材料,补充综合分析和专题分析的不足。

其分析方法:

①运用相对指标进行分析,就是 2 个相关联的相对指标或者相对数之比,通常用的是"百分比"或几比几来表达。

②运用动态相对数进行分析,就是把不同时间内同一路政现象的 2 个绝对数值相比较,从而研究在同一路政现象在时间上的发展变化情况。通常是按时间顺序比较,如本月(季年)与上月(季年)或本年月、季、年与上年月、季、年同期相比较。

③运用比较相对数进行分析,就是把同一时期内不同单位的某一种路政现象的绝对数相比较。

④运用平均指数进行分析,就是把一种综合指标,在同一定条件下,同一性质的总体内,各个有差异的个体值,经过计算,反映出的代表值,通常用算术平均数表示。例如,×路政队 1 月份查处路政案件 38 起,2 月份查处路政案件 22 起,3 月份查处路政案件 36 起,第一季度路政案件平均查处数为:$(38+22+36)/3=32$ 起。

⑤在进行统计分析时,除了运用统计表、统计报告形式表达外,还可以通过统计图,即利用几何图、形象图等表达。这种表达形式对比鲜明,通常采用的有:按时间对比画图,按管辖区或单位对比画图,按事物的相互关系画图等。

3. 路政档案管理

路政档案管理是路政管理部门及其授权的路政管理机构在路政管理工作中形成的,作为原始记录保存以备查考的文字、图表、声像以及其他各种方式和载体的文字材料,也是路政管理的凭证。这些凭证为路政管理活动提供了必要的依据。

高等级公路路政档案主要有:路产档案、路政处理档案、路政处罚档案、路政复议档案、路政审批档案、路政文书档案等。

路产档案:主要内容有公路、公路用地和公路设施。具体的有路基、路面、桥梁、涵洞、隧道、排水设备、防护构造物、界桩、里程碑(牌)、行道树、安全、通讯、检测及监控、养护、服务、专用房屋等设施及项目建设批准书、投资情况、建设周期、交(竣)工验收时间和情况等。

路政处罚档案:主要内容有卷宗目录、违章通知书、立案登记表、调查笔录、证据(鉴定)材料、案件讨论记录、处罚决定书、送达法律文书、申请强制执行书、结案报告、其他资料(如检举、揭发信等)。

路政处理档案:主要内容有卷宗目录、违章通知书、调查笔录、有关证据材料,如现场照片、现场平面图等。

路政复议档案：主要内容有卷宗目录、复议申请书、复议案件登记表、复议案件受理通知书、调查笔录、复议答辩书、案件讨论记录、复议决定书、送达法律文书、结案报告等。

路政审批档案：主要内容有卷宗目录、申请书、许可证（存根）、其他（如工程设计图、平面图或超限运输申请方案、审批表等）。

路政文书挡案：主要内容有政策法规、来往信函、请示、报告、文件资料、工作总结、简报等。

上述这些档案是路政管理的基础，是路政内务管理的重要组成部分，各级路政管理部门及其授权机构都要切实加强对路政档案的管理，做到分门别类按档案管理的要求做好此项工作，以充分发挥路政档案的作用。

4. 路政票据管理

路政管理部门及其授权管理机构依法收取的公路占用费、公路赔偿费等要实行收支 2 条线。使用的票据要统一执行有财政和税务部门监印的专用发票，领用要认真编号登记，建立台账和稽核制度。占用费、赔偿费按规定逐级上交高等级公路管理部门，并及时编报对损坏的交通设施进行维修恢复的计划。罚款一律规定上交财政，所有路政收入不得任意截留和挪作它用。

•第二节　路政内务管理规范化•

路政内务实行规范化的管理是路政内务管理现代化的前提，是科学管理的重要手段，是提高路政内务工作质量和效率的有效措施。主要内容包括两个部分，一是有关高等级公路及附属设施的基本情况（道路的长度，出入口个数，车道数，通道及桥涵数量，位置，承载力等）；二是有关高等级公路的动态使用状况（交通量、道路与设施的破损率及路产、路政受损的情况等），要求建立健全一整套路政内务管理制度，档案管理完整准确，信息统计资料的整理要标准化、系统化，信息反馈灵敏、反映情况及时，并充分利用微机来管理路政资料，便于路政外业管理查询和为路政管理部门的领导决策提供健全可靠的基础资料，借以提高高等级公路路政管理的水平。

一、规范化的标志

①办公场所整洁。

②政务公开。

③资料档案齐全。

④路政内务管理制度齐全。

二、对路政内务管理人员的要求

①路政内务管理工作比较烦琐、艰苦且单调枯燥，要求路政内务管理人员必须爱岗敬业、恪尽职守、熟悉业务、清正廉洁、文明服务、秉公执法，要有较强的事业心和责任感，要吃苦耐劳、工作勤奋。在实际工作中做到“四勤”，即手勤多记、耳勤多听、口勤多问、眼勤多看，立足

本职、踏实肯干、勇于负责、不断进取。

②路政管理是一项执法工作,要求路政内务管理人员要掌握法律、法规和政策,才能适应工作的需要。路政管理人员必须要学法、懂法,要熟练掌握相关法律法规,精通路政业务。

③路政内务管理,要调查搜集有关各项路政业务的资料,撰写一些法律文书材料,要求路政内务管理人员要具备一定的写作能力,学习和掌握一些语法和逻辑知识,熟悉常用公文、法律文书的格式,适时地反映各个时期的路政动态、路政情况、工作中的问题和经验,以更好地发挥路政内业应有的作用。

● 第三节 路政管理常用文书 ●

路政管理过程中,涉及到多种类型的公文、事务文书和法律文书。国务院发布的《国家行政机关公文处理办法》2001 年 1 月 1 日起施行,该办法对公文种类、格式、行文规则、收发处理、归档和管理等工作做了具体、细致的规定。路政内务人员必须掌握公文的写作技巧及处理规定,依“法”行文。

路政交通行政处罚和公路赔(补)偿管理工作,会产生大量的管理文书,路政内务人员应掌握其制作规范。

一、路政管理常用公文

1. 公文的概念、特点和作用

公文又称行政公文,是行政机关在行政管理过程中所形成的具有法定效力和规范体例格式的公务文书。

1)公文的特点

公文的主要特点有 3 个:

①权威性。无论是事实、数字还是各种意见、结论,一旦进入正式公文,就具有权威性,即不可任意更改、任意解释、任意否定。

②规范性。公文的撰写和处理,从起草到成文,到收发、传递、分办、立卷、归档、销毁等,整个过程都有一套规范化的制度,必须按制度办理,才能保证公文的质量,保证公文处理的科学性,并提高办事效率。

③工具性。从性质上说,公文是行政机关在行政管理过程中最经常、最大量使用的一种重要工具。行政管理的方式、方法很多,而最正规、最科学的方法是利用公文。无论是传达贯彻党和国家的方针、发布行政法规和规章,还是履行行政措施,请示和答复问题,指导、布置和商洽工作,报告情况,交流经验等,在很多情况下,都需要利用公文这一工具。

2)公文的作用

公文的作用和公文的种类有关,不同的公文有不同的作用,每种公文都有其具体的作用。但总体而言,公文作用主要有以下 3 点:

①指导作用。公文既传达方针、政策、法令、规章,也传达对某项具体工作的实施意见。

②沟通作用。上级与下级之间,部门与部门之间,不相隶属的机关之间,因工作关系经常需要交流信息、互通情报、商洽问题、协调步调,它们之间的沟通常通过公文来实现。

③凭证作用。正式公文具有法定效力,可以作为办事的依据、工作的指针。

路政公文是与路政管理工作相关的一种行政公文,它在本系统上下级之间和一定范围内具有行政制约力和法律效力。它具有公文共有的作用,能产生规定人们行为规范、上传下达互通情报及凭证的作用。同时,部分公文,如决定、议案、通告等,有时还有对外宣传教育的作用。

2. 公文的种类和办理程序

公文的种类比较多,但最常用的也就是十几种。按照国务院2001年发布实施的《国家行政机关公文处理办法》,行政公文通用的种类分为命令、决定、公告、通告、通知、通报、议案、报告、请示、批复、意见、函及会议纪要13种。在路政管理过程中,最常用的有:通知、通报、报告、请示、批复、意见、函及会议纪要,是路政内务人员应重点掌握的。

公文办理包括发文办理和收文办理两方面内容,在办理过程中要坚持准确、及时、安全原则。

1)发文办理

发文办理指以本机关名义制发公文的过程,包括草拟、审核、签发、复核、誊印、用印、登记、分发等程序。

草拟:又称拟稿,草拟公文文稿,除公文正文外,还要注明主送机关、抄送机关、成文日期、秘密等级、缓急程度等有关项目。

审核:审查修改公文草稿,包括观点、材料、格式、文字、项目等,要逐一把关。

签发:领导人对文件签署发出意见。领导同意发出的公文就是定稿。

复核:把文件的校样和领导签发的原稿仔细核对,避免错误。

誊印:将文稿印制成文件。

用印:在印好的文件上加盖机关印章,成为正式公文。

登记:公文发出前把文件的名目、去向等一一登记在册。

分发:按文件的要求分发给主送机关、抄送机关。

2)收文办理

收文办理指对收到外部送达本单位公文的办理过程,包括签收、登记、审核、拟办、批办、承办、催办等程序。

签收:文件要有专人签字收下,以示负责。

登记:收文时间、来文名目、来文单位等要一一登记在册。

审核:审查文件内容,便于分门别类处理。

拟办:由有关人员对文件处理提出初步意见。

批办:由主管领导对文件处理作出批示。

承办:根据领导批示意见,由有关人员办理该办的事。

催办:对文件办理情况进行督促,使其在限期内完成任务。

不论是发文还是来文办理,都包括立卷、归档、销毁等过程。

立卷:将处理完毕的文件按性质归入一定的案卷。

归档:将案卷收入档案室保存。

销毁:将无保存价值或过了期限的文件销毁。

路政公文管理要派专职内务人员统一收发、审核、用印、归档和销毁。

3)公文的格式

公文格式是指公文规范化的外部形式,包括公文的组成部分和项目、排列的顺序和位置、书写或打印的要求、用纸及装订的规格等。

因为公文是经常使用的实用性文体,为了提高办事效率,有必要对其外部形式作一定的规范。公文格式是在长期的实践过程中,根据简便、醒目、实用的原则,逐步完善规范的。《国家行政机关公文处理办法》对公文格式进行了明确规定。办理公文,一定要严格按照规定的公文格式,一丝不苟地执行。

一份完整的公文,一般由秘密等级和保密期限、紧急程度、发文机关标识、发文字号、签发人、标题、主送机关、正文、附件说明、成文日期、印章、附注、附件、主题词、抄送机关、印发机关和印发日期等部分组成。这些内容分别在公文的文头、内文、文尾部分出现。

(1)文头部分。

文头又称版头,是公文的头面,让人一看就知道是哪个单位发出的文件,是否需要严密保管,是否需要紧急处理。文头位于公文第一页的上端,约占一张公文纸的1/3。文头之后有一条红线间隔线,将文头与内文醒目地分隔开来。

文头部分,包括若干必备项目和必要项目,必备项目是任何文件都需要的项目,必要项目是有某种需要时才加上的项目。

文头的必备项目有:发文机关、发文字号。

文头的必要项目是:秘密等级、紧急程度、签发人。

发文机关:发出公文的机关。发文机关应当用全称或者规范化简称。如果是几个单位联合行文,主办机关应当排列在前。发文机关用大号字套红印在文头的中央位置。如果是下行公文,必须在发文机关后面加印"文件"二字,如果是上行、平行公文就只印发文机关名称。

发文字号:为便于登记、管理而在发出公文时由发文机关所编的序号,一般包括机关代字、年份、序号3部分。如果是联合行文,只标明主办机关发文字号。机关代字有习惯而规范的用法,不能任意改变,如"粤发"代表广东省人民政府发的文件,"湘府办"是湖南省人民政府办公厅的代字等。年份应用阿拉伯字全称书写,外加方括号,不能简称,也不加"年"'字,如〔2003〕不能写成〔03〕或〔2003年〕。序号按年度根据发文先后顺序排列,从"1号"开始,前面不必加"第"字。如"穗府〔2003〕3号"就是广州市人民政府2003年第3号文件。发文字号一般用黑色4号字印在发文机关红色字行下方的中央。

秘密等级:一般公文不必保密,因而不必注明密级。涉及国家机密需要控制阅读对象的公文,要注明秘密等级。秘密等级根据国家保密法,划分为绝密、机密、秘密3等。密级的标印位置,通常在文头的左上角,文件顺序号下方。用3号黑体字标印。绝密、机密公文应当标明份数序号。

紧急程度:一般公文按正常渠道传送,不必标明紧急程度。需要加快处理的文件,可根据时限紧迫程度,标明"特急"或"急件"。一般特急件需要专人传送、迅速处理。紧急程度一般也用3号黑体字,标在文头的左上角。如有"密级"则标在密级的下一行。紧急电报则根据紧急程度分为"特急"、"加急"、"平急"3级。

签发人:发文机关批准发出文件的领导人。公文都需要领导人签署才能发出,公文一经签发,就具有法律效力。一般外发公文不必印出签发人姓名,但向上级机关的行文,要在文头右下角标注签发人姓名，以示负责和便于上级机关查询。

(2)内文部分。

内文部分，指文头横隔线以下公文的“文本”，它是整件公文的主体，包括标题、主送机关、正文、附件、印章、成文时间等项目。

标题：公文的题目应当准确、简要地概括公文的主要内容。完整的标题由“发文机关＋主要内容＋文种”构成，但有时也可按实际情况省略发文机关或主要内容或两者皆省。主要内容常用“关于……的”这个介词结构来表述。联合行文的公文，如标题标明发文机关，应将联合机关逐一列出，主办单位放在最前面。

主送机关：公文主要送达的机关，即负责办理或答复该文主要内容的机关。明确主送机关是为了明确办理或答复责任。下级机关向上级机关行文，只能有一个主送机关；上级机关向下级机关行文，可以有若干个主送机关；普发性公文如命令、公告、通告等，可以不定主送机关。主送机关的书写位置，在标题之后，正文之前，从左侧顶格写起。

正文：公文的具体内容，是文件的主体和核心。正文的写法，不同文种有不同要求，而共同的总体要求是单纯、明确、简洁。

附件：公文如有附件，应当在正文之后、成文时间之前注明附件顺序和名称。

印章：印章是机关权力的凭证，公文除会议纪要外，均应在落款处加盖印章。联合上报的非法规性文件，由主办机关加盖印章。联合下发的公文，联合发文机关都应加盖印章。印章要端正地盖在正文的右下角成文日期的上方，上不压正文，下要骑年盖月。

成文时间：指公文开始生效的时间。通常以领导人签发的日期为准。联合行文则以最后签发机关领导人的签发日期为准。成文时间要用方块汉字写明年、月、日的全称，标在正文后的右下方，不用简称，也不用阿拉伯数字。

(3)文尾部分。

公文的文尾已不属文本部分，主要标明与理解、发放公文有关的事项，包括附注、主题词、抄送机关、印发机关、印发时间、印制份数等项目。

4)路政管理工作中较常用的公文类型。

①通知；②通报；③报告；④请示；⑤批复；⑥意见；⑦函；⑧会议纪要。

二、路政事务文书

在路政管理机构内部，除了国务院办公厅规定的各类公务文书外，还经常要使用一些事务文书，包括路政简报、路政调查报告、计划、总结及合同等多种文书。这些事务文书常是路政公文的延伸和发展，是对各类公文执行情况的反馈和完善。这些事务文书没有公文那样人为规定的严格格式，但它们各自在内容、结构、写法上都有自己约定俗成的特色。掌握这些规律，能使我们更好地、更顺利地撰写各种事务文书。

1. 简报

简报就是情况的简要报道。它是路政管理机构内部向上级反映情况，或向下级、平级通报情况时，经常使用的文种。

简报是一种定期或不定期出版的综合性文书，用简明的文字把社会工作动态、组织内部活动、经验、问题等及时反映出来。它的发放对象广泛，可以是上下左右各有关单位；它具有新闻性,但又只在内部交流,它不具备公务文书的权威和约束力。

简报的作用主要有以下3点:

①向本组织决策部门汇报情况、反映问题。

②把组织内部某些职能部门的情况、经验通报给其他职能部门。

③指导工作、使上情下达,把组织决策部门的意见传达到各职能部门及全体员工。

简报一般分为报头、报身、报尾3部分。

2. 调查报告

调查报告是针对某一情况、事件、问题,作实际的了解考察后,将调查材料和结论写成书面报告的一种事务文书。

与其他应用文相比,调查报告一个突出的特点就是调查性,要用大量的事实和材料来揭示规律,阐明主旨。因此撰写之前的调查工作,要详实、充分,反映真实情况。调查报告具有较强的社会性,所谓社会性即普遍意义,或能引起广泛关注。调查报告阐述的问题具有系统性、完整性。常用的表达方式是就事论理,叙议结合,用平实的语言陈述事实,力求准确、明快、简洁。

调查报告的作用是多方面的,主要有以下3个方面:

(1)指导作用。通过调查报告,可以肯定先进,介绍经验,借以指导工作;也可以揭露问题,批评落后,改正工作中的失误。

(2) 说明和回答作用,即对一些有争论的问题或一些群众普遍关心的问题,予以澄清和说明。

(3)按调查报告的内容一般将其分为4类:

①情况调查报告。

②经验调查报告。

③问题调查报告。

④研究性调查报告。

调查报告通常由标题、正文2部分组成。

3. 计划

计划是人们在开展某项工作之前,为了更好地完成任务所制定的预想性部署和安排。计划所写的事情都是尚未做而即将开展的事情,它有预定性、目标性、实践性和科学性的特点。

计划由于所适应的时间长短不同,叙述的粗细不同,又分别称为“规划”、“安排”、“打算”、“设想”、“方案”等。其中规划适用的时间较长,一般为3~5年,甚至可达10年,它包括的范围较广、较全面,内容是粗线条的,较概括。安排适用时间较短,内容较单纯,叙述较细致。打算、设想、方案一般是初步的、非正式的计划。

订立计划是一种科学的工作方法,是保证我们工作取得成功的重要手段之一。它的作用有2点:

①确定共同的工作目标,确立组织成员工作方向,使工作有序开展。

②便于工作的检查和总结。组织领导推进工作的手段之一就是抓计划的落实,计划是领导检查、衡量工作进度的重要依据。

计划的种类因划分方法不同而不同,按性质分有综合计划和单项计划。按内容分有工作计划、科研计划、学习计划、生产计划等;按时间分有年度计划、季度计划等;按范围划分有个人计划、单位计划、地区计划和全国计划等。

在制订计划之前，首先要确立符合实际的目标，然后针对目标构想相关的措施和工作步骤，再用文字表述相关的目标、措施和步骤。

计划一般由标题、正文、文尾3部分组成。

4. 总结

总结是用于回顾工作，提高认识，找出经验教训的机关事务文书。

总结的目的在于，通过全面系统地对前段工作的分析研究，把工作中的一些零碎的、浅显的感性认识提高到理性认识，从而找出规律性的东西作为以后工作的借鉴和参考。路政管理工作离不开总结，通过总结，冷静回顾过去，找出工作中的成功与失败，经验和教训，以利于推动下一步工作。

按不同的标准分类，总结可以分出许多种类。按时限分，有年终总结、季度总结、月度总结、阶段总结；按内容分，有全面总结、专题总结；按范围分，可分为个人总结、单位总结。

总结是事后回顾自身所做工作，它具有回顾性、自身性、真实性和综合性的特点。

写总结通常经历回顾、综合、写作3个主要环节。其中回顾既是搜集总结材料的必由之路，也是对自身实践作出正确认识进而综合上升为理性认识的基础。综合则是回顾的深化和提高，这一阶段要用有关的理论重新对照实践，对实践进行理性认识，并对自身实践作出理性评价。

写总结除了要写出"做了什么"、"做得怎样"之外，还要总结出实践中的感想和体会。这一部分篇幅不长，文字不多，但这是最能体现作者理论水平的地方。

总结的一般模式包括标题、正文、文尾。

三、路政法律文书

政府机关在行政执法过程中，需要对行政行为的起因、过程和结果等用文书形式记载下来，以保证行政执法工作规范、有序、高质量地进行，并为以后的工作提供完整的资料和借鉴，这样就产生了格式统一、规范的法律文书。

在高等级公路路政管理中，对路政处罚、路政复议、路政诉讼以及对管理相对人发生的路政管理业务行为，在圆满完成的同时，都应以文书的形式将其关键环节和行为结果记录下来，使路政管理法制化、规范化、程序化和科学化，保证路政机构的行政行为圆满地完成。

1. 公路法律文书的概念及分类

高等级公路路政法律文书，是由交通部规定并设计，由省级交通主管部门或其委托的高等级公路管理机构印制，并由各级路政机构在其管理活动中依法使用，能够影响当事人的权利义务的文书，以及在可能发生的路政诉讼过程中，所形成的法律文书的总和。路政法律文书是路政行为的文字表述，是实施路政管理法律的结果。

路政文书属于交通行政文书，交通行政文书的分类有2种方法：

第一种是按文书的性质分类，可以分为具有法律效力的文书和作为凭据的文书2类。

具有法律效力的文书，如《交通行政处罚决定书》、《路政复议决定书》、《公路赔(补)偿通知书》等，这些法律文书都写明如不服本决定，可以向有关机关提出复议、起诉，并说明复议、起诉的期限，也写明了在当事人既不提出复议、起诉，又不履行决定时，路政机构可以强制执行或申请法院强制执行的相关规定。这些都是可以发生法律效力的路政文书。

可以作为凭据的文书有询问记录、勘验检查笔录、鉴定意见书、各种送达回证、违章行为通知书、听证会通知书和结案报告等。这类文书对于记录路政案件、落实路政行为、归档备查有很大作用,对于需要进行行政复议或行政诉讼的,则可以起到证据的作用。

第二种分类的方法是按文书的内容和作用范围来划分。按这类划分方法,高等级公路路政文书可以分为3类:路政处罚文书、路政复议文书、路政管理业务文书。

2. 高等级公路路政文书的作用和特点

1)路政文书的作用

具有法律效力的路政文书具有强制力,促使管理相对人履行必要的义务。路政文书可以记载和认定整个路政处罚和复议的全过程,包括发生的原因、进行的程序和处理的结果。由于有了一定规范的文字记载,可以使整个路政管理活动的关键部分被保留下来,不会随时间的流逝而忘记,并且为以后的路政管理工作提供参考与借鉴。

路政文书的作用有4个:

①可以纠正和处理违反公路管理法律法规的行为,有效地保护路产路权;

②可以更好地调整国家、集体、个人之间的社会法律关系,促进社会稳定;

③可以扩大公路产权保护的法制宣传;

④可以作为考核路政人员执法状况的依据。

因此,路政文书是促进路政管理工作有效开展,并使之不断走上规范化、程序化、法制化的不可缺少的手段与形式。

2)路政文书的特点

路政文书是行政文书,但由于大多数路政管理活动属于处罚或者处理性质,而路政复议属于准司法性质的活动,因此,大多数路政文书也兼有司法文书的特点,其格式就是参考了司法文书的格式特点而设计的。路政文书的特点有4个:

①充分体现公路法规和公路政策。

路政文书是为执行国家对公路管理的法律、法规、规章、政策而形成的一种管理形式。路政文书必须体现国家的意志,贯彻党的公路建设政策。路政文书首先是要维护国家和人民的利益。在路政管理中,路政管理机构制作的路政文书是为了达到执行路政法规,处罚违反路政管理法规的相对人,以及保护公路产权的目的。而制作路政文书的依据则是有关公路法律、法规和规章。送达的对象,则是路政管理的相对人,其中包括了个人、法人、社会团体以及处在路政行政管理相对人地位的其他行政机关。因此路政文书必须坚持以事实为根据,以法律为准绳。所以说路政文书的第一个特点是体现公路法规和公路政策,充满了鲜明的法律性。

②具有国家政权强制力。

路政文书是为实施公路法律法规而使用的文书,是依照法定程序具体地实施公路法律、法规的手段和途径。因此,路政文书在法定的生效期间,也具有强制力和约束力。例如《路政处罚决定书》和《路政复议决定书》作出后、如果行政管理相对人不在法定的申诉或诉讼期内行使自己的权利,一旦期满,路政文书就具有法律效力,行政相对人就必须履行义务,否则人民法院可以派人强制执行。所以说,路政文书的第二个特点是具有国家政权的强制力。

③语言运用的确切性。

路政文书制作所用的依据，必须是路政案件的事实。路政文书制作时必须坚持“以事实为根据，以法律为准绳”的原则，路政文书所使用的材料，既不能夸大也不能缩小。制作路政文书必须按规定的要求，必须依靠确凿的证据。

路政文书一定要规范化，要有统一的格式，语言的使用必须准确。如果行政管理相对人不服处罚并诉之于人民法院，在行政诉讼过程中，如果制作的路政文书不合规范，材料、格式、语言不能准确表达违法事实和处罚依据，不能准确表达法定程序、法定时间、时效等，经常会被人民法院行政庭判为败诉。

④时间的确切性。

路政文书是反映路政案件处理情况的文书，按路政处罚程序和路政司法程序要求，都必须有严格的时间规定，这就是“期间”。“期间”中包括了“路政案件处罚”的申诉期间和诉讼期间，“公路路政复议案件”的审查期间等。

在制作路政文书时，必须依据法律的规定，把这些期间明确地写在路政文书上。对路政处罚案件的期间写在《路政处罚决定书》上，对路政复议案件期间写在《路政复议决定书》上，以便行政管理相对人行使自己合法的权利。

对于送达路政文书，也应有明确的送达时间，并要求行政管理相对人在送达证上签字。对于相对人本人因故未签字的，要有证明人证明送达；对于邮寄的路政文书，以邮件送达回执上注明的送达日期为准。上述在路政文书上必须注明确切时间的特性，是路政文书的第四个明显特点。

路政文书具有法律性、强制性、规范性、统一性、准确性、时间性等特点。为了在使用路政文书时，提高使用质量，更好地表达路政案件的全过程，交通部已将主要路政文书格式化，只要路政人员按要求填写就可以，不必自己去设计，或另立格式。

阅读材料

材料一：加强路政内业管理，促进公路路政管理工作的全面发展

路政管理通过日常巡查发现或接受群众举报，对损坏公路、占用或利用公路的单位或个人进行管理，查处并纠正公路违法行为，作出处罚或处理决定，从而达到管理的目的。它是一种具体的、外部的行政管理活动。而这种外部活动最终还要依赖于路政内业人员运用文字材料、数据统计、情况分析，通过法定程序，运用正确依据，制作规范的文书来完成全部工作。可以说，路政内业是路政外业的必然反映，是路政整体工作的重要组成部分，是路政管理工作的集中体现。因此要想使公路路政管理工作得到全面发展，就必须重视路政内业管理工作。

一、路政内业管理工作存在的问题

长期以来，很多单位没有把路政内业管理作为重点来抓，造成公路路政管理工作不能整体推进，主要是因为各级路政管理部门对路政内业管理工作的认识不足，比如存在对路政内业管理设施投入不够、人员配备不齐等问题，从而影响了路政内业工作的开展，制约了整个公路路政管理工作的发展。主要问题有5个：

1. 对路政内业管理的重要性认识不够

在过去的路政管理工作中，有些单位没有充分认识到路政内业工作的重要性。认为路政

外业是直观可视的东西，确保公路畅通才是第一位。路政内业工作无非是安排个把人在办公室接个电话，开个票、收个钱、报个报表什么的，没有多少技术含量，不需要多少文化便能胜任，况且内业人员也不像外业人员那样在公路上风吹日晒，内业工作相对来说是一件轻松的差事，因此从思想上就不够重视。殊不知，内业人员是领导的参谋和助手，是路政管理机构的内当家，不重视内业工作，必将影响整个路政管理工作的全面发展。

2. 路政内业管理人员配备不足

目前全市6家路政大队有4家分别配备了4名专职路政内业人员，另外2家内业工作是你做2天他做3天。去年4、5月份，金湖县路政大队8名路政执法人员2个月时间就查处各类公路违法案件349件，其中处罚案件295件，收取罚没款16.55万元，处理案件54件，收取公路路产赔补偿费22.33万元。仅有的1名内业人员，按1天处理10个案件计算，完成上述文书档案尚需工作35d时间，除此之外还要做好各种内业资料的收集整理及各种报表的报送工作，协调路政与各方面的关系等。一年有365天，各大队查处的路产损毁案件少说也有上千件，比较一下即可发现全市内业人员的工作量是很大且很辛苦的，假如内业人员数量再配不足，人员再不稳定，势必导致内业工作效率不高，文书质量达不到起码要求，从而影响路政管理工作的整体绩效。

3. 内业人员素质有待提高

路政内业管理既是一项琐碎烦杂的工作，也是一项严肃认真的工作。从事路政内业的人员必须具有较强的工作责任心和事业心，不仅要熟悉路政业务还要能吃苦耐劳，同时集文字、综合、管理能力于一体。有一些单位之所以路政管理工作得不到全面发展，就在于从事内业工作的人员素质不高。

4. 路政内、外业管理工作协调不够

日常工作中，由于没有协调好路政内、外业工作关系，以致有些从事外业的同志认为内业工作是内业人员的事情，事不关己、高高挂起。对路政内业工作不关心不支持，甚至该自己做的份内事也一并推给内业人员去做，该收集的第一手资料不去收集，互相推诿扯皮，导致工作不协调、不配合，制约了路政管理工作的全面发展。

5. 路政内业管理硬件落后

目前全市公路系统下属县站的养护、财务等部门所配备的计算机、照相机等基本已经处于饱和状态，唯独路政大队除外，有的大队路政内业只有一台计算机且还是其他部门淘汰不用的。路政部门管辖的公路点多线长，如果处理内业的工具不先进，单靠外业人员巡查回来后再将资料交给内业人员手工制作，必将造成信息不畅，效率不高，影响路政管理工作的正常运转。因此，采用现代化手段处理内业工作势在必行。

二、加强路政内业管理工作的措施

路政内业工作中存在的问题说到底也就是路政机构自身存在的问题，我们只要加以重视，做好以下几项工作，完全能够在短时间内扭转过来。

1. 加强业务培训，配齐内业管理人员队伍

路政内业人员在路政管理工作中的重要作用是外业人员所无法替代的，而内业人员素质的高低又直接影响到路政整体工作的推进，因此，路政部门急需配备一支政治素质和业务素质俱佳的内业队伍。必要时可以采用“引进来，走出去”的办法，招聘一批德才兼备、热爱路政工作的大

专以上毕业生加以培训后充实到路政内业管理队伍中来，也可以组织现有内业人员前往大专院校进行短期的业务充电或者到内业工作开展较好的其他省市兄弟单位进行学习交流。

2. 健全各种内业管理制度，进行规范化管理

路政内业制度包括《路政票据管理制度》、《路政档案管理制度》、《路政人员廉政制度》、《路政管理统计制度》、《考核奖惩制度》等，我们要对照省厅要求，建立健全相关制度并进行公示，按章办事、规范执法行为，进行科学管理。长此以往路政内业管理必将走向规范化。

3. 提高路政内业人员待遇，调动内业人员的工作积极性

由于平时工作中存在前面所说的诸多因素，造成内业人员在奖金分配等切身利益上不如外业人员，导致一部分内业人员认为搞内业吃亏，工作不被理解，因而工作积极性不高，不安心内业工作。所以，领导者应该纵观全局，摆正内、外业的关系，多多理解内业人员工作的艰辛，公平对待内、外业人员的劳动，逐步提高路政内业人员待遇，以充分调动内业人员的工作积极性。

4. 加强路政内、外业人员的团队合作建设

路政部门的领导要充分认识到内业是外业的必然反映，是路政管理工作的集中体现，不仅要从思想上、组织上保障内业人员的地位和作用，而且要正确协调好内、外业的关系，教育外业人员支持配合内业工作。"独木难成林"，只有内、外业人员齐心协力，团结合作，才能促进路政管理工作的全面发展。

5. 加大经费投入，改善办公条件

目前，江苏省路政管理系统已经开始推广应用，路政内业资料仅靠纸介质来传播已经跟不上新时期路政管理工作的要求。更新路政内业管理设施已经迫在眉睫。笔者认为必要时可以借鉴其他执法单位内业管理经验，在每一台执法车上配上手提电脑及打印机等必要的硬件设施，现场执法现场处理，这样作出来的执法文书既整洁又美观，而且执法效率也得到了提高，领导坐在办公室就如同在现场一样可以直观案件进展全过程。总之，要想提高工作效率，降低内业人员的劳动强度，使现有系统与实际工作相接轨并进入正常运行状态，除了需要内业人员尽快录入已有数据外，上级路政管理部门还必须拨付一定的资金予以扶持，逐步加大硬件设施投入，为内业人员创造良好的工作条件。

随着经济的发展，社会的进步，今后对路政管理工作的要求也将越来越高。我们只有高度重视路政内业管理工作，不断提高路政内业人员素质，加强团队协作，才能有效促进公路路政管理工作的全面发展，从而开创依法治路的新局面。

（材料来源：金湖公路网 · 单红梅）

材料二：高速公路路政内业管理初探

高速公路路政管理中，内业以外业为基础、外业又靠内业来反映，做好高速公路路政内业管理工作是提高高速公路路政管理工作整体水平的重要基础。由于我省高速公路处在发展阶段，目前尚未统一路政管理模式，为促进高速公路路政内业管理科学化、规范化，本文以内业管理思路为落脚点，对高速公路路政内业管理进行了初步的探讨。

1. 高速公路路政管理

高速公路路政管理是高速公路管理机构，根据国家或地方法律、法规及规章的规定，为保

护高速公路及其用地和高速公路附属交通设施,维护高速公路的合法权益所进行的行政管理活动。其管理的目的在于:保护、管理高速公路路产;维护高速公路使用者的合法权益;保障高速公路的行车安全与畅通等。高速公路路政管理是一种具体的、外部的行政管理活动,它通过对利用公路、侵占公路、损坏公路的组织或个人进行管理,纠正违章、作出处罚等,来达到其目的。

2. 高速公路路政内业管理

高速公路路政内业是以高速公路路政外业为基础,高速公路路政外业要靠高速公路路政内业来反映。这些外部的活动、必须通过文字材料、数据统计、情况分析才能体现出来;必须通过法定的程序,运用正确的依据,制作规范的文书才能产生效力,这些工作就是高速公路路政内业管理,高速公路路政管理实践表明,做好高速公路路政内业管理工作是提高高速公路路政管理工作整体水平的重要基础。因此,各级路政管理部门应切实重视和抓好路政内业管理工作,进而提高整体路政管理水平。

3. 高速公路路政内业管理内容

路政管理的内业工作主要包括路政信息管理、路政资料管理、路政档案管理。

1)路政信息管理

路政信息管理包括路政信息的收集、积累、分析、加工、传递及反馈等。当今的时代是信息时代,信息是当今社会一重要支柱产业。高速公路的路政信息是掌握高速公路及其附属设施真实情况的源泉和领导决策及制定相应管理措施的重要依据之一,加强路政信息工作也是加强高速公路路政内业管理的一个重要方面。

2)路政资料管理

主要包括路政资料统计、图、表及报告等。路政统计资料包括 2 部分,其一是有关高速公路及附属设施的基本情况,包括道路长度、出入口个数、车道数、通道及桥涵个数、位置、承载力等;其二是高速公路的动态使用状况,包括交通量情况、道路与设施的破损率及路产、路权受损情况等。

3)路政档案管理

高速公路路政档案包括:路产档案、处罚档案、复议档案、超限运输档案、违章建筑档案、事故处理档案、文书档案等。

4. 加强我省高速公路路政内业管理的思路

近年来,我们在高速公路路政内业管理中做了大量的工作,但随着社会发展迅猛,我们总觉得困难重重。高速公路事业作为一项全新的事业,当前,我们加强高速公路路政内业管理的切入点和落脚点就是高速公路路政内业管理思路。

(1)提高认识,加强高速公路路政管理队伍建设,选拔、培养高素质路政内业管理人才。目前,我省高速公路路政人员普遍存在文化层次偏低、专业技术单一、素质参差不齐,而且年龄普遍偏大、高素质的后续力量匮乏,极不适应高速公路路政管理的发展要求。高速公路路政内业管理作为一项既繁琐、细致又严肃、认真的工作,没有较强的事业心和责任感是难以胜任的,同时,高速公路路政内业管理主要是文字、综合、管理工作,不具备较高的写作技能、文字表达能力和管理水平同样难以胜任。高速公路路政内业人员是高速公路路政管理的内当家、是领导的助手与参谋,内业人员素质的好坏,直接关系到高速公路路政内业工作的好坏,影响整个高速公路路政管理工作。一些所站路政管理工作上不去的一个重要原因就在于从事内业工作的人员思想素质不高、业务水平不精。因此,选拔培养思想文化素质高,热爱路政工作的人从事内业工作是搞好路政内业工作的基本前提。

加强高速公路路政管理,要充分认识内业管理的重要性,切实加强领导,从思想上、组织上保障路政内业工作的地位和作用。正确处理内业与外业的关系,明确路政内业是路政外业的必然反映、是路政管理工作的集中表现,从而选拔、培养思想政治素质强,语言、文字水平高,精通路政业务、懂得现代管理的高速公路路政员从事内业工作。

(2)健全路政内业管理制度,实行规范化管理。路政内业管理制度主要包括统计报表制度、信息处理制度、装备购置管理制度、文字档案管理制度,路产登记制度、路政巡查制度、会议制度等,建立、健全这些制度,照章办事、规范行为、科学管理,路政内业管理工作必然走向规范化。没有制度规范的工作不但费时费力,还给内业管理人员增添了许多麻烦。一旦健全了制度进行规范化管理,内业管理工作按"章"办理,十分方便,极大地提高内业管理与利用的质量、精度和效率,实现内业管理工作及服务水平质的飞跃,给工作人员以充足的时间去提高业务水平。因此,健全高速公路路政内业管理制度,对各项内业管理工作进行规范化管理是搞好路政内业工作的重要条件。

(3)依靠科技进步,加大高速公路路政内业管理的科技含量。知识经济时代的到来,微机和网络技术的迅猛发展,传统的内业管理模式已越来越不适应发展了的形势,改革创新已迫在眉睫,加强高速公路内业管理,必须在改变以往管理理念的同时,依靠科技进步,改变传统的管理手段,加大高速公路路政内业管理的科技含量。即改变以往的纸张手工立卷,文件以"件"为基本保管单位的编号装盒的管理方式,而以软盘、硬盘为工具,案卷全文扫描入微型机中,通过微机实现管理和利用的方式。

微机应用、网络管理,是知识经济时代的内业管理标志。内业作为丰富的信息资源,当前应利用微机、网络等先进科学技术开发一个专门的高速公路路政管理信息系统进行管理,以提高工作效率,从而促进高速公路路政内业管理工作健康、快速发展。

(材料来源:江西热线 http:/www.j×163.com 2002-01-8 11:35:23)

案例分析

案例一:一字之差造成处罚书无效

案情简介

2005 年 3 月 3 日上午,浙江省嵊州市公路路政执法人员在公路巡查时发现,本市电信局的施工人员在下市头至双江溪公路 K3 +460.5m 地段右侧,距公路路面边缘 0.2m 处埋设通讯线杆。路政人员当即向在现场埋设的施工人员发出了责令停止(改正)法行为通知书。通知发出还没到 1 个月,3 月 30 日,嵊州市电信局下属的三界电信支局叫电信工程队的范栋等人搞突击,在原处和附近一换一增埋了两根水泥线杆,换的线杆为 61 号,新增的线杆为 62 号。4 月 3 日,路政大队对此进行立案,随后通知电信局派员参加现场调查,4 月 11 日,嵊州市电信局指派单位职工周贵敬到现场参加勘验。通过对周的询问得知,该处原来的通信线杆在人民公社的时候便已存在,随着公路改建,路面不断拓宽和增高,致使架空电缆离路面的安全距离越来越小。这次电信局更换和增设线杆就是为了升高电缆线和加大与路面的安全距离。通过询问还知道嵊州市电信局又叫浙江省电信有限公司嵊州分公司,法定代表人邢×,通信线杆的产权属于绍兴分公司,嵊州分公司是具体实施更换的单位。

案情分析

①作出处罚决定:电信局未经过路政大队同意,擅自在公路边缘设置通信线杆的行为,违反了《公路法》第45条“跨越、穿越公路修建桥梁、渡槽,或者架设、埋设管线、电缆等设施的,应当事先经有关交通主管部门同意……”,以及《公路法》第76条“有下列行为之一的,由交通主管部门责令停止违法行为,可以处30000元以下的罚款;……违反本法第45条规定,未经同意或者未按照工程技术标准的要求修建桥梁、渡槽或者架设、埋设管线、电缆等设施的……”有关规定。4月26日,路政大队对嵊州市电信局作出责令停止并改正违法行为,处罚款30000元的行政处罚(嵊公路[2005]罚字001号)。处罚书是邮寄送达,受送达人是嵊州市电信局,当时,嵊州市电信局并未提出异议、签收了处罚决定书。

②错误是这样造成的:处罚决定书规定,当事人嵊州市电信局应在收到本决定书起15日内持本处罚决定书到嵊州市建设银行缴纳罚款,但电信局却迟迟不履行罚款的缴纳义务,也未迁移线杆。于是,路政大队向法院申请强制执行。法院受理了申请,启动了强制执行程序。在执行过程中,嵊州市电信局提出这样的异议:嵊州市电信局已不存在,他们的名称是浙江省电信公司嵊州电信局,即使省略前缀,也叫嵊州电信局,还有一个名称是浙江省电信有限公司嵊州市分公司。虽然电信局外面挂着“嵊州市电信局”的牌子,法定代表人也和处罚决定书上的一样,但由于营业执照上登记的名称是浙江省电信公司嵊州电信局和浙江省电信有限公司嵊州市分公司,法院还是采纳了电信局提出的异议,认定当事人嵊州市电信局已不存在,处罚主体有缺陷,停止了执行程序,并书面通知路政大队在7日内撤回申请,否则将裁定驳回申请。

目前,路政大队撤销了对嵊州市电信局的行政处罚,准备重新作出行政处罚。

(材料来源:浙江省嵊州市公路管理段　徐积锋)

案例二:肇事者对路产赔偿处理不服提起行政诉讼的案件

案情简介

2000年8月27日,由A(车主)驾驶的车牌号为×小车行至H市高速公路主线10km处因右后轮爆胎冲撞护栏,造成路产损失合计7680元。H市高速公路路政大队依照法定程序对肇事现场进行了调查取证,在掌握确凿证据的前提下,根据相关法律法规的规定,依法对A作出路产赔偿处理决定,责令其赔偿路产损失7680元。A对路产赔偿处理无异议,在规定的时间内自觉缴纳路产赔偿款7680元。但过后不久,A却以“交通事故中造成路产损失而引起的民事赔偿损失责任,H市高速公路路政大队对此没有处理权,其行政行为已超出其职权范围”为由,向法院提起行政诉讼,要求H市高速公路路政大队撤销对其所作出的路产赔偿处理决定,退还已交付的路产赔偿款7680元。

案情分析

本案经法院行政庭审理认为，根据《公路法》第8条第4款、第66条第3款的规定，以及H市高速公路路政大队机构编制、执法委托等相关文件的规定，明确了H市高速公路路政大队作为市交通局的派出机构，有权行使路政管理职能，对A损坏路产的行为可以以自己的名义作出行政处理决定。经庭审调查，H市高速公路路政大队作出的路产赔偿处理决定，事实清楚、证据确凿、适用法律正确，因此，法院根据《行政诉讼法》第54条第1项规定，维持H市高速公路路政大队作出的路产赔偿处理决定，驳回A的诉讼请求，A没有提出上诉。评析：在本案中，A向法院起诉的理由是"交通事故中造成路产损失而引起的民事赔偿损失责任，H市高速公路路政大队对此没有处理权，其行政行为已超出其职权范围"，那到底H市高速公路路政部门是否有权对A损坏路产的行为进行处理呢？主要是明确2个问题：

①当事人造成路产损失，承担民事责任，交通主管部门是否有权作出处理？根据《公路法》第8条"县级以上地方人民政府交通主管部门主管本行政区域内的公路工作"，第43条"县级以上地方人民政府交通主管部门应当认真履行职责，依法做好公路保护工作，……，保障公路的完好、安全和畅通"，以及第85条"违反本法有关规定，对公路造成损害的，应当依法承担民事责任。对公路造成较大损害的车辆，必须立即停车，保护现场，报告公路管理机构，按受公路管理机构的调查、处理后方得驶离。"等规定，我们可以明确这么一点，即交通主管部门对公路进行管理的职权，是由《公路法》授予的，根据相关法律法规的规定，对损坏路产的当事人有权依法作出相应的处理。

②高速公路路政大队是否有执法主体？第8条第4款"县级以上地方人民政府交通主管部门可以决定由公路管理机构依照本法规定行使公路行政管理职责。"和第66条第3款"第1款规定的公路路政管理，适用本法第5章的规定。该公路路政管理的职责由县级以上地方人民政府交通主管部门或者公路管理机构的派出机构、人员行使"。因此，高速公路路政大队作为交通主管部门或公路管理机构的派出机构，受其委托对辖区内高速公路实施路政管理职能，代表国家管理公路，维护路产路权，对于损害路产路权的行为有权根据路政管理相关法律法规的规定进行处理。

同时，在本案中，H市高速公路路政大队在交通事故发生后能够快速的赶赴现场，对肇事者及现场路产损害情况进行了调查取证，依照法定程序对当事人损坏路产的行为进行了处理，及时追回路产损失，虽然事后当事人对处理决定有异议，并向法院提起行政诉讼，但由于H市高速公路路政大队作出的处理决定事实清楚、证据确凿充分、执法程序到位、适用法律法规正确，处理得当，提交的证据材料经庭审质证，符合客观性、关联性和合法性的要求，被采纳作为本案的定案依据，这也就对本案的最后判决提供了重要的证据。

（材料来源：高速公路从业人员培训教程 《路政岗位》）

复习思考题

1. 简述公路路政内务管理的主要工作内容。
2. 路政档案分为哪几个主要类别？做好路政档案管理工作有什么意义？
3. 简述公文的概念、特点和作用。
4. 简述路政内业管理工作中存在的主要问题。如何加强路政内业管理工作？
5. 讨论分析上述案例。

第十章

高等级公路超限运输管理

教学要求

1. 描述超限超载运输的认定标准、区别和联系；
2. 描述超限超载运输的危害性；
3. 描述超限超载车辆通行公路的申请与审批程序；
4. 描述治理超限超载运输的具体过程；
5. 描述超限超载运输的处罚内容与处罚标准。

为了加强对超限运输车辆行驶公路的管理，维护公路完好，保障公路安全畅通，根据《公路法》及有关法规，经国务院同意，交通部制定了《超限运输车辆行驶公路管理规定》。

根据《超限运输车辆行驶公路管理规定》，在中华人民共和国境内公路上进行超限运输的单位和个人，均应遵守该规定。

在公路路政管理部门从业的人员，必须在各自的岗位上，结合路政管理工作的实际，认真学习、宣传、执行《超限运输车辆行驶公路管理规定》。

● 第一节　超限超载运输概述 ●

一、超限超载运输的认定

1. 认定超限超载运输的基本标准

所谓超限运输，根据《超限运输车辆行驶公路管理规定》，在公路上行驶的、有下列情形之一的运输车辆即为超限运输车辆：

(1) 车货总高度从地面算起 4m 以上(集装箱车货总高度从地面算起 4.2m 以上)。

(2) 车货总长 18m 以上。

(3) 车货总宽度 2.5m 以上。

(4) 单车、半挂列车、全挂列车车货总质量 40000kg 以上；集装箱半挂列车车货总质量 46000kg 以上。

(5) 车辆轴载质量在下列规定值以上：

单轴(每侧单轮胎)载质量 6000kg。

单轴(每侧双轮胎)载质量 10000kg。

双联轴(每侧单轮胎)载质量10000kg。

双联轴(每侧各一单轮胎、双轮胎)载质量14000kg。

双联轴(每侧双轮胎)载质量18000kg。

三联轴(每侧单轮胎)载质量12000kg。

三联轴(每侧双轮胎)载质量22000kg。

2. 治理超限超载运输期间的认定标准

在2003年开始的全国集中统一治理超限超载运输期间,认定车辆超限超载运输的标准是:

二轴车辆,其车货总重超过20t的。

三轴车辆,其车货总重超过30t的。

四轴车辆,其车货总重超过40t的。

五轴车辆,其车货总重超过50t的。

六轴及六轴以上车辆,其车货总重超过55t的。

3. 认定标准补充

虽未超过上述5种标准,但车辆装载质量超过行驶证核定载重质量的,也认定为超限超载运输。

二、车辆超限与超载的区别与联系

1. 车辆超载与超限的区别

车辆超载,是指车辆运载的货物质量超过行驶证的核定载质量;

车辆超限,是指车辆的轴载质量、车货总质量或装载总尺寸超过国家规定的限值。

2. 车辆超载与超限的联系

车辆超载但不一定超限。例如,解放牌CA1091型载货车,其核定载质量5t,若载货到6t,这时它的前轴载为2.569t(单轴每侧单轮胎,限制轴载6t),后轴载为7.876t(单轴每侧单轮胎,限制轴载10t)。它是超载车,但它的轴载质量和车货总质量均未超限。

车辆超限但不一定超载。例如,大力SH3603自卸车,自重27.8t,额定载重31.8t,总重59.6t(限制车货总质量为40t),当它满载时,前轴载20.3t(单轴每侧单轮胎,限制轴载6t),后轴载39.3t(双轴每侧双轮胎,限制轴载18t)。它虽未超载,但轴载和总质量都远远超限。

三、治理超限超载运输的紧迫性

(1)道路交通安全的态势决定了应立即治理超限超载运输。

据公安部交通安全部门统计,从2001年到2004年,我国每年道路交通事故死亡10万多人,受伤约50多万人,高居世界第一。而在高等级公路交通事故中,由车辆超限超载引起的事故比例约占80%以上,特别是约50%的群死群伤重特大交通事故,都与超限超载运输有直接联系。

(2)高等级公路提前损坏的严重程度亟需要治理超限超载运输。

近几年,我国公路交通建设发展势头很好,在保持较大投资规模、较快发展速度和较大建设规模的同时,也出现了一些不得不高度重视的现象和问题:由于车辆超限超载运输,导致公路、桥梁设施提前严重损坏，使用年限明显缩短。

据不完全统计，高速公路的路面设计使用寿命一般为15～20年，由于严重超限超载车辆的碾压，不到两三年就需要进行大中修。仅此一项，我国公路部门因超限超载运输产生的额外道路维修保养费用，每年高达300多亿元，约占当年公路建设总投资3000多亿元的10%，还不包括超限超载车辆钻收费标准的空子而流失的大量通行费和养路费，实际损失非常巨大。

（3）超限超载运输恶性膨胀的形势迫使治理行动及早开始。

据调查显示，在2003年全国开始集中统一治理超限超载运输之前，在京沪、京福高速公路上通行的车辆，货车占了70%以上，其中超限超载运输车辆就高达60%以上。有的车辆"大吨小标"，有的经过拼装改装后，超限竟达3～5倍，最高的达10倍以上。

例如，在全国集中治理超限超载运输之前，据对某收费站142辆货运汽车进行的现场调查显示：除2辆空车外，有131辆实载车超载，超载比例高达92%以上。货车超载程度是货厢标重的3～5倍最为普遍，约占被调查车辆总数的45%；其次为超载5～7倍，约占被调查车辆总数的25%；超载3倍以上的车辆共占调查车辆总数的80%。

又如，2006年7月12日绍兴市交警支队东区大队，进行了入夏以来的第一次大规模针对超限超载车辆的整治行动，在短短的几个小时内，交警部门就查获各类超限超载车辆20余辆，不少车辆的超载额度达到300%以上。

（4）治理超限超载运输是公路路政管理部门的历史责任。

首先，车辆严重超限超载，是造成路面早期损坏的重要原因，给国家造成巨大经济损失；其次，车辆超限超载行为，在给人民生命财产安全造成巨大危害的同时，也给交通行业的形象造成难以挽回的影响；再次，维护国家花巨额投资修建的高等级公路的路产路权完好，是公路路政管理部门及路政管理人员义不容辞的任务。

综上4点所述，治理超限超载运输工作，是当前和今后的一项重要任务，也是公路交通部门、尤其路政管理部门不可推卸的历史使命。

第二节　超限超载运输的危害性

超限超载运输不仅造成公路运输市场的无序竞争，还使公路不堪重负，大大缩短了公路的使用寿命。统计表明，按目前公路运费计算，严重超载车辆每获得1元的利润，对公路造成的损失就高达6～100元。全国公路每年因车辆超限超载造成的损失超过300亿元，给国家财产造成了巨额损失。

超限超载运输已成为高等级公路与桥梁的"致命杀手"，致使国内一些高等级公路提前进入大修期，使高等级公路的维护成本大大增加，也严重影响了高等级公路网的通行效率。

一、超限超载运输严重破坏公路及其设施，缩短公路使用周期，增加公路维护费用

据有关专家研究，超限超载运输车辆对路面的一次性破坏十分严重，在公路上行驶的汽车，其轴载质量对路面是一种重复性的疲劳作用。当轴载质量增大并超过设计标准后，公路路面在有效使用期内能够承受的弹性形变大为减少，路面损坏加剧，养护费用增加。

为了弄清车辆超载对公路的破坏程度，交通部有关部门和机构做了专项试验。试验结果

表明:当车重增大至路面设计承重的2倍时,其对路面的损坏将增大到原来的20倍左右。根据《公路沥青路面设计规范》和《公路水泥路面设计规范》进行理论计算,当车辆轴载质量超过标准轴载质量1倍时,车辆行驶沥青路面1次,相当于标准车辆行驶256次;车辆行驶水泥路面1次,相当于标准车辆行驶65536次。

大量超过公路、桥梁限载标准的运输车辆,严重损坏了公路,缩短了其使用年限。根据《公路工程技术标准》的规定,我国公路路面的设计荷载为单轴双轮荷载10kN,公路若按这个荷载承载,在理论上,公路的使用寿命接近设计年限。但如果车辆作用于路面的实际荷载超过路面的设计荷载,那么公路的使用寿命将要缩短。近年来,尽管投入成本不断加大,材料技术不断革新,工程质量不断提高,但超限超载车辆仍可使公路几乎减少1/2的使用寿命,大大增加了公路的维护费用。

研究结果和实践也表明,轴重的超限,会使水泥路面的使用年限缩短40%左右,使沥青路面缩短20%~30%。一条使用年限为15年的高等级公路,如经常超限运输,则只能使用8年左右。

另据相关专家分析,车辆超限质量的增加和其对路面的损害是呈几何倍数增长的,超限10%的货车对道路的损坏会增加40%,一辆超载2倍的车辆行驶一次,对公路的损害相当于不超限车辆行驶16次;一辆36t的超载车辆对道路的毁坏程度相当于9600辆1.8t重的小汽车对道路的破坏。驾驶员和车主超限超载运输每赢利1元钱,就会造成公路损坏100元的代价。按照福建省超限运输赔(补)偿费100元/吨的标准收取,路政部门收取的赔(补)偿费,远远不够超载车辆对公路损坏的修复经费。因为,超载车辆对公路的冲击力增大后,路面就会发生结构性的破坏,造成路面网裂、变形、松散和坑槽等病状。例如,国道319线龙岩、漳州路段,每天都有6000多部超载车辆在公路上来回行驶,龙岩路段已经不堪负重,路面龟裂、错台、石拱桥拱圆裂缝等损坏情况非常突出;漳州超限运输的路段有80km长,维修已耗资几千万元,平均每年修复投资上千万元。

再如,山东省枣庄至木石一级汽车专用公路于1995年建成通车,设计使用年限为20年,由于超限运输,结果仅使用3年4个月时间,水泥混凝土路面破损15万多m^2,破损率达23%,其中南半幅路面因超限车辆行驶较多,破损率达44%,北半幅路面因超限车辆少,破损率只有1.3%,二者差异极为明显。可见,超限车辆是造成公路使用寿命缩短的主要原因。

二、超限超载运输对公路桥梁安全构成严重威胁

近年来,超限运输对公路桥梁的安全构成严重威胁,使桥梁破坏加剧,公路桥梁事故频繁。

据有关权威专家研究,车辆严重超限,即使设计标准较高的水泥混凝土桥梁也会产生桥梁挠度增大,水泥混凝土过早开裂,逐步引起钢筋锈蚀,缩短桥梁寿命,在桥梁的薄弱环节如伸缩缝接口的钢材焊口开焊破坏、桥头填土下沉产生桥头跳车,甚至还可能由于车辆荷载超过桥梁设计极限使桥梁损毁崩塌。

桥梁设计荷载,20世纪70年代为汽车—15级,以后提高到汽车—20级。目前,干道上少数桥梁的荷载标准为汽车—超20级。正常的黄河150型车,总质量15t,后轴重100kN,合乎汽车—15级标准。如果超载60%,后轴为133kN,即大于汽车—20级标准(后轴荷载130kN);如果超载100%,后轴重155kN,将大于汽车—超20级的重车标准(后轴荷载140kN)。

另外,超载车辆大多采取加装钢板弹簧等办法,使车货总质量及轴载质量大大超过了公路桥梁的设计荷载标准,从而导致了大部分桥梁涵洞出现拱圈开裂、桥墩变形等病状,引起桥梁结构灾难性的破坏。目前超载货车是越超越大,越超越重,一辆 5t 的货车居然改造成 20t,甚至 30t 的货车,15t 的货车则被改造成近 100t 的货车使用。

例如,在超限超载运输车辆的反复碾压下,福建漳州的战备大桥、工农兵大桥、西溪大桥、江东大桥和郭坑大桥等都成为危桥,有的已被拆除重建,有的禁止汽车通行,只允许摩托车、自行车和行人通行。

又如,天津彩虹大桥是 1998 年建成的,造价 3.8 亿元,通行一年半,因大型超限车辆过多,引桥桥面的半刚性基层破坏,已经重修。又如,江阴大桥路面质量与世界 6 座著名桥梁等同,其中,土耳其博斯普鲁斯海峡大桥交通量为 10 万辆/日,通车 12 年桥面依然很好。江阴大桥交通量 2.75 万辆/日,其中超限车辆约占 50% 以上;而超限 30% 以上的车辆又占超限车总量的 70% 以上,其中不乏超限 100% 的车辆。因超限车辆过多,通车仅 2 年,重车道就开始局部损坏。

再如,京沪高速公路全线通车后 1 年时间,桥面就被压得支离破碎,大桥不堪重负,桥梁局部钢结构出现变形;平坦的路面出现大面积龟裂,桥面沥青层原为 5cm,由于超限车的无情辗压,凹凸不平的桥面,有的面层厚度达 8cm,有的仅 1cm,路面龟裂严重的部位,居然能塞进两指头。

三、超限超载运输车辆行驶公路严重危及交通安全

汽车在公路上行驶的安全性,主要取决于人的技术素质、汽车良好的制动性和操纵稳定性。严重超限超载的车辆,使驾驶员和车辆结构都处于超负荷运行状态,使车辆使用寿命缩短,技术状况降低,车辆的稳定性、制动性能、悬挂承荷能力、转向可靠度迅速下降,轮胎爆裂的可能性增大,构件因疲劳而损坏。尤其是,长时间运行或在长距离大坡行驶后,经常出现轮胎变形爆裂、制动器失灵、钢板折断、半轴断裂、车架变形等情况,极易引发重大交通事故。

据有关部门统计,近年来我国发生的群死、群伤交通事故,50% 都与车辆超限超载有直接关系;在载重货车发生的道路交通事故中,约 80% 以上是由超限超载运输引起的。车辆超限超载运输给人民生命财产造成了巨大损失。

据公安部通报,2004 年 8 月,因超载发生交通事故 1681 起,造成 712 人死亡,分别比 7 月份增长 5.3% 和 13.2%。又据广东省公安厅交管局 2004 年 8 月 27 日通报,车辆超载以及长时间超负荷运行导致机件失灵而引发交通事故,是京珠高速公路交通事故频发的一个重要原因。例如 2004 年 7 月 21 日 4 时许,在海南省万宁市辖区东线高速公路 125km 处,一辆中巴客车与停在路边的大货车相碰撞,造成 7 人当场死亡,15 人受伤。据警方调查,事故主要原因是严重超载,中巴车核定载客 20 人,实载 28 人;大货车核载 22.5t,实载 69t。另外,双方驾驶员疲劳驾驶、占道停车、不按规定设置警告标志也是事故发生的原因。

四、超限超载运输严重扰乱运输市场秩序,导致恶性竞争

由于运输市场运力供大于求,竞争激烈。超限超载运输者为了获取最大利润,以超限超载为主要手段,超的越多,赚得越多。承运者为争揽货源,竞相降低运输价格,以低运价吸引货

主。压价的结果，使社会必要运输价格低于正常运价水平。为了弥补降价造成的经济损失，车主则通过多装和逃避交通规费的办法获得补偿，使运力过剩的矛盾更加突出。而无货可运的车主，则以更低的运价争揽货源，又以更多的超载来减少亏损。于是，陷入到一个"超载—运力过剩—压价—再超载"的恶性循环，且愈演愈烈的怪圈，还使正常使用年限在10年左右的货运车辆，只使用2~3年即报废。

据调查，超载这种低成本、不规范的畸形运输方式，长期维持着"长三角制造"不为人知的陈旧物流体系。从20世纪80年代起，到2004年"查超"行动前，公路货运价格长期固定在每吨公里0.30元左右的世界最低水平，而规范运输的运输成本价格应该为每吨公里0.70元。严重的价格扭曲不仅搅乱了运输市场，而且使以现代化著称的"长三角制造"丧失了物流改造的成本动力。例如，20年前90 #汽油的价格为1.72元/L，运价为0.2元/吨公里；而治超前90#汽油的价格约为3.2元/L，运价为0.3元/吨公里。二者相比，油价涨了86%，而运价只涨了50%。这是很不正常的运价水平倒置，不符合市场经济规律，是一种非正常的经济现象。

五、影响我国汽车制造业的健康发展

世界发达国家汽车工业的发展经验表明，运输车辆的大型化和专业化能够大大降低运输成本，制造大型化车辆是世界汽车工业的发展趋势。大型化运输车辆之所以能够显著降低运输成本，关键是要开发车辆底盘结构多轴化、轻型化的车型，以降低车辆对路面的压强。

但由于超限运输现象的加剧，部分经营者在购置车辆时，为了逃避国家规费，追求利润最大化，往往希望购买吨位标定较小，实际装载量大的货车。而部分汽车制造业和改装企业在利益驱动下，为了打开销路，迎合购车者少缴交通规费和保险费用的心理，不顾公路的承受能力，随意生产大吨位车轴小的重型车，伪造型号和技术数据，大车小标识，降吨位促销，对同一车型任意提供产品合格证等手段，以谋取不正当的经济利益。阻碍了货运车辆向大型化、专业化、高档化方向发展，阻碍了车辆的更新换代和车辆结构的调整，使货运企业竞争力和经济利益难以从根本上提高。

反过来，这种现象又促使超限运输呈规模化，进一步加剧了超限运输的恶性增长。同时，由于国家对运输市场的调控力度不足，法规滞后，不能从根本上对车辆超限现象予以整治，放任了对超限车辆的管理，在一定程度上又增加了运输市场的无序竞争。

六、超限运输造成国家公路规费的严重流失，制造了新的不公平

目前，一方面部分厂家为了迎合超限运输者的利益要求，纷纷对车辆载重吨位进行大吨小标，导致公路规费的大量流失，其中车辆通行费流失最大。另一方面，超限运输者为了增加收入，超载现象十分普遍，使公路规费的流失显得更加严峻。

由于所有的公路收费，都是按车辆核定的吨位收取，而超限车辆超过核定的装载质量，使每吨实际交费额减少，降低了单位运输成本。这样，在同样的运价基础上，对超限超载运输者而言，就可获得比守法经营者更多的利润；而对遵守运输市场法规的人来说，无疑是极大的不公平的。

公路规费主要包括养路费、客货运输附加费和车辆通行费，这3种费用都是按照车辆的核定吨位征收的。对国家来讲，公路规费的大量流失，严重影响了公路养护、建设资金的筹措。

七、超限超载运输降低了公路使用效率,污染交通环境

严重超载的车辆,车体很大,车速很低,只有 30 ~ 40km/h,行驶不快,影响后车通行,常常造成交通阻塞,使公路使用效率大为降低。而高速公路设计时速一般都在 80km/h 以上,致使高速公路出现低速行驶的尴尬局面。另外,由于超载车辆荷载大,在起步、爬坡时容易冒黑烟,又造成路面和环境污染。

汽车核定载质量的大小与发动机功率是相匹配的,超限运输车辆在运行时,由于功率不足,冒出黑烟,严重污染公路、附属设施和绿化带,其增大的噪声也对公路周边环境形成危害。

●第三节　超限超载车辆通行管理●

凡是超过总质量、轴载质量、外形尺寸规定限值的车辆,都要有限制地通行或禁止通行高等级公路。确需通行的,均须事前由承运人向交通主管部门及其路政管理机构提出申请并经批准后,方可通行。

一、超限超载运输管理的原则与职责

1. 超限超载运输管理原则

根据《超限运输车辆行驶公路管理规定》,超限运输车辆行驶公路的管理工作实行"统一管理、分级负责、方便运输、保障畅通"的原则。

2. 超限超载运输管理职责

(1)交通部主管全国超限运输车辆行驶公路的管理工作。

(2)县级以上地方人民政府交通主管部门主管本行政区域内超限运输车辆行驶公路的管理工作。

(3)超限运输车辆行驶公路的具体行政管理工作,由县级以上地方人民政府交通主管部门设置的公路管理机构负责。

(4)超限运输管理职责划分。

①一般情况下跨省(自治区、直辖市)行政区域进行超限运输的,由途经公路沿线省级公路管理机构分别负责审批,必要时可报交通部统一进行协调。

②跨地(市)行政区域进行超限运输的,由省级公路管理机构负责审批。

③在本地(市)行政区域内进行超限运输的,由地(市)级公路管理机构负责审批。

④特殊的超限运输,不论在什么范围内均由省级公路管理机构批准才能通行。经受理机构审查批准,发给《公路超限运输通行证》后,方可通行。一地办理,通行全国。

(5)超限运输分级管理的优点是:就地申请,方便了申请人,同时,所在地的公路管理机构对所管辖的公路的情况比较熟悉,对于需要加固的路段和桥梁,公路管理部门能及时具体实施。

二、超限超载运输的申请与审批

1. 超限超载运输的申请

(1)超限运输车辆行驶公路前,其承运人应按下列规定向公路管理机构提出书面申请:

①跨省(自治区、直辖市)行政区域进行超限运输的,由途经公路沿线省级公路管理机构分别负责审批,必要时可转报交通部统一进行协调。

②跨地(市)行政区域进行超限运输的,由省级公路管理机构负责审批。

③在本地(市)行政区域内进行超限运输的,由地(市)级公路管理机构负责审批。

(2)超限运输申请人必须是具有民事权利义务主体资格的法人,不具有法人资格的任何单位,均不能申请超限运输。在超限运输申请书上,要说明超限运输申请人应承担的义务。

(3)超限超载运输车辆行驶高等级公路前,承运人应向公路管理机构提出书面申请,并将有关资料和证明文件随同申请书一并提交给公路管理机构,这些资料和证件是:

①货物名称、质量、外廓尺寸及必要的总体轮廓图(军用品除外)。

②运输车辆的厂牌型号、自载质量、轴载质量、轴距、轮数、轮胎单位压力,载货时总的外廓尺寸、汽车列车的编组、车组的使用性能等有关资料。

③货物运输的起讫点、拟经过的路线和运输时间。

④车辆行驶证、营运证、货物准运证等证件。

(4)超限运输车辆行驶公路前,其承运人应根据具体情况分别依照下列规定的时间期限提出申请:

①对于车货总质量在40000kg以下,但其车货总高度、长度及宽度超过规定的超限运输,承运人应在起运前15d提出书面申请。

②对于车货总质量在40000kg以上(不含40000kg)、集装箱车货总质量在46000kg以上(含46000kg),100000kg以下的超限运输,承运人应在起运前1个月提出书面申请。

③对于车货总质量在100000kg(不含100000kg)以上的超限运输,承运人应在起运前3个月提出书面申请。

2. 超限超载运输的审批

根据《超限车辆行驶公路管理规定》,公路管理机构在接到承运人的书面申请后,应在15个工作日内进行审查并提出书面答复意见。

1)确定是否受理

公路管理机构接到超限运输申请后,应尽快对申请人的资格、申请书内容及所提交资料、证件进行审查后,及时作出受理、补正后受理或不受理的决定,并及时告之申请人。

①受理。申请人的法人资格确认,申请书内容详实,提供的资料、证件齐全可靠,申请经过的路线技术等级在三级以上,并能承担一切义务,而又属自己管辖范围的,就要受理。

②补正后受理。对申请书内容不详实,提供的资料、证件不齐全或丧失证明效力,申请经过的路线为不宜超限运输路段之一的,应及时退回给申请人,要求补正和选择适宜路线。补正后符合要求的应予受理。

③不受理。申请人不具有法人资格,申请书内容不实,提供的资料、证件与申请事项不符,申请经过路线的技术等级在三级以下,申请人不愿承担义务,不属自己管辖及受理范围的,凡有上述各条之一的均不受理。

2)确定通行路线

(1)确定通行路线的原则:

①按各级设计荷载标准修建的路面、桥涵,只能通行相应荷载标准的超限运输车辆。

②桥梁技术状况属于三类时，必须经加固大修后，方能允许通行与该桥设计荷载相应的超限运输车辆；当桥梁技术状况属于四类时，必须经过改建后，才能允许通行与该桥设计荷载相应的超限运输车辆。

③沿线公路设施的净空宽度、高度和路线极限平曲线半径，最大纵坡以及公路两侧的扫空宽度能满足超限运输车辆的需要。

④尽量选择交通量小，路况好的路线，并避开交通高峰时间通行。

(2)确定通行路线的具体办法：

①公路管理机构在审批超限运输时，应根据实际情况，对需经过的路线进行勘测，选定运输路线，计算公路、桥梁承载能力，制定通行与加固方案，并与承运人签订有关协议。

②公路管理机构应根据制定的通行与加固方案以及签订的有关协议，对运输路线、桥涵等进行加固和改建，保障超载运输车辆安全行驶公路。

③公路管理机构进行的勘测、方案论证、加固、改造、护送等措施及修复损坏部分所需的费用，由承运人承担。

3)签发《公路超限运输车辆通行证》

公路管理机构对经审查承运人符合申请条件并确定了行驶路线，收取了公路磨损补偿费、工本费、加固、改建费用后，签发《公路超限运输车辆通行证》。需要加固、大修、改(扩)建或新建的公路、桥梁和其他构造物，待工程竣工验收后，才能发证。

《公路超限运输车辆通行证》由交通部统一制定，省级公路管理机构负责统一印制和管理。

三、超限超载车辆通行公路管理规定

所有在高等级公路上通行的超限运输车辆必须遵守下列规定：

①超限运输车辆未经公路管理机构批准，不得在公路上行驶。

②承运人必须持有效《公路超限运输车辆通行证》，并悬挂明显标志，按公路管理机构核定的时间、路线和时速行驶公路。

③承运人不得涂改、伪造、租借、转让《公路超限运输车辆通行证》。

④超限运输车辆的型号及运载的物品必须与签发的《公路超限运输车辆通行证》所要求的规格保持一致。

⑤超限运输车辆通过桥梁时，车速不得超过 5km，且应匀速居中行驶，严禁在桥上制动或变速。

⑥四级公路、等外公路和技术状况低于三类的桥梁，不得进行超限运输。

⑦公路管理机构应在公路桥梁、隧道及渡口设置限载、限宽、限高标志。

⑧公路管理机构可根据需要在公路上设置运输车辆轴载质量及车货总质量的检测装置，对超限运输车辆进行检测。对超过《超限车辆行驶公路管理规定》第 3 条限值标准且未办理超限运输手续的超限运输车辆，应责令承运人自行卸去超限的部分物品，并补办有关手续。

⑨公路管理机构应加强对超限运输车辆行驶公路的现场管理，并可根据实际情况派员护送。

⑩在公路上进行超限运输的承运人，应当接受公路管理人员依法实施的监督检查，并为其

提供方便。

四、超限超载运输标志管理

1. 超限超载运输标志的含义及种类

超限运输标志，是禁止或限制超限运输车辆交通行为的标志，它属于禁令标志的范畴。所谓禁令标志，是禁止或限制车辆、行人交通行为的标志，其形状分为圆形和顶角向下的等边三角形。颜色为白底、红圈、红杠、黑图案，图案压杠。

超限运输标志主要有：限制宽度标志、限制高度标志、限制质量标志、限制轴载质量标志、限制速度标志 5 种。

①限制宽度标志。表示禁止宽度超过标志所示数值的车辆通行，设在需限制宽度的地方，超限运输限制宽度标志值为 3.5m。

②限制高度标志。表示禁止高度超过标志所示数值的车辆通行，设在需限制高度的地方，超限运输限制高度标志值为 4.3m。

③限制质量标志。表示限制质量超过标志所示数值的车辆通行，设在需要限制车辆总质量的桥梁两端，超限运输限制质量标志值为 40t。

值得注意的是，限制质量标志值因桥梁实际承载能力的不同而不同。

④限制轴载质量标志。表示禁止轴载质量超过标志所示数值的车辆通行，设在需要限制轴载质量的桥梁两端。

⑤限制速度标志。表示禁止速度超过标志所示数值的车辆通行，超限运输限制速度标志值为 5km/h，设在需要限制速度的桥梁两端。

标志的颜色、形状和符号，被称为交通标志的 3 要素。为了发挥超限运输标志的作用，使驾驶员在一定的距离内能够迅速而准确地看清标志上的符号或文字，及时掌握交通情况，要求标志具有较好的易见性。

2. 超限超载运输标志设置原则

超限运输标志的设置，应按照《道路交通标志和标线》的规定设置，其原则有：

①从保证交通畅通和行车安全为目的总体布局考虑，避免出现标志内容互相矛盾、重复的现象，尽量用最少的标志，把必需的信息展现出来。

②标志应该在车辆行进正面方向最容易看见的地方，可根据具体情况设置在公路右侧、中央分隔带，或行车道上方。

③同一地点需要设置 2 种以上标志时，可以安装在一根标志柱上，但最多不应超过 4 种。标志牌在一根支柱上并设时，应按警告、禁令、指示的顺序，先上后下、先左后右地排列。

④路侧标志牌，应尽量减少标志板对驾驶员产生的眩光。在装设时，应与道路中线垂直或成一定角度，超限运输标志的角度为 0°~45°。

3. 超限超载运输标志管理

1）超限运输标志的检查

超限运输标志的检查与管理，除日常巡视外，一般还需采用定期检查，遇暴风雨、洪水等自然灾害后，应进行临时检查。检查内容包括：

①标志是否被沿线的树木、广告牌等遮蔽。

②牌面及支柱的变形、损坏、污秽及腐蚀情况。

③油漆及反光材料的脱落、褪色情况。

④基础情况。

⑤丢失情况。

2)超限运输标志的维修

超限运输标志经检查发现异常时,应立即维修恢复到正常状况。内容如下:

①标志有污损或有张贴广告、启事等时,应进行清洗。

②标志板折弯、支柱弯曲、倾斜应尽快修补。

③油漆脱落或褪色严重,指示内容辨别性能明显降低时,应重新油漆或更换新标志。

④损坏严重或丢失的应立即更换或补充。

⑤标志设置重复,有碍交通或设置地点和指示内容不适当,经过批准后进行必要的调整。

⑥标志被树木、广告牌等遮蔽,应清除阻碍视线的物体或在规定的范围内变更标志的设置地点。

五、超限超载车辆通行加固措施

各级公路路政管理机构,应尽可能为超限超载运输车辆行驶公路创造条件,对运输线路和桥梁采取必要的加固措施。按各级设计荷载标准设计的桥梁的技术状况属于三类时,必须经过加固或大修后,方能允许通过相当于该设计荷载标准的超限超载运输车辆。超限超载运输车辆通行时的加固措施有:

①牵引过桥。当超限车辆过桥困难时,可以考虑将车头与挂车拆开,在桥头引道上放置车头,或另设卷扬机,将挂车牵引过桥。

②拆散超重设备。若桥梁采取多种措施后,超重车都无法通过,或加固的经济代价过大时,应尽量将超重设备拆散,以减轻质量。若是变压器,可放掉大部分冷却油后过桥。

③严格限制多车过桥。超重车过桥时,一般要进行短时间的交通管制,严格限制其他车辆、行人同时通过,以减轻桥梁的负担。

④桥上严禁车辆变速、制动。要求做到低速(km/h)慢行,匀速通过,以减少对桥梁的冲击。

⑤居中行驶。若靠桥梁边部位置行驶,是荷载横向分布最不利的位置。而靠中线行驶,可利用荷载横向分布,避免个别部位、个别构件用力过大。

⑥加强桥梁上部构造强度。对跨径较小的梁式桥或拱桥,可在原桥面上另行搭设临时结构层(如钢梁、木梁、战备钢桥等),部分或全部承担车辆的质量,将荷载直接传递给墩台,以减小原桥上部构造的受力,这是比较简单易行的办法。此时,桥面加高后,应在桥头两端铺设跳板或其他垫层,调顺纵坡,保证超限车顺利通过。

⑦若要分散荷重缩小跨中弯矩,可铺设临时桥面面层,将重轴荷重分布到跨中以外。临时桥面层的支承点,应尽量布设的远离跨中,以减小原桥梁上部构造的弯矩。

⑧减小原桥跨径。梁式桥在桥下加设排架,作为临时墩,以减小原桥跨径,提高桥梁承载能力。

⑨进行结构加固桥梁的薄弱部位和构件的加固,要经过详细验算,根据需要分别采取补强

或加设辅助措施，妥善地予以加固。

⑩加强下部构造强度，采取以上措施时，受力状况会有不同程度的改变，要予以认真对待。因此，对墩台及受弯的轻型构件，凡容易引起倾覆、沉陷、滑动或其他破坏的，要注意全面、妥善地制定加固方案。

路政管理机构为保障超限运输车辆安全通过，所采取技术保护措施和修复损坏部分所发生的费用，应由承运单位承担。费用结算可采取预算包干或事后决算的方式。

●第四节 治理超限超载运输的对策●

全国集中统一治理超限超载运输工作，经过3年多的努力奋斗，已经取得阶段性明显成果，车辆超限超载率已被控制在10%左右，85%以上的“大吨小标”车辆恢复核定吨位。

尤其，2005年全国累计投入治超执法人员1769.8万人次，查处超限超载车辆约1119.8万辆次，累计卸载货物1877.1万吨。国家发改委先后公布3批“大吨小标”车辆参数更正表。公安部门对85%以上的“大吨小标”车辆进行了吨位更正。全国工商部门共撤销非法改装企业728家。截至2005年12月22日，先后有28家汽车制造厂共召回缺陷汽车38万辆。有关部门取缔公路沿线大量的非法小煤场和装货点，同时对车辆源头的装载行为加强监管。绝大部分省（自治区、直辖市）加强经济调节，进一步降低了车辆运输成本。

目前，因车辆超限超载而造成的道路交通事故明显下降，道路运输市场秩序明显好转，90%以上的运输业户合法装载运输，公路通行率和运输效益明显提高。

从2006年起，全国治理超限超载运输工作将由“巩固成果、依法严管、重点突破、有效推进”，逐步转入到“突出源头治理，强化执法力度，完善监控网络，建立长效机制”的新阶段。

新阶段治理超限超载运输工作的总体要求是：严格按照《关于加强车辆超限超载治理工作的通知》的规定，从落实科学发展观、构建和谐社会的角度，继续加强治超工作，坚持规范行为、依法严管、标本兼治、立足源头、科学治超的方针，综合运用经济、行政、法律手段，加强领导，落实责任，确保治超工作各项措施落到实处，在巩固和扩大治理成果的基础上，逐步建立起完善的治超工作长效机制。

新阶段治理超限超载运输的主要对策是：

一、继续加强对治理超限运输工作的领导

1.加强领导，切实落实责任制度

继续坚持全国统一领导、地方政府负责、部门指导协调、各方联合行动的治超工作机制，明确职责，落实经费，强化督导检查，把治超工作列入年度工作重点，实行目标责任制和责任追究制，坚持治超工作机构不变、经费不减、力度更大。

省、自治区、直辖市治超办要充分发挥组织者、协调者和实施者的角色，积极策划、精心组织，认真做好组织与服务工作，确保治超工作深入推进。

2.加强沟通，确保联动治理

地区和部门之间要加强沟通与协作，确保部门联合、地区联动，形成全国治超“一盘棋”的工作格局。特别是相邻的省、市、县（区）和治超检测站点之间，要建立联系机制，定期沟通协

调，互通情况，密切配合，共同研究解决出现的问题。

治超机构要按照全国的统一要求，及时报送治超工作有关情况和信息。

3. 强化监督，规范执法行为

对路面执法、车辆生产与改装、车辆牌证管理、道路运输市场管理等工作，加强明查暗访和监督检查，强化对基层责任单位和治超站点的监管，及时查处一线执法人员在工作过程中出现的违法违纪行为，并实行严格的责任追究制。特别是在治超执法工作中，要继续执行治超“5不准”规定和“10条禁令”等有关纪律，坚持依法治超，切实规范行为。

4. 深入宣传，营造舆论氛围

要将宣传工作贯穿于治超工作的各个环节，特别是随着治超工作的深入开展，要及时调整宣传重点，继续保持舆论声势，在坚持现有宣传方式的同时，还可通过制作专题片、举办成果展等活动，多角度、全方位地开展宣传工作。

宣传内容要注重针对性，宣传方式要注重实效性，要集中展现治超工作中的典型经验、先进事迹和突出成效等。同时，还要加大对超限超载行为违法性的宣传和教育，对超限超载的典型案例进行曝光，消除超限超载惯性心理。

地方各级政府及有关部门应结合国家的“四五”普法规划，积极开展法制宣传教育活动，大力宣传《公路法》及相关法律法规，进一步扩大宣传对象，让广大群众尤其是驾驶员和运输专业户都学法、懂法、守法，为路政部门创造一个良好的执法环境。同时采取切实有效措施，利用群众乐于接受的宣传方式，向大家宣传、介绍超限运输的危害性，赢得群众的理解和支持，并强调通过典型案例的剖析，进行生动、深刻的直观教育，不断提高人民群众的交通意识和法治观念。

5. 总结考核，及时表彰

制定治超工作总结考核办法，对3年集中治超工作进行阶段性总结和考核，同时对在治超工作中表现突出的单位和个人适时进行表彰。也可结合实际，制定考核办法，建立激励机制，对本地治超工作及时进行总结、考核和表彰，形成有部署、有检查、有总结、有奖惩的良性运作机制。

二、依法治超，加强路面治超执法力度

1. 坚持联合治超，加大依法严管的力度

各级交通、公安部门要继续实行路面联合治超执法，确保人员投入，坚持齐抓共管、协同作战，始终保持严格执法的态势，以巩固成果，防止反弹。

在开展治超执法过程中，要继续按照交通部、公安部、发展改革委《关于进一步加强车辆超限超载治理工作的通知》的要求和超限超载认定标准，对发现的违法超限超载运输车辆，要按照《公路法》、《道路运输条例》、《道路交通安全法》及其实施条例的有关规定，严厉进行处罚，同时严格实施卸载，消除违法行为。

对严重超限超载的违法运输车辆，应按照法律、法规的规定从重处罚。

2. 禁止违法超限超载车辆行驶高等级(速)公路

在高等级(速)公路的入口处设置相应的称重检测装置，对进入高速公路的货车进行检测，并结合高速公路收费站管理工作，凭检测单准许货车进入高速公路。凡经检测确定违法超

限超载运输的车辆，一律禁止进入高等级(速)公路行驶。

3. 突出重点，延伸治理范围

加大对超限超载重点监管车型违法违规运输行为的治理和处罚力度，有针对性地开展治超工作。全国治超办应根据各地上报的情况，分批公布超限超载重点监管车型，作为各地路面执法工作的重点。

对假冒军队、武警车辆超限超载严重的地区，要积极协调军警部门组成联合工作组，开展专项整治活动，严厉打击利用假冒军警车辆进行超限超载运输以及偷逃国家相关税费等违法行为。

4. 全面推进对超载车辆驾驶人实施交通违法行为累积记分制度

要研究制定具体操作办法，对违法超载运输驾驶人实行记分，大力推进异地交通违法记分信息的转递工作，对记分超过规定的驾驶人依法予以扣留驾驶证、组织学习和考试。

5. 严厉打击暴力抗法行为，确保执法人员人身安全

公安机关要适当增加治超检测站点的警力，负责维护治超检测站点的交通、治安秩序，对容易出现聚众闯卡、拒不接受检查、强行冲卡、带车绕行的重点地区，要加强巡逻，加强应急处置管理。

对阻碍执法管理、对执法人员实施人身侵犯、破坏治超站点设施的，要依照《治安管理处罚法》予以处罚；构成犯罪的，要依法追究其刑事责任。

要切实采取有效措施，确保执法人员人身安全，创造良好的治超执法环境。

三、加强和规范车辆生产、改装及牌证管理

1. 彻底解决车辆“大吨小标”问题

对发展改革委2005年底前公布的在用“大吨小标”车型，各地公安机关交通管理部门要进一步加大工作力度，年内完成“大吨小标”车辆参数更正、行驶证换发工作。

2006年，除两轴车、罐装车、改装车以及破产、被兼并企业生产的货车外，发展改革委不再公布“大吨小标”车辆参数更正表。

对2005年4月1日后新生产的“大吨小标”车辆，要严格按照国办发30号文件规定，发展改革委要在公告中撤销相应的车型，车辆生产厂家库存的“大吨小标”车辆产品一律不得销售，已经销售的，要负责召回或履约接受退货，赔偿购车人的经济损失，并承担相应的法律责任。

2. 继续打击非法改装车辆

工商部门要根据有关法律、法规的规定，尽快研究制定有关整顿车辆非法改装企业的管理措施及办法，继续开展专项活动，严厉整治非法改装车辆的单位和企业，逐步遏制和杜绝车辆非法改装行为，严把车辆改装关。

为了彻底消除现有车辆存在的非法改装现象，从2006年起，各地工商、公安、发展改革、交通等部门可在治超检测站点联合开展打击非法改装车辆专项活动，配备必要的装备，对发现擅自改变车辆外廓尺寸、加拦板、加钢板以及载质量等技术参数明显不实的非法改装车辆，要强制车辆恢复原状。

3. 规范车辆生产管理

发展改革委要严格按照国办发30号文件要求，尽快制定出台规范有关汽车生产及改装的管理措施和办法，加大对汽车生产和改装企业的管理力度，严格督查车辆生产环节，禁止生产违规超限车辆，禁止非法改装车辆，从生产环节杜绝“大吨小标”以及不符合《机动车安全运行技术条件》(GB 1589—2004)和《道路车辆外廓尺寸、轴荷及质量限值》(GB 7258—2004)国家标准的车辆。

同时，进一步加强和规范公告管理，对现有车型进行全面清理和整合，尤其加快清理整顿货运机动车生产管理目录，制定相关责任追究制度，杜绝倒卖产品合格证问题。

质检部门要进一步完善缺陷汽车召回制度，对于已经投入使用的存在危及人身、财产安全缺陷的车辆，要按照缺陷汽车召回制度的有关规定，责令汽车厂家召回。

4. 加强车辆牌证管理

公安交通管理机关要认真贯彻国办发30号文件要求，加强车辆落户的源头管理，在车辆注册登记环节严格把好车辆落户关，对与《公告》公布的车型技术参数不一致、不符合《机动车安全运行技术条件》(GB 7285—2004)、《道路车辆外廓尺寸、轴荷及质量限值》(GB 1589—2004)等国家标准要求的车辆，一律不予登记和核发车辆牌证；对行驶证登记的技术数据与改装后的车辆技术数据明显不符的也不予落户；对违规改装车辆已办理证照的进行全面清理，对不符合规定的改装车辆要注销其证照，从严处罚；禁止违法改装车辆上路行驶；对违法擅自改装车辆的单位和个体业主给予依法取缔，并将车辆情况通报行业主管部门。

四、加强源头监管

1. 加强运输装载源头管理

交通主管部门要加强对重点货物运输集散地、货运站场等的监管，采取有力措施，确保超限超载车辆不出厂、不出站。

对货主和站场故意放纵车辆超限超载的，要依照《道路运输条例》的有关规定予以严肃处理。

对位于公路沿线的小煤场及以各种名义建立起来的货物分装场，也要继续加大整治力度，对为超限超载车辆提供货源的，要予以整顿或者关闭。

2. 加强运输市场准入管理

对目前仍然“大吨小标”以及其他不符合《机动车安全运行技术条件》(GB 1589—2004)的车辆，各级交通部门不得准许其进入运输市场。同时，交通部有关部门要分批发布《货运汽车及汽车列车推荐车型》，并出台配套的经济措施，引导货车向多轴化、大型化方向发展，推广厢式货运车辆，规范公路货运车辆类型，特别是特殊产品运输车辆的类型。

3. 健全货运经营企业和营运驾驶员的信誉档案管理

各治超检查站点要严格执行超限超载违法运输车辆及驾驶员的违法登记和信息抄报制度，确保违法超限超载运输车辆登记信息准确，并和执法机构共享。

各级交通主管部门和运输管理机构要根据抄报的信息记录，对多次超限超载的货运企业和营运驾驶员，要定期公布黑名单，并依法予以严厉处罚；对超限超载违法记录次数超过3次的营运驾驶员，要责令其参加不少于一周的停业学习培训，并重新考试；对于有超限超载登记的营运货车超过总数5%的运输企业，要向社会予以公布，并责令其停业整顿。

五、加快治超长效机制建设

1. 研究制定治超长效机制

全国治超办应在深入研究的基础上，提出全国治超工作长效机制的相关意见，进一步明确各部门在治超工作中的职责，健全治超工作相关的规章制度，强化治超长效机制建设。

各地也要针对治超工作过程中出现的新情况和新问题，及时总结、研究治超工作的基本经验和内在规律，逐步建立治超长效机制。

2. 制定《公路保护条例》，完善治超法律法规体系

要加快《公路保护条例》的起草制定工作，促进治超工作的法制化、规范化进程。同时，要结合本地实际，有针对性地制定和出台治超方面的法规、规定，建立多层次治超法律法规体系。

3. 加快全国治超监控网络建设

以北京至山西大同方向的公路通道及其沿线的治超检测站为试点，加快治超站点的规范化建设工作，力争尽快建成一批标识统一、设施完备、管理规范、信息共享的治超检测站点，真正建立起全国超限超载车辆监控网络，为长效治理工作奠定基础。

加强治超检测站点的管理，结合治超检测站点规范化建设，要在治超检测站点装备统一的治超信息管理系统和动态称重预检系统，提高治超检测工作的效率，在依法治超的同时，有效保障公路交通畅通。

4. 从实际出发，开展收费公路计质量收费工作

条件具备的地区可在实施货车计质量收费试点工作的基础上，按照《关于收费公路试行计重收费的指导意见》的要求，在确保突出治理效果的前提下，开展收费公路计质量收费，通过经济手段，消除超限超载车辆的非法利润。

正确处理好计质量收费与治超执法的关系，确保计质量收费与治超执法工作互相促进，互动互补，通过经济和行政手段对超限超载车辆实施全路网监控。

5. 降低运输成本，保障物资运输

要坚决贯彻落实《关于降低车辆通行费收费标准的意见》的要求，采取有效措施，切实降低多轴大型货车的通行费收费标准和运输成本，进一步鼓励多轴大型运输车辆发展，优化道路运输结构，提高道路运输效能。

按照国家统一部署，完善全国高效率鲜活农产品流通“绿色通道”网络建设，保障整车且合法装载的鲜活农产品运输车辆畅通。

•第五节　治理超限超载运输的具体措施•

一、我国治理超限超载运输的具体措施

1. 对超限超载车辆的处罚

①车辆第一次超限超载运输，以教育为主，不予罚款，不收取公路补偿费，但应在车辆道路运输证的附页上作超限超载违章登记，并将车辆违章情况抄报当地公安交通管理部门。

②车辆超限超载超过2次(含2次)的,除实施卸载和登记外,交通部门还对单车处以每次不超过1000元的罚款。

③对于超限超载登记超过3次,由车籍所在地交通部门取消其经营性运输资格。

④同一运输企业公告超限超载营运货车超过企业营运货车总数5%的,要降低该企业的资质等级,取消违法驾驶员的营业性运输资格。

⑤对超载的车辆,公安机关交通管理部门可按《道路交通安全法》规定,扣留机动车,直至违法状态消除;

对其中超载30%以内的,给予200元处罚,并记2分;对超载30%以上100%以内的,给予1000元处罚并记6分;对超载100%以上的,给予1500元处罚,并记6分。

2. 卸载货物的处理

对超载车辆要坚决卸载,杜绝罚款收费后放行的做法,这是制止超限超载运输的有效措施。同时要追究相关单位的连带责任,拉运工矿企业货物的车辆一旦超载,不但要处罚车主,还要处罚该企业。

超限超载货物主要由车主或驾驶员自行卸载。各级交通部门可根据卸载货物种类为卸载货物提供不超过3d的免费保管时间,并将货物有关保管事项书面告知当事人。

卸载货物超过保管期限经通知仍不运走的,按规定变卖,扣除相关费用后,如有余额,通知当事人领取,逾期不领取的,按照有关规定上缴财政。

3. 坚决取缔非法客货运输行为

各地应采取果断措施,全力打击货运"黑车"、"假军车"、"假警车",规范运输行为,促进公平竞争。同时,出台鼓励道路货运发展的相关政策措施,引导运输业主守法、诚信、规范地从事道路货物运输,发挥市场机制和政府宏观调控两方面的调节作用,确保运输价格处于合理的水平。

4. 建立健全超限运输黑名单曝光制度

各级交通运输、路政管理部门要尽快建立健全货运经营企业和营业性货运驾驶员信誉档案,实行违章超限超载运输行为的登记、抄告和公告制度。对于运输车辆超限超载登记,以及执法部门抄送来的车辆超限超载信息,要及时在不同的媒体予以公告。同一车辆公告超过3次,或者同一运输企业公告超限超载营运货车超过该企业营运货车总数5%的,要降低该企业的资质等级,取消违法驾驶员的营业性运输从业资格。

5. 当事人不履行行政处罚决定的处理

根据《道路交通安全法》及相关配套法规,当事人违反道路交通安全法和行政法规行为,逾期不履行或不全部履行处罚决定的,将按照下列规定处理:

①当事人收到行政处罚决定书后15d内不缴纳罚款的,每日按罚款数额3%加处罚款。

②逾期3个月不缴纳罚款,或者连续2次逾期不缴纳罚款的,记12分。

③当事人逾期不履行行政处罚决定的,作出行政处罚决定的行政机关可以申请人民法院强制执行。

④对驾驶人员在一个记分周期内,累计积分达到12分的,公安机关交通管理部门可以扣留其机动车驾驶证,直至当事人经驾驶证核发地或违法行为地车辆管理所考试合格方可发还。

⑤当事人需要接受暂扣或吊销机动车驾驶证处罚,被扣留机动车驾驶证,无正当理由逾期未接受处理的,公安机关交通管理部门吊销其机动车驾驶证。

⑥对当事人被扣留机动车,逾期不接受处理并且经公告3个月仍不来接受处理的,公安机关交通管理部门对扣留的车辆依法予以拍卖,所得价款上缴国库。

6. 实行计质量收费

(1)计质量收费的基本原则是:空车降低收费,标准装载标准收费,超限装载合理收费,严重超载卸载放行。

计质量收费遵循的是公平原则和市场机制原则,其目的不是增收车辆通行费,而是通过这种方式促使形成正常的货运价格调节机制,最终达到根治超限超载运输的目的。

为了减轻合法运输车主的负担,交通部最新货车分类标准增大了各类货车的准载量;改变空重车按相同标准收费的做法,空车可减少一半左右的通行费用;对货车载质量增加了30%的装载误差,超载量在30%以内的车辆不列为超限超载运输车辆。

(2)具体做法是:将交通部颁发的货车分类标准,按"车辆自质量+准载质量+30%允许装载误差 = 认可总质量",折算为计质量收费的分类标准,货车按通行时实际总质量分类后按照该类收费标准及行车里程收取通行费。

(3)计质量收费操作程序。

据了解,正式出台的货车计质量收费方案的具体操作方式是:在收费站口安装计质量收费系统,对货车的轮轴数、车货总质量、是否超限及超限比例进行自动检测和分类,通过电脑计算通行费并打印票据。对于超限超载运输的车辆,收费人员将加收数额较高的超限运输费,其标准是:高速公路0.26元/吨公里,二级公路0.14元/吨公里。对于超限100%以下的车辆,公路管理部门将责成其在40km内自行卸载;超限超过100%以上的车辆将被禁止继续行驶,并将被处罚和强制卸载。

(4)固定式公路运输车辆超限检测/计质量收费系统简介。

功能概述:ZCS固定式公路运输车辆超限检测系统/计质量收费系统,主要功能是检测过往车辆的每根轴的承载质量,并将每轴质量自动进行累加得到总质量。同时,可以检测过衡车辆的车速并判别轴型、单双轮。根据约定的通讯协议,可将完整的车辆称重信息传输给收费计算机,实现计质量收费,能自动判别车辆超限情况,有效保护高等级公路、桥梁等,使公路收费更加科学合理。

基本配置:

ZCS固定称重秤台:一台;

轮胎识别器:一套;

红外线车辆分离器(光幕):一套;

车辆检测器(线圈):一套;

计质量收费大屏幕:一套;

称重显示仪表:一台;

轮胎识别控制器:一套;

中央控制柜:一个;

信号线、电缆线:(各一根)。

增强配置:(可选)

抓拍摄像机动车、打印机、车牌号识别、读卡器、车道信号灯、UPS 防浪涌电源、拦杆机、费额显示器、车辆检测器、质量显示器、称重管理计算机、防撞倒光幕外壳(含加热玻璃)、语音声光报警器(红绿灯通明)。

主要功能:

①车辆匀速通过秤台,仪表检测出各轴的轴(组)质量、轴型号(单轴/双联轴/三联轴)及车速;轮胎识别器同步检测出轮型(单、双轮);当车辆完全通过秤台后,光幕发出一辆车通过信息。仪表将这些数据和信息汇总,将轴质量、总质量、车速、轴型/轮型等数据存储在动态轴质量仪数据缓冲区,可按约定的传输协议传送给收费系统计算机,可实时传送称重结果,也可按照计质量收费系统要求采用调用方式传输数据。

②计算机收到仪表传送的信息后,自动计算出轴超限、总质量超限及相关内容,最后打印出票据。

③人工收费完毕后,将挡车器抬起放行,待车辆驶离检测区后,收费员放下挡车器,整个收费过程结束。

④只要车辆以不小于 30cm 的间距匀速驶过称重板,称重过程和数据传输过程便可连续进行。

⑤车辆通过称重平台时,制动、加速称重精度将稍降低。

主要技术指标:准确度

静态:OIML III 级;

动态:车速 0~10km/h,精度 ≤ ±1%F·S;

车速 10km/h~20km/h,精度 ≤ ±2%F·S;

车速 20km/h~30km/h,精度 ≤ 5%F·S;

有明显加减速时:≤10%F·S;

最大额定轴称量:40t;

最小轴称量:0.5t;

可检测单辆过衡车的轴数:≤ 10;

秤台有效尺寸(宽×长):3400mm×800mm(按车道宽度定制);

传感器:SB—20;

传感器防护等级:IP68;

传感器激励电压:12V;

串行接口:RS232/RS485/RS422;

通讯协议:基于 MODBUS 的通讯协议;

最大安全过载:200%F·S;

极限载荷:400%F·S;

使用寿命:150 万次。

★轮轴识别器:用于自动识别车辆的轮轴类型。

整体密封,防沙尘、防水、防冻;

多个传感器检测轮胎数量;

开关型传感器信号。

★红外线车辆分离器:用于判断车辆的结束从而计算整车质量。

能对车辆进行可靠分离;

采用编码扫描;

能够检测到大于3cm车辆连接部分。

★称重显示仪表(下位机)。

★收费计算机及微机管理系统:

与检测仪表相连接,接收检测仪表的数据,打印相应的报告及其他数据信息。

★大屏幕显示器:与收费电脑连接,用于对驾驶员显示相关超限情况和收费信息。

固定式公路运输超限检测/计质量收费软件系统简介

公路车辆超限检测系统的配套软件操作简便,无须计算机专业知识,只需输入车号即可,软件自动判别车辆的轮轴类型、限载质量、轴组超限、整车超限,自动收尾,自动打印检测单。被测车辆以低于5km/h的速度通过称台,软件画面上便会依次显示出已通过的轴组类型、质量、限载质量,所有轮轴通过称台后,软件自动结束判别过程,最后给出轴总超限、整车超限等重要数据并自动打印出检测单。

7. 治理超限超载运输急需解决的问题

1)尽快制定、完善相关法律、法规和政策

①尽快出台相关法律和行政管理法规,用法律法规的手段约束和规范承运人及执法人员的行为,如高等级公路超限运输管理规定(实施细则);超限运输车辆行驶高速公路赔(补)偿标准;高速公路设置超限检测装置的程序和要求;避免超限车辆行驶不同的高速公路时被重复处罚的规定;不同高速公路超限运输赔(补)偿的统一结算和分配方法等;制定统一的票据和超限运输执法人员工作准则以及超限运输执法人员违法处罚办法等;调整、完善车辆通行费、养路费收费标准、征收方式和征收措施,用经济杠杆调节车辆超限超载的利益关系。

②尽快研究提出全国统一的车辆通行费征收计量标准的指导意见,制定收费标准的计算方法和收费系数,对多轴大型车辆收费优惠的政策。各省、自治区、直辖市有关部门可以根据本地区的具体情况,参照统一标准,合理确定本地区车辆通行费收费标准,适当降低多轴大型车辆收费标准。建立和完善车辆通行费标准确定的听证制度,并积极推进高等级公路联网收费进程,以减少车辆的运输成本。

③修改、完善公路养路费征收、管理、使用办法。对现行公路养路费征收标准和计量方式进行调整和完善,各省、自治区、直辖市要在解决车辆“大吨小标”的基础上,逐步实现按照车辆行驶证核定吨位收取公路养路费,实现车辆出厂标定吨位、行驶证核定吨位、车辆缴费计量吨位的统一。同时,加快推进费改税的实际进程,确保公路养路费征收的合法性。

④全面推广计质量收费工作,切实贯彻“空车降低收费,标准装载标准收费,超限装载合理收费,严重超载卸载放行”的基本原则,在确定车辆超限超载认定标准的范围内,计质量收取车辆通行费,以达到根治超限超载运输的目的。

2)整顿道路运输市场秩序

①努力调整运力与需求的大致平衡,优化运输车型结构,鼓励厢式货车、专用罐体货车的发展与更新,通过市场机制提高营运性运输车辆的市场准入条件,促使运输企业向规模化

发展。

②清理整顿本地区的道路运输收费,取消不符合规定的收费项目,降低偏高的收费标准,减轻运输经营者的负担。

③用现代物流理论,提升道路货运的组织化程度和技术,创新货运组织方式,规范无车承运人的经营行为和收费标准,促进道路货运企业发展现代物流,实现运输供需信息在货主与车主之间的直接、快速交流,减少运输收益在中间环节的流失,提高运输业主的效益。

3)加强路政执法队伍建设,提高执法水平

执法水平的高低取决于执法人员素质的高低,因此,要加强对路政执法队伍的教育、管理和培训。

要深入开展"4 个教育":即宗旨教育、法律政策教育、职业道德教育和勤政廉政教育;

要不断提高路政执法人员的"3 个素质":即政治素质、业务素质和法律素质;

要巩固树立"2 个意识",即群众意识和服务意识;

要增强依法行政,依法办案的观念,努力建设一支政治坚定、业务精通、作风优良、执法公正的路政执法队伍;

要严把选人关、制度关和培训关。

要教育路政管理人员,树立正确的人生观、价值观和世界观,强化爱岗敬业精神,变管理为服务,牢记全心全意为人民服务的宗旨,增强"维护路权、保护路产"意识,努力做到文明执法、热情服务,切实提高路政人员的行政执法水平,以适应市场经济的发展需要。

二、国外治理超限超载运输的具体措施

公路超限超载运输是一个世界性难题,世界上许多发达国家在市场经济发展的初期,都出现过严重超限超载运输的问题,而且在经济发展到一定阶段后,超限超载运输问题仍不同程度地存在。

据交通部专家介绍,这些国家分别采取了一些不同的治理办法与措施:

在加拿大和美国,早在 20 世纪 50 年代就开始进行超载货车对道路损坏情况的研究,建立了严格的法律制度,广泛采用车辆静态和动态称重设备对车辆超限情况进行检测。美国约有 1000 多个动态称重站,采用照相机和路边控制器技术,并与高速公路巡警车中的笔记本计算机相连接,对货车进行检查,可以及时观察数据和鉴别超载车辆的身份。

美国 1913 年通过第一部限制车载质量的法律,随后又出台了多部联邦法律,对超限超载车辆的管理作出了明确规定。目前,美国的超限超载车辆约占被检测货运车辆总数的 3.5%。美国处理超限超载车辆的主要措施有:一是向违章车辆发出违章传票,确定罚款金额。并辅以其他惩罚措施,如交付路产补偿金、被列入驾驶员和运输企业不良记录档案等。二是卸载或均载(移动货物直到轴载不超限)。三是对严重超限超载或屡次违章者采取司法行动,包括刑事诉讼、短期拘留和多达 1 年以上的监禁。

在德国联邦货物运输局内设有专门机构管理超限运输车辆,在 8 个州设有分部,还设有 3 个小型机构对车辆违章罚款进行处理。在全国 1.1 万 km 的高速公路上共设有 700 多个检查站,对车辆超重、装载尺寸超限、驾驶员超时行驶、危险货物运输等进行检测,对违章车辆有权扣留并进行处理。德国对超限运输驾驶员的管理办法中规定,第一次超限的驾驶员将被登记

在案并口头警告；第二次被发现将面临 3 个月的监禁；1 年内发现超限 3 次以上的驾驶员，将吊销其驾驶执照，登上"黑名单"，终身不得从事驾驶行业工作，迫使没人敢开超限车。

在澳大利亚，对超限超载的处理方式一般是修路，即按承运货物的起点到终点，负责修理该路段所有的损坏路面。

韩国从 1973 年 7 月开始对重载车辆车实行重点检查。1994 年 10 月，超限超载车辆过多导致圣水大桥坍塌后，韩国政府进一步加大了治理力度，在全国设立了 400 余个超限超载检测站（点）。目前，韩国超限超载车辆仅占被检测货运车辆的 1.5%。韩国法律规定，对超限行驶者或强迫驾驶员超限运营者判处 1 年以下有期徒刑或处以 200 万元韩币（约合人民币 1.5 万元）以下罚款；对擅自改装车辆或妨碍检测者处 2 年以下有期徒刑或处以 700 万元韩币（约合人民币 5.2 万元）罚款。超限运输车辆一经发现，将被公路部门直接引导至法院接受法律惩处。

南非非常重视车辆自动称重技术的研究工作，并将该技术用于治理超限超载工作中。电子秤可以对时速不低于 10km 的重载车辆进行自动称重，并显示在重载车辆信息管理系统上，管理部门据此对这些超重车辆进行卸载和处罚。这一技术系统在近 10 年来的治理超限超载工作中发挥了巨大的作用。目前，南非超限超载车辆的比例已下降到 10% 以下。

日本广泛使用固定或移动称重设备对超限车辆进行检测。在高速公路收费站设有电子秤测量轴载。大型货车还要安装货物自动测重仪。日本实行"1 超 3 罚"制度，即罚货主、处罚运输企业、罚驾驶员。根据日本相关法律，超过行驶证最大载质量的，处 6 个月以下徒刑，10 万日元罚款（约合人民币 7400 元）；超过车辆总质量一般限值 20t 的，处以 30 万日元罚款（约合人民币 2.2 万元）；禁止货运企业接受超载运输业务或指示驾驶员进行超载运输等。

由上述介绍可以看出，超限超载运输问题与经济发展水平有 3 个特点：

①欧、美、韩、日等国家治理力度较大，法规健全，惩罚措施较为严厉，已经步入到"标本兼治"的良性发展阶段。

②南美、亚洲等大多数发展中国家，法律制度相对滞后，超限超载运输问题严重，大都正处于开始治理的阶段。

③位于非洲的经济欠发达国家，虽然法律不完善，但受经济发展水平的影响，超限超载运输问题并不严重。

第六节　超限超载运输车辆检查

一、常见的超限超载运输车辆

常见的超限超载运输车辆按其形状和作用可划分为：载货汽车、集装箱运输车、平板车和汽车列车 4 种。

1. 载货汽车

载货汽车主要是运输一般的货物，结构设计采用发动机前置、后轮驱动。总质量大的载货汽车由于轴载质量的限制，有三轴、四轴 2 种形式，它多采用 4 × 2 及 6 × 4 型，也有 6 × 2、8 × 4（以上两个数字表示：车轮总数 × 驱动轮数）等形式。目前许多国家规定单轴载质量 10 ~ 13t，双轴载质量 13 ~ 16t,前轴单轴载质量 6t。我国规定单轴载质量 10t,双轴载质量 18t。

载货汽车驾驶室有长头式、短头式和平头式 3 种形式,平头式应用广泛。

根据我国公路运输车辆的构成状况,超限超载的货车主要有:黄河(JN150 , JN162, JN360)、北京 BJ370、上海 SH380、交通(SH361、SH161—4)、齐齐哈尔 QQ560、罗曼 ROMAN9215DF、日野 ZM140、扶桑 FVl02N、沃尔沃 N86—48、斯堪尼亚 L—110 等。

2. 集装箱运输车

集装箱运输方式始于第二次世界大战,进入 20 世纪 70 年代后,较广泛地应用于国际贸易运输,80 年代更是迅猛发展的新时期,集装箱运输在转运时无需倒运货物,减少装卸作业时间,加快了运输速度及车辆周转,节省了包装费用,减少了货损货差,提高了运输服务质量,降低了运输总成本。

据统计,采用集装箱运输与普通运输相比较,全过程的运费可降低 40% ~ 60%。由于集装箱运输具有上述优越性和显著的经济效益,所以,在许多国家得到迅速发展,并继续保持这种发展趋势。集装箱运输车的种类有:

1)集装箱单车

其底盘形式与载货汽车相同,所不同的是它用来装运集装箱。

2)集装箱半挂车

其挂车和载货质量的一部分由牵引车直接支承,使牵引车的牵引力能得到有效发挥,这种集装箱拖挂方式,由于车身较短,便于倒车和转向,安全可靠。挂车前端底部,一般均装有支腿,便于甩挂运输。集装箱半挂车主要有平板式和骨架式 2 种。

3)平板式半挂车

在挂车底部上全部铺有钢板,在装运一般货物时,整个平台均承受载荷。平板式半挂车主要用于装运长大件货物,装运集装箱的平板式半挂车,需在四角按集装箱的尺寸要求,装设集装箱固定装置,即下部的锁定装置。

4)骨架式半挂车

专门用于装运集装箱,又称为底盘车,骨架式半挂车结构简单,仅由底盘骨架构成,以集装箱本身作为强度构件,加人到挂车的结构中,底盘车架的前后四角装有固定集装箱的锁定装置。骨架式半挂车自身质量小,结构简单,维修方便,在集装箱运输中用得最多。

在我国,进行公路运输的集装箱半挂车主要有:三菱 FV415、沃尔沃 VOLVOF10、扶桑 FP15ERL—A、斯堪尼亚 P112H、五十铃 EXR19、尼桑、斯泰尔、太脱拉、红岩、汉阳等。

3. 平板半挂车

这种车辆具有装货平台,主要用来装运锅炉、变压器、电缆等大件货物。

平板半挂车主要有:交通 SH161(40t、30t、20t)、日野 40t 平板车等。

4. 汽车列车

汽车列车是指 1 辆汽车与 1 辆或 1 辆以上挂车构成的组合车辆。汽车列车分为全挂汽车列车和双挂汽车列车,汽车列车的单位运输成本比普通载重汽车要低得多。例如,载质量 5t 汽车与载质量 30t 的汽车列车相比,后者的每百吨公里油耗约为前者的 1/4, 单位运输成本约为前者的 1/3。

汽车列车主要有:威力姆 TC300t、汉阳 HY480(200t、150t)、汉阳 HX472(100t)、上海

SH991(200t、300t)、交通 SH161(100t、40t)等。

二、超限超载运输车辆检查

对超限超载运输车辆行驶公路进行现场检查和督促,是路政管理工作的重要内容之一,也是有效治理超限超载运输车辆的根本保证。现场检查督促的目的,就在于防止和纠正承运单位及驾驶员的违法行为,保障路政管理法规的顺利执行,规范承运人在法规、规章允许的范围内活动。

超限超载运输车辆行驶公路现场检查督促的主要内容是:

1. 判别运输车辆是否超限

公路路政管理人员在公路上巡查时,对于迎面驶来的车辆,如何判断它是超限超载运输车辆,在实际工作中,可从 3 方面考虑:

①从车型判断。有可能成为超限超载运输车辆的国产车有:黄河、汉阳、上海、交通、北京、红岩、齐齐哈尔等;进口车有:斯堪尼亚、三菱、日野、奔驰、五十铃、斯太尔、太脱拉、尼桑、扶桑、罗曼、沃洛沃等。

②从车辆外形判断。超限超载运输车辆的结构形式有:集装箱车、平板半挂车、自卸车、吊车、汽车列车等。

③从轴数判断。有可能成为超限超载运输车辆的轴数一般在 3 轴以上。

2. 简易判断轴载超限总值

在现场估算超限超载运输车辆轴载总质量 m 时,可用下列公式进行判断。

$$m = m_a + m_b = m_c$$

式中:m——汽车总质量,kg;

m_a——汽车自身质量,kg;

m_b——驾驶员和乘员质量,65kg/人;

m_c——最大载质量,kg。

3. 检查两证一单

两证一单,是指行驶证、超限运输通行证和货物运单。检查内容有:检查有没有超限运输通行证;如果有通行证,再检查通行证是否按规定格式填写,有无空格;检查通行证中规定的行驶路线是否与实际行驶路线相符;检查通行证中填写的时间是否超过规定期限;检查通行证中承运单位是否与行驶证中的单位相同;检查通行证是否涂改;检查通行证中的货物质量是否与运单中的货物质量相符;检查通行证中填写的号牌是否与实际相符;检查超限运输车辆是否违反路政管理相关规定。

4. 监测轴质量和总质量

近几年来,国际上进行了大量的车辆实际称重,其目的是为了检查车辆的轴质量和总质量是否超过国家规定的容许限值,在实施过程中,也出现了一些问题。比如,有的驾驶员将不合法的超限车绕道行驶以避开监测站,有的在深夜偷偷通过。面对这个问题,有些国家在所有的时间内,对车辆的轴质量和总质量都进行监测。采用的量测手段,世界各国进行了广泛的研究和试验,有用路面平台或桥梁作为称重的机械装置,也有用电子仪器量测动态下的车辆轴质量和总质量的。

5. 做好现场登记工作

公路路政管理人员在对超限超载运输车辆进行现场检查时，应把检查车辆、纠正违章、作出处理的实际情况进行记录，便于统计存档、计算工作量，并及时掌握超限超载运输车辆行驶公路的动态，为采取相关管理措施和上级机关制定法规、规章和政策提供依据。

现场登记的内容包括时间、路段、车辆号牌、车辆类型、自身质量、载质量、货物质量、车货外形尺寸、超限状况、违法内容、处理情况等。

• 第七节　对超限超载运输的处罚 •

一、处罚超限超载运输的法律依据

目前，治理车辆超限超载运输的法律依据主要是《公路法》、《道路交通安全法》、《超限运输车辆行驶公路管理规定》等法律、法规。

在治理超限超载运输时，正确处理违法与违章，是防止与纠正承运人违法、违章行为的有效措施，是为了规范承运人在法律、行政法规、规章允许范围内的活动。

二、超限超载运输违法违章行为的构成要件

超限运输不是违法运输，但在超限运输过程中，有违反国家法律、行政管理法规、规章中关于超限运输管理规定的行为时，才是违法运输行为。

构成超限运输违法的要件包括以下 4 个方面：

①违法行为侵犯的客体必须是公路行政管理法规所保护的路产和路权。

②违法必须有客观存在的违反公路行政管理法规的行为。

③违法的主体必须达到法定责任年龄，必须是具有民事责任能力的自然人或依法成立的法人。

④违法行为人在主观上必须有过错。过错是指违法行为人对其实施的违章行为所具有的故意或过失的心理状态。

故意违法，是指行为人明知实施某种行为是违反超限运输管理法规规定的，而故意实施了这种行为。故意违法在主观上的特征是明知故犯。

过失违法，是指行为人应该知道实施某种行为是违反超限运输管理法规规定的，但因为行为人的疏忽大意或者轻信可以避免而构成的违法。过失违法在主观上的特征是应该注意而没有注意。

三、处罚超限超载运输违法行为的原则

对超限超载运输违法行为，应“有法可依，有法必依，违法必究，执法必严”。

处理超限超载运输违法行为，必须坚持“以事实为依据，以法律为准绳”的原则，做到“认定违法事实清楚，收集证据充分、确凿，办案程序合法，案件定性准确，依据法律正确，量罚适当”。

在处理超限超载运输违法行为的过程中，要遵守“教育与处罚相结合的原则，区别对待的

原则,以理服人、以礼待人的原则”。

四、超限超载运输违法行为处罚办法

1. 处罚内容

高等级公路路政管理人员可根据《超限运输车辆行驶公路管理规定》的有关条款,对超限超载运输违法行为的承运人进行以下处罚:

①责令立即停驶。

②补办有关手续。

④限期缴纳路产损失赔偿费。

⑤暂时扣留公路超限运输通行证。

⑥罚款。

⑦法律、行政管理法规、规章规定的其他行政处罚。

2. 罚款标准

①《公路法》第77 条第5 款规定,违反本法第50 条规定,车辆超限使用汽车渡船或者在公路上擅自超限行驶的,由交通主管部门责令停止违法行为,可以处3 万元以下的罚款。

②《超限运输车辆行驶公路管理规定》明确指出,违反本规定第 13 和第 14 条规定,在公路上擅自超限运输的,县级以上交通主管部门或其授权委托的公路管理机构应当责令承运人停止违法行为,接受调查、处理,并可处以 30000 元以下的罚款。

对公路造成损害的,还应按公路赔(补)偿标准给予赔(补)偿。

③承运人违反《超限运输车辆行驶公路管理规定》第 15 条和第 16 条规定的,按擅自超限行驶公路论,县以上交通主管部门或其授权委托的公路管理机构应责令承运人停止违法行为,并可处以 5000 元以下的罚款。

3. 法律责任

①承运人拒绝、阻碍公路管理人员依法执行职务未使用暴力、威胁方法的,依照治安管理处罚条例第 19 条的规定处罚;构成犯罪的,依法追究刑事责任。

②交通主管部门或公路管理机构的工作人员玩忽职守、徇私舞弊、滥用职权,构成犯罪的,依法追究刑事责任;尚不构成犯罪的,由所在地单位或上级主管部门依法给予行政处分。

案例分析

从福建永春一起超限运输案例看“治超”的法律依据

案情简介

2004 年 9 月末,福建永春县公路路政管理所路政员在路政巡查中,发现了一部涉嫌违法超限运输的车辆。路政员在出示证件表明身份后,依法要求承运人接受调查处理,但承运人却一直不协助执法人员调查和检查,拒不驾驶车辆接受超限检测仪检测,且将车辆停放一边后,擅自离开现场。

超限运输车辆的车主认为，只要不经检测，公路管理者就无证据来索赔和进行处罚了。在此情况下，一位有驾驶证的路政员就驾驶该车辆进行检测，经检测，该车车货总质量22.18t，其中第二轴（单轴每侧双轮胎）载质量16.48t，轴载超限6.48t。据此，路政员就将该车停放在指定地点，以进一步调查处理。事后，涉嫌超限运输的承运人李×，认为路政管理机构的行为侵犯了其合法的权益，进行了以下陈述和申辩：

①行政执法程序的有关规定：现场勘验检查，应通知当事人或其代理人到场，当事人或其代理人拒不到场的，可邀请在场的其他人员1~2人见证。而路政所在其本人不在场、且未邀请在场的其他人员见证的情况下，所做的检测结果有失公正，应认定为无效行为。

②该车在前方已接受了另一路政所的超限检测仪检测，检测结果为该车辆并无超限，即当事人并无从事违法超限运输行为。现在的这台超限检测仪检测结果不准确，不能作为认定超限事实的证据。

③公路路政管理机构扣押其车辆，无法律、法规依据，属违法行政行为。

案情分析

律师认为，当事人提出的事实、理由和证据不能成立。理由有：

①《公路法》第70条规定：交通主管部门、公路管理机构负有管理和保护公路的责任，有权检查、制止各种侵占、损坏公路、公路用地、公路附属设施及其他违法行为。根据《超限运输车辆行驶公路管理规定》第4条规定，超限运输管理工作由公路管理机构具体负责，所以路政管理机构具有对涉嫌违法超限运输行为调查、检查、处理等法定权利。

②《行政处罚法》第37条规定，行政机关在调查或者进行检查时，当事人应如实回答询问，并协助调查或检查，不得阻挠。因此，当事人李×具有接受调查、检查的义务和配合路政执法人员执行公务的法定义务。在李×不履行法定义务并擅自离开现场的情况下，路政人员依法对涉嫌超限运输的车辆进行检测，是依法行使职权的行为。

③当时在检测现场，有行使交通行政管理权的行政执法人员、公路管理机构的管理人员，还有一名武警战士见证。超限检测单上除有2名执法人员签名外，还有见证人签名作证。李×陈述，其在前方已接受了另一路政所的超限检测，当时检测结果为没超限，这不能说明其现在必然也没超限。因为，一方面，李×在接受前方检测后至又被检查的途中，不排除有再加装货物从事违法超限运输的可能；另一方面，通过检测仪的车速及是否走偏直接影响着检测精度，通过检测仪的要求是：居中并以3~5km/h的速度匀速不停止通过。

④此次用于检测的超限检测仪具有合法的出厂合格证书，并于近日经泉州市技术监督局年检审合格，路政员王×驾驶该车通过检测时，正常地以4km/h的速度匀速通过，符合检测仪检测精度要求，因此，该检测结果应为合法、有效。

⑤《公路法》第85第2款规定，对公路造成损害的车辆，在接受公路管理机构的调查、处理后方得驶离。因此，公路管理机构将涉嫌违法超限运输的车辆停放在指定的地点，以进一步调查、处理是完全合法的。

（材料来源：西部交通信息网）

复习思考题

1. 叙述超限运输与超载运输的区别和联系。
2. 超限超载运输的危害性表现在哪7个方面?
3. 治理超限超载运输的紧迫性有哪4点?
4. 超限超载运输标志有哪5种?
5. 简述超限超载运输车辆行驶公路申请和审批程序的主要环节。
6. 简述超限超载运输车辆行驶公路的10条管理规定。
7. 简述超限超载车辆通行加固的10条措施。
8. 2006年治理超限超载运输的主要对策是哪5条?
9. 叙述计质量收费的基本原则和操作程序。
10. 常见的超限超载运输车辆有哪4种?
11. 构成超限超载运输违法的要件有哪4个方面?
12. 运用估算超限超载运输车辆轴载总质量的公式进行判断。
13. 国外治理超限超载运输的主要办法有哪些?
14. 对超限超载运输违法行为的承运人可给予什么行政处罚和罚款?
15. 参加治理超限超载运输的实际调研活动,并撰写调研报告或学习体会。

第十一章 高等级公路安全管理

教学要求

1. 描述高等级公路安全管理的意义；
2. 描述高等级公路行驶安全管理的主要内容；
3. 描述高等级公路安全监控系统的主要构成及作用；
4. 实地考察高等级公路交通控制的主要手段；
5. 描述高等级公路交通事故的主要原因及预防措施；
6. 实地考察高等级公路排障救援系统。

•第一节　安全管理概述•

一、高等级公路安全管理的意义

高等级公路的安全管理，是对高等级公路上的车流按有关规则和要求，合理引导、限制和组织，用现代技术进行交通安全管理和预防，保障交通快速、安全、舒适、畅通的总称。

安全管理是高等级公路管理的一个重要组成部分。国内外大量的实践已经证明，只有科学地应用高等级公路上一系列现代化的管理系统，实行集中、统一、高效的交通管理，才能充分发挥高等级公路快速、舒适、安全、经济的特点。

二、高等级公路安全管理的特点

高等级公路的安全管理不同于一般公路及城市道路，它有以下几个特点：

①高等级公路及其配套设施投资大、技术密集，是一般公路和城市道路无法比拟的。通常，高等级公路配有现代化的通讯、监控设施，以实施系统管理；利用检测、微机等手段，以收集车辆运行、道路状况等方面的数据；运用系统设备进行交通控制、管理和事故处理。

②高等级公路安全管理的任务复杂、手段先进、变化快、要求高，是高等级公路安全管理的又一特点。事故排除速度对高等级公路运营至关重要，不及时则可能导致连锁反应，发生重复事故；制止违章不能影响交通安全，否则可能导致其他车辆发生事故。

③管理体制与任务分工在归口上不一致。一般公路和城市道路是国家和各级政府投资建设的，但高等级公路多是集资、贷款或引进外资修建，按谁投资谁管理的原则，理应由负责高等级公路筹资、还贷部门统一归口管理。从管理内容上看，必须多部门统一协调工作。

三、高等级公路安全管理的任务

高等级(速)公路安全管理的任务主要有:

①经常进行交通安全巡逻、检查,发现高等级公路上出现的问题,及时向中心控制室报告。

②当发生交通事故时,按中心控制室的指令,及时赶赴现场疏导交通、处理交通事故,进行交通事故勘察、调查;和救援、救护、消防部门一起,进行救援、救护、救灾;配合路政部门清障保通,参与有关行政诉讼活动和结果处理,依法履行"治安管理处罚"职权。

③参与交通控制与管理,对不良气候条件的交通进行控制和限制;对交通拥挤问题,采取必要措施。

④纠正交通违章,负责交通执法,协助高等级(速)公路收费工作,协助通讯、监控、收费等部门进行治安管理。

⑤对高等级(速)公路行车安全进行宣传、教育,对违章驾驶员进行培训和处罚。

四、高等级公路交通安全管理体制

国务院办公厅(1992)16 号文中规定:"根据国务院有关规定,在高速公路管理中,公路及公路设施的修建、养护和路政、运政管理及稽征等,由交通部门负责;交通管理(维护交通秩序、保障交通安全和畅通等)由公安部门负责。目前,我国高速公路正在起步阶段,如何管好高速公路,需要有一个积累经验的过程。因此,各地对高速公路管理的组织机构形式,由省、自治区、直辖市人民政府根据当地实际情况确定,暂不作全国统一规定。公安、交通两部门要相互支持,大力协同,把高速公路管理好"。

•第二节　行驶安全管理•

一、车辆安全管理

①车辆必须符合国家规定的安全技术标准,小型客车前排座位应装安全带。

②非机动车、拖拉机、电瓶车不允许上高速公路,行驶速度低于 60km/h 的各类机动车、简易机动车、轻便摩托车不得驶入高速公路。

③性能不好、不符合安全技术标准的车辆,不能进入高速公路。

④噪声、排气污染、颤动等不符合环保要求的车辆不准进入高速公路。

⑤车辆轴载质量不得超过道路规定标准。

⑥超高、超宽、超重车不准进入高速公路,特大物件运输车辆可联系安排在晚上或专用时间行驶,载运危险物品,应经交通公安部门批准。

⑦包装、捆扎不好、易撒掉东西的车不准进入高速公路。

二、行驶速度管理

2004 年 5 月 1 日施行的《道路交通安全法》规定,"高速公路应当标明车道的行驶速度,最高车速不得超过 120km/h,最低车速不得低于 60km/h。

高速公路上行驶的小型载客汽车最高车速不得超过120km/h,其他机动车不得超过100km/h,摩托车不得超过80km/h。

同方向有2条车道的,左侧车道的最低车速为100km/h;同方向有3条以上车道的,最左侧车道的最低车速为110km/h,中间车道的最低车速为90km/h。道路限速标志标明的车速与上述车道行驶车速的规定不一致的,按照道路限速标志标明的车速行驶。”

三、高速公路行驶安全管理

(1)驾驶员应有高速公路行车的基本常识,懂得高速公路特有标志、信号内容和含义,会使用紧急电话。

(2)机动车从匝道驶入高速公路,应当开启左转向灯,在不妨碍已在高速公路内的机动车正常行驶的情况下驶入车道。机动车驶离高速公路时,应当开启右转向灯,驶入减速车道,降低车速后驶离。

(3)机动车在高速公路上行驶,车速超过100km/h时,应当与同车道前车保持100m以上的距离,车速低于100km/h时,与同车道前车距离可以适当缩短,但最小距离不得少于50m。

(4)机动车在高速公路上行驶,遇有雾、雨、雪、沙尘、冰雹等低能见度气象条件时,应当遵守下列规定:

①能见度小于200m时,开启雾灯、近光灯、示廓灯和前后位灯,车速不得超过60km/h,与同车道前车保持100m以上的距离。

②能见度小于100m时,开启雾灯、近光灯、示廓灯、前后位灯和危险报警闪光灯,车速不得超过40km/h,与同车道前车保持50m以上的距离。

③能见度小于50m时,开启雾灯、近光灯、示廓灯、前后位灯和危险报警闪光灯,车速不得超20km/h,并从最近的出口尽快驶离高速公路。

遇有前款规定情形时,高速公路管理部门应当通过显示屏等方式发布速度限制、保持车距等提示信息。“驾驶员应严格按照可变情报板、可变标志或限速标志提示速度行驶。

(5)机动车在高速公路上行驶,不得有下列行为:

①倒车、逆行、穿越中央分隔带掉头或者在车道内停车。

②在匝道、加速车道或者减速车道上超车。

③骑、轧车行道分界线或者在路肩上行驶。

④非紧急情况时在应急车道行驶或者停车。

⑤试车或者学习驾驶机动车。

(6)在高速公路上行驶的载货汽车车厢不得载人。两轮摩托车在高速公路行驶时不得载人。

(7)机动车通过施工作业路段时,应当注意警示标志,减速行驶。

(8)城市快速路的道路交通安全管理,参照本节的规定执行。

高速公路、城市快速路的道路交通安全管理工作,省、自治区、直辖市人民政府公安机关交通管理部门可以指定设区的市人民政府公安机关交通管理部门或者相当于同级的公安机关交通管理部门承担。

(9)禁止在高速公路上上下乘客、装卸货物。

(10)除追击、堵截罪犯和抢险救灾等紧急情况外,禁止任何人在高速公路上拦截车辆。

(11)前排乘车人应系安全带。

(12)不准向车外抛扔物品。

(13)车辆发生事故或故障不能行驶时,应立即开启危险信号灯,并在车后设警告标志,人员应撤至右侧硬路肩,并立即到最近紧急电话处与监控中心联系。

(14)不得妨碍执行紧急公务的消防、急救、公安、抢险等车辆优先通行。

(15)高速公路上不得突然制动,要始终握紧转向盘,改变车道时转向盘转动不要太大。

(16)禁止在坡顶、拐弯和陡长的下坡段超车和开快车。

四、恶劣天气行驶安全管理

①下雨时,要注意雨水影响视野。另外,因下雨而使路面摩擦系数下降,刹车距离增长,危险性增加,驾驶时应注意突然启动、急转弯、急刹车引起的横向滑移、转弯、滑溜及翻车。大暴雨还应防止不稳定边坡的滑塌和高边坡的落石。

②下雪要防雪盲现象。冰冻时,要防止车辆打滑。另外,应注意按可变情报板的要求,控制车速和车间距。

③雾天因视距不足,要开启黄色雾灯,并按可变情报板要求控制车速和车间距。

④冬季路面有冰雪时,要慎防急转弯、急制动,以免发生横向滑溜翻车,必要时应遵照规定使用防滑链或带钉轮胎、雪地轮胎。

五、危险货物运输安全管理

1. 危险货物运输安全管理的部门

危险货物因其具有各种潜在的危害性,其运输安全历来备受道路管理部门的关注。目前,我国危险货物运输要受交通运输和公安交警两个部门的管理。

根据交通部《道路危险货物运输管理规定》,交通运输管理部门主要对道路危险货物运输单位的运输条件、安全管理、专用防护设备、运输单证、运输质量和技术业务规范等方面进行管理。

根据公安部《高速公路交通管理办法》第 9 条"机动车载运危险物品……,必须经公安机关交通管理部门批准后,按指定路线、时间、车道、速度行驶,并须悬挂明显标志"。公安交通管理部门主要是对危险货物运输中的交通安全方面进行管理。

2. 危险货物的含义及常见危险货物的分类

危险货物一般指现代工业原料或产品,其具有特殊的物理、化学性能,要求在运输中有特殊的防护,并在运输中有各种潜在的危害。

常见的危险货物可分为 5 大类:爆炸品、易燃烧液体、腐蚀性化学品、易燃及有毒气体、易燃固体物品。

3. 危险货物运输要求

①在高速公路上运输危险货物时,路政管理机构应要求运输危险货物的车辆、设备设施、运输工艺流程、货物作业等符合国家《消防条例》的规定。

②运输危险货物的装卸机械和运输工具等,要符合《汽车危险货物运输规则》交通部标准

和《道路运输危险货物车辆标志》的国家标准。

③危险货物运输的承运单位，在通过公路行驶时，承运单位和承运人要对所承运的危险物安全负全部责任。

4. 危险货物运输安全管理

危险货物运输的安全不仅是运输单位与托运单位的合约行为，而且关系到社会和公众的安全，涉及到高等级公路的安全营运。

(1)路政管理机构应及时检查、认真查处不按规定标准要求运输的危险货物，要坚持预防为主的方针，消除事故隐患。

(2)要严格危险货物运输的审批手续：

①汽车长途运输危险物品(如爆炸品)时，其运输路线应事先报经公安机关批准，路政管理部门审核，按指定的路线行驶，不得擅自改变行驶路线，并严格遵循危险物品的包装方法及注意事项，悬挂明显标志。

②制定事故发生预防措施，严禁捎带无关人员和危及安全的其他物品。

③车辆不得超高、超宽、超载，不得在高速公路沿线停放。

④对于违反者，除按规定予以处罚外，路政管理机构可责令停止行驶，按指定的安全地点停放，并给予罚款和严肃追究法律责任。

5. 危险货物运输途中出现险情时应采取的紧急措施

路政管理机构及其路政管理人员如发现危险货物在运输途中出现险情，除及时通知相关部门前来处治外，还必须了解紧急情况下应采取的紧急措施。

①对于爆炸品散落，应移至安全处，由专人更换包装，已漏散的爆炸品及时用水浸湿，并请当地公安部门派人处理。

②对于贮存压缩气体或液化气的罐出现漏气时，应将其移至通风处，向漏气钢瓶浇冷水降温，液氨罐漏气时，可浸入水中。

③对于贮存剧毒气体的钢瓶出现泄漏时，应将其浸入石灰水中，抢救人员应带防毒面具，附近场地群众应立即疏散到安全地带。

④对于易燃固体物品散落时，应将其移至安全处，黄磷应立即浸入水中，金属钠、钾等应浸入装有煤油或无水液体石蜡的金属桶内。

⑤对于易燃液体如汽油、酒精、氧化剂、腐蚀酸、碱类等渗漏时，应将其用砂土掩盖后清扫，并用水冲洗干净。

●第三节　安全监控系统●

一、高等级公路安全监控系统的构成

高等级(速)公路安全监控系统综合了电子技术、自动化控制、通信技术、计算机技术、公路工程及交通工程等多门学科，是一项现代化、高科技应用程度比较密集的系统工程，也是高等级(速)公路交通管理的重要组成部分。

1. 安全监控子系统

高等级(速)公路安全监控系统主要由4个子系统构成:

①监控中心控制室。由主干道、匝道控制系统、检测通信系统以及交通调度管理系统等构成。

②监视系统。包括高等级(速)公路的交通状况监视与系统设备监视。

③通信传输系统。包括同轴电缆、光纤、微波、电话线等,用于传输交通信息或控制信息。

④交通信息系统。即交通信息、系统控制指令显示系统,常用的传递方式有视觉和感觉两种。交通信息系统主要是采集交通数据信息,如交通量、速度、占有率、气象情况、交通事故等。

2. 安全监控中心

1)监控中心的作用

监控中心准确及时收集、处理信息,调度指挥和调节各部门工作,对高等级(速)公路的安全管理起着决定性作用。

监控中心对道路养护维修、路政巡查、交通事故处理、排障救援工作进行统一协调和指挥,并对车辆故障和事故情况了如指掌。

2)监控中心的职能

高等级(速)公路监控中心是交通管理及运营管理的控制中心,在交通安全监控系统中起枢纽作用,它具有处理道路交通信息,制定实施交通管理和控制策略及协调指挥的职能。高等级(速)公路发生交通事故时,控制中心既可利用实时交通控制系统或信息系统进行处理,同时又协调指挥交通警察、路政、排障救援队伍到现场处理事故,进行施救工作。

3)监控中心管理体系

监控中心对高等级(速)公路管理部门具有重要作用,它能收集、处理和传输信息,调节调度各类管理职能部门。例如,协调交通警察、交通救援、路政巡查、公路养护、征费稽查、收费等部门间的相互协作;统计储存各种数据,为领导决策提供依据;逐步形成为高等级(速)公路现代化网络管理体系。

3. 隧道监控系统

由于隧道构造与所处环境的特殊性,车辆在隧道内行驶与在宽阔的路段上行驶相比,能见度低,噪声大,一氧化碳和烟雾浓度大。因此,在隧道监控系统中含有环境监测装置,当发现上述各因素超标时,则通过控制装置进行自动排污换气净化空气,增加隧道内照明。

(1)隧道内设置监控系统的目的是:当隧道内发生交通事故,特别是火灾事故时,能及时发现,迅速处理,将灾害控制在最小限度,减少损失。

(2)按隧道的规模要求,监控设施有:通信、信号、监视、监测、广播系统、排烟设备及紧急照明、警报、灭火系统等。

(3)隧道监控系统的设施与职能。

①通信、广播与照明设施,是隧道运行安全的首要设施。

②报警设施,如火灾报警器、灭火器,消防栓、给水与喷淋设施等。

③控制设施,如信号控制、可变情报板、可变限速板、远程终端控制器等设施。

④监视设施,如闭路电视、数据检测、采集、处理等设施。

⑤保障设施,如电源设施。

⑥其他设施,如通风、排烟、导向等设施。

隧道监控系统的职能通常分为三级控制:

第一级为监控中心,负责管理整个隧道的交通控制业务。

第二级为远程终端控制器,负责采集外场检测设备的数据,经过预处理,上传给监控中心,同时接受监控中心的命令,下传给外场设备。

第三级为监控系统的外场设备,负责监控系统各具体功能的实施,包括检测设备和执行设备。

二、高等级公路安全监控系统的应用

建立高等级公路安全监控系统,是实现高等级公路现代化管理的需要,通过安全监控系统,使高等级公路管理手段出现跨越式提高。因此,高等级公路路政管理部门应充分利用安全监控系统,努力提高路政管理效率和路政管理科技化。

1. 高等级公路安全监控系统的功能

高等级(速)公路的运营管理涉及到路政、收费、监控、养护、服务区、经营开发等方面的管理。因此,安全监控系统所具有的功能也应与其相适应。主要有:

①监督高等级(速)公路交通运行状况,收集、并处理交通信息。

②及时发现可能引起高等级(速)公路交通拥挤的问题,采取适当的控制措施诱导交通流。

③减少交通事故率和人员伤亡率,提高公路的安全性,预防二次事故发生。

④为道路使用者提供道路交通流和事故信息以及应急设施等。

⑤遇恶劣气候及环境,迅速采取交通控制应急措施,保证车辆通行安全。

2. 高等级公路安全监控手段

1)匝道控制

利用信号灯、电动栏杆等设施控制进人高等级(速)公路的车辆,以限制高峰期进人道路的车流量,调节车流密度,预防各类交通阻滞,增加高等级(速)公路的效率和安全性。

2)可变限速标志

在高等级(速)公路上设置可变限速标志,用于警告车辆限速行驶,稳定交通流,以提高道路养护、施工、事故救援、特殊气候、恶劣环境下车辆行驶的安全性。

3)可变情报标志

主要用于向道路使用者提供各种实时交通情报,包括交通流的拥挤程度,和实施交通控制、匝道关闭时可绕行的路线、影响车辆正常行驶的气候与环境状况等。

4)路侧无线电广播

路侧无线电广播将各种交通信息通过设置在道路两侧的无线发射机发射信息,利用车辆无线收音机接收由控制中心发布的交通信息。

5)紧急电话系统

紧急电话设在高等级公路两侧,是为道路使用者提供应急呼救的专用通信设备,当行驶车辆出现故障或发生事故时,可及时通过紧急电话向高等级公路管理部门寻求救援。

3. 路况信息的收集

交通事故是高等级(速)公路发生交通拥挤的主要原因,只有尽早发现和排除事故,才能减少事故对交通流的影响。通过安全监控系统的电子监测、闭路电视、紧急电话和公路路政、交警巡逻等方法,能及时发现突发性事件,及时提供救援、清障、消防、救护、车辆维修等服务;在突发性事件可能影响的范围内,为驾驶员及时提供信息服务;保障高等级公路交通畅通,确保道路使用者的高速、安全、舒适,最大限度地发挥高等级公路的效能。

4. 路况信息的利用

高等级(速)公路路政管理部门,可通过安全监控系统收集路况信息,对路面进行综合监控,遇到突发事件,能统一协调通信、收费、养护等部门实施清障救援、出入口把关和抢险救灾等;通过信息发布系统及时对外发布路况信息,引导突发事件路段的交通流安全通行,并与交警、消防、急救部门实行联动,提高路政管理效率,保障高等级公路完好、畅通。

●第四节　交通控制●

一、高等级公路交通控制基础

1. 交通管制的定义、方法与目的

交通控制,就是采用人工或电子技术,如信号监视、监控系统等科学方法和手段,对动态交通流实行控制。交通管理,就是对道路上的交通流按交通法规的要求,合理地引导、限制和组织的总称。通常,道路交通安全的管理与控制,简称为"交通管制"。

高等级公路交通管制的方法与目的,就是通过对监视系统收集到的交通流基本数据进行分析与处理,作出最适合当时具体交通情况的控制方案,并通过硬件设备向高等级公路使用者显示必要的情报、信息、命令,实现对高等级公路交通流的调节、警告和诱导,从而达到合理使用道路,并使车辆获得最少停车、最短运行时间、最低消耗、最大交通量、最低事故率的目的。

2. 交通管制的特点

1)指导性

可以指导交通流重新分配,疏散拥挤,避免事故,调整已紊乱的交通秩序,改变交通管制的被动局面。

2)协调性

即通过各种方法协调人、车、路、环境之间的关系,使其逐步达到一致,充分发挥公路网和道路设施的作用。如通过控制出行量以协调供需总量的矛盾,通过控制出行时间以协调供需关系在时间轴上的不平衡。

3)技术密集性

高等级(速)公路采用各种现代化通讯、监视、监控技术手段,因而具有科技含量高、技术密集的特点。

4)强制性

高等级(速)公路的交通管制多以法规、制度形式出现,具有强制管理的性质。

5)教育性

各种法规和规章制度必须进行广泛宣传,并对驾驶员进行必要的教育、培训和考核,以教育人们自觉执行。

6)协作性

高等级(速)公路的交通安全管制,是需要多部门相互配合的系统工程,不可能由一个部门单独处理高等级(速)公路交通管制中的所有问题,只能是各部门各司其职,按章执法,相互配合。

3. 交通管制的内容

1)技术方面

①设置交通工程设施,如标志牌、路面标线、护栏、分隔带、安全岛、情报板等。

②设置监视、监控、通信系统,包括信息收集、传递、处理、提供。

③实行车辆检测。

④临时划定专用车道、单向行驶、渠化交通和变向交通等。

⑤事故勘察与处理。

2)法制方面

①监督执行有关交通管理条例或行政管理法规。

②建立和执行车辆登记、检验等管理章程和制度。

③组织交通管理职能机构。

3)宣传教育方面

①加强对驾驶员的安全宣传教育,按规定严格培训和考核制度。

②加强交通法规宣传,严格执法,使全社会共同关心、重视高等级(速)公路交通管制。

二、高等级公路交通流特性

根据交通流理论,当高等级公路的交通量超过道路容量时,就会发生交通拥挤。高等级公路的交通拥挤是控制系统要解决的主要问题,高等级公路的瓶颈交通拥挤现象,可以通过交通量、密度、速度参数及它们之间的关系来描述。图11-1 表示出交通量与交通密度之间的关系曲线。

由图 11-1 可以看出,高等级公路交通拥挤、交通流量下降和交通环境污染,主要是交通流密度增大导致的结果。因此,控制高等级公路交通流的密度,是控制交通拥挤的关键所在。尤其在经济实力有限的条件下,道路容量超过时,从高等级(速)公路交通管制入手,对交通需求进行调整,尽量防止超容量情况发生,就显得十分必要与重要。

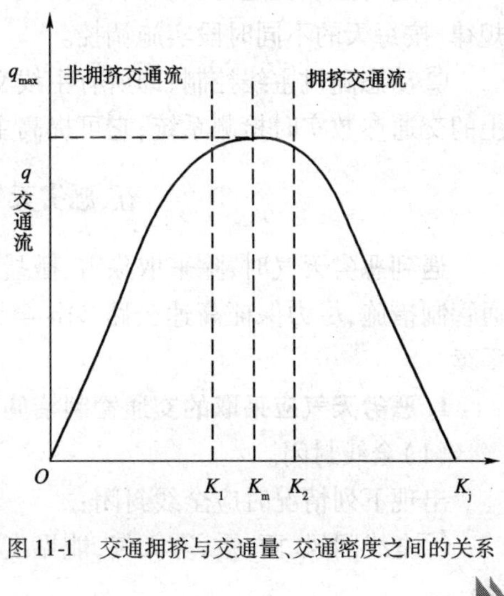

图 11-1 交通拥挤与交通量、交通密度之间的关系

三、高等级公路的匝道控制

高等级公路的匝道控制对高等级(速)公路交通流密度进行调节与控制的方式有两种:

1. 交通限制

即限制和调节驶入高等级(速)公路拥挤时间与拥挤路段的交通量;

2. 交通诱导

即建议高等级(速)公路的车流速度、行驶路线、使用车道和时间。

目前,高等级(速)公路上实施的交通控制方法有:匝道控制、主线控制、通道控制。其中匝道控制应用最广。

匝道控制,就是利用信号灯控制出入(主要是入)高等级(速)公路的车辆;限制高峰期进入高等级(速)公路的车辆;调节高等级(速)公路的交通流量与密度,使交通流量不超过通行能力。匝道控制,还可以预防各种交通阻滞,增加高等级(速)公路的效率及安全性。

四、高等级公路的主线交通控制

所谓主线交通控制就是在高等级(速)公路主线上采用交通规则、交通警告及诱导等方式达到协调、稳定主线交通流,改善高等级(速)公路主线交通的运行安全和效益。

1. 主线交通控制主要用于以下几个方面

①当高等级(速)公路交通流量接近道路通行能力时,通过对主线交通流量最佳参数的控制,保证交通流的均匀性与稳定性,预防瓶颈路段出现,减少交通阻塞与事故。

②根据高等级(速)公路上交通流方向分布特点,通过调整不同方向上的车道数目,实现换向交通,即允许交通流大的方向使用逆向车道,满足不同方向上交通流对道路的需要,提高高等级(速)公路的利用率。

③当高等级(速)公路上发生紧急交通事故或交通拥挤时,通过实施主线交通控制,可将高等级(速)公路上的交通流转移到其他替换道路上去,使高等级(速)公路迅速从拥挤状态恢复到正常交通状态。

2. 主线交通控制的常用方法

由于主线控制设施投资比较大,目前高等级(速)公路的主线交通控制主要用于隧道、大桥及交通繁忙地段。根据主线交通控制状态,高等级(速)公路的主线控制有两类:

①定时主线交通控制,即所用的调控交通参数与等级均来自高等级(速)公路以前的交通规律,按每天的不同时段实施调控。

②动态随机主线控制,即所有主线交通控制的交通流基本参数均来自对高等级(速)公路上的交通参数实时检测系统,它可提高主线交通控制的效率。

五、恶劣天气交通管制的措施与程序

遇到恶劣天气时,除采取除雪、撒盐等技术措施外,还应根据恶劣天气情况,采取必要的交通管制措施,尽力保证高速公路24h全天候运输。极端恶劣情况需封闭交通时,应履行一定手续。

1. 恶劣天气应采取的交通管制措施

(1)全线封闭。

出现下列情况时应全线封闭:

①全线因风、雨、雪、雾天气,能见度在100m以下时。

②全线道路结冰、积雪、滑溜时。

(2)分段封闭。

①部分路段因风、雨、雪、雾天气、能见度在100m以下时。

②部分路段因雾、雪、道路结冰、积雪、滑溜时。

(3)间断放行。

①全线或部分路段因风、雨、雪、雾天气,能见度在100m以上150m以下时。

②全线或部分路段因雾、雪、道路轻度结冰时,间断放行控制在每分钟4辆车。

(4)限制车速。

①雨、雾天气,道路积水、潮湿。

②天气情况,能见度在100m以上150m以下时,车速限制在60km/h,两车间距离不小于200m。

2. 实施交通管制措施的程序

①管理所和交警要及时将天气、道路、出入口交通量情况报告给控制中心总值班室。

②总值班室报请高速公路管理局值班局长审批同意后统一实施。

③总值班室下达交通管制命令。

④管理所接到封闭交通命令后,要在封闭路段两端设置指示或禁令标志。因事故封闭交通时,交警要及时赶赴现场,疏导交通,并在事故现场两端100m处设置有关标志。

⑤管理所接到交通管制命令,要立即通知养护部门和收费站。实施管制路段的收费站,应组织人员,向驾驶员做解释工作;养护部门要立即上路,采取清扫、撒盐、除冰等措施。

⑥总值班室及时将交通管制情况报告省交通厅厅长。

3. 交通管制措施审定权限

①因风、雪、雨、雾、路面结冰、道路施工实施交通管制,由高速公路管理局负责审定。

②因交通事故实施交通管制,由交警支队上报总值班室,按交通管制程序执行。

③因政治、军事、经济等原因实施交通管制,由公安、交通主管部门通知公路管理局,按管制程序执行。

●第五节　交通安全管理●

一、交通事故的定义与分类

2004年5月1日施行的《中华人民共和国道路交通安全法》对“交通事故”进行了重新定义,并对交通事故等级的划分做了重新规定。

1. 交通事故的定义

交通事故是道路交通事故的简称。道路交通事故是指车辆驾驶人员、行人、乘车人以及其他在道路上进行与交通有关活动的人员,因违反《道路交通管理条例》和其他道路交通管理法规、规章的行为(简称违章行为)过失造成人身伤亡或者财产损失的事故。

2. 交通事故等级的划分

1）轻微交通事故

是指一次造成轻伤1至2人，或者财产损失机动车事故不足1000元，非机动车事故损失不足200元的事故。

2）一般交通事故

是指一次造成重伤1至2人，或者轻伤3人以上，或者财产损失不足3万元的事故。

3）重大交通事故

是指一次造成死亡1至2人，或者重伤3人以上10人以下，或者财产损失3万元以上不足6万元的事故。

4）特大交通事故

是指一次造成死亡3人以上，或者重伤11人以上，或者死亡1人同时重伤8人以上，或者死亡2人同时重伤5人以上，或者财产损失6万元以上的事故。

3. 交通事故死伤人员及财产损失的认定

（1）所谓死亡，是指因道路交通事故而当场死亡或7d内抢救无效死亡的。

（2）所谓重伤主要是指下列情况：

①经医生诊断成为残废者，或可能成为残废者。

②伤势严重，需要进行较大手术方能挽救生命的。

③人身要害部位严重烧伤、烫伤；或非要害部位，但烧伤、烫伤面积占全身1/3的。

④严重骨折，如胸骨、肋骨、脊椎骨、锁骨、肩胛骨、腕骨、腿骨和脚骨等骨折，以及严重脑震荡等。

⑤眼部严重受伤有失明可能的。

⑥手部受伤，如大拇指折断一节；中指、食指、无名指、小指任何1根轧断为两节或任何两指各轧断一节；局部肌腱受伤甚剧，引起机能障碍，有不能自由曲伸、残疾可能的。

⑦脚部受伤，如脚趾断3根以上；局部肌腱受伤甚剧，引起机能障碍，有不能行走自如、有残疾可能的。

⑧内部伤害、内脏损伤，或内出血，腹膜伤害。

⑨不属上述范围的伤害，但经医生诊断认为受伤较重的，可据实际情况，参考上述各条确定。

（3）所谓轻伤，是指经医务人员诊断，需要休息1d以上，且不至重伤者。

（4）所谓直接经济损失，是指修复损失车辆的材料费用，物品、货物、牲畜损失的折价费用。

4. 交通事故的分类

交通事故一般有3种分类方法：

1）按交通事故产生的原因分类

任何交通事故的发生都有其必然的主观原因和客观原因。

①主观原因：包括违反规定、疏忽大意、操作不当等，这是主观故意或过失造成，是当事人本身内在的因素。

②客观原因：道路条件的不利因素，如线形、路面状况、气候、水文、环境等。

2)按交通事故所使用的交通工具分类

①机动车事故:指在事故当事方中机动车负主要责任的事故。

②非机动车事故:指畜力车、三轮车、自行车等非机动车负主要责任的事故。

③行人事故:指行人负主要责任的事故。

3)按交通事故发生的现象分类

(1)连环追尾事故。

这是高等级(速)公路上最常见的一类事故。这类事故虽然在高等级(速)公路交通事故总数中所占比例不大,但一般都是重特大恶性交通事故,损失巨大,影响很坏。例如意大利媒体2004年7月17日报道,在首都罗马通往南部城市那不勒斯的高速公路上,由于附近农田燃烧干草的浓烟,使高速公路上能见度很低,驾驶员视线严重受阻,而车辆行驶速度很快,致使10多辆小汽车和货车连续追尾,引起大火,造成6人死亡,30多人受伤,10多辆汽车完全烧毁。又如2004年4月10日晚10时许,在大运高速公路朔州支线收费站附近,一辆小轿车与前方东风大卡车追尾相撞,导致小轿车内5名乘员全部死亡的特大交通事故。

(2)违章停车交通事故。

这类事故在我国高等级(速)公路上的发生率也很高。例如,2004年8月24日凌晨4点左右,在云南省砚平高速公路小稼依路段,连续发生两起货车连环相撞事故,共造成3人死亡6人受伤。其中,一辆大货车发生故障,停靠在路边进行检修。当车主和驾驶员检修完车辆,正准备钻出车底时,另一辆大货车突然猛烈地撞上了故障货车的尾部,车主避让不及,被移动的车辆碾压而过,当场死亡。半个小时后,意外事件再次发生,在距第一个事故现场约400m的地方,又发生了一起4车首尾连环相撞的事故,又导致2人当场死亡。后据交警部门介绍,按照规定,在高速公路上维修故障车辆,危险警示标志应该设置在车后150m以外的地方,而故障货车车主所设置的危险警示标志,距停车地点仅30多m,致使后面来的车辆在高速行驶时根本无法避让。

(3)车况不良交通事故。

主要表现为以下几种:①刹车失灵;②灯光不全;③油料耗尽;④转向器、刮水器等部件失灵、损失引发的交通事故。

(4)爆胎事故。

这也是高等级(速)公路常见的事故之一,约占事故总数的14.15%。例如2004年8月7日晨6时许,在日本兵库县赤穗市盐屋地段的山阳高速公路高山隧道内,一辆大卡车从后方撞向因轮胎爆裂而停靠在路旁的一辆客货两用小车上,结果导致4辆汽车接连相撞,造成5人死亡,3辆车被烧毁,23人因被烟熏而送往医院救治。

(5)行人、非机动车违章造成的交通事故。

这类事故在高等级(速)公路交通事故中占有相当比例,通常都成为重大交通事故的诱因。例如2003年4月2日晚21时左右,一辆客车行驶至京沪高速公路扬州段215km处,驾驶员对5位旅客说,已到达目的地,让下车,并将车开走。当时四周漆黑,又下着蒙蒙细雨,下车旅客见路西边有灯光,便由东向西跨越中央分隔带横穿高速公路。突然,其中一人与超车道内由北向南行驶的小轿车发生碰撞,当场死亡。当地交警部门对事故综合调查分析后作出责任认定:事故的起因虽是驾驶员违章让旅客在高速公路下车,但死者的行为是构成此事故的主要因素,应负事故主要责任;驾驶员的行为是构成此事故的次要因素,应负事故的次要责任;小轿车驾驶员不负责任。

(6)失火事故。

这类事故在高等级(速)公路交通事故中所占比例不高,但由于高等级(速)公路本身的特点,难以组织扑救,其损失要比普通道路大得多。例如,2004年7月17日21时许,在长常高速公路106km+325m处,一辆小客车与前面大货车追尾相撞,小客车插入大货车底部后突然起火,造成3人死亡,小客车报废,大货车及货物受损。

(7)操作不当引发交通事故。

据《河北省高速公路2003年交通事故分析及预防对策》通报,因采取措施不当造成交通事故667起,占事故总数的41.22%。通常,驾龄3年以内的年轻驾驶员占这类交通事故总数的90%以上。由于高等级(速)公路车速较快,许多年轻驾驶员经验缺乏,遇到突发事件,反应不及时,很容易将转向盘打得过大而发生与公路护栏相撞的事故。例如,2004年8月12日零时20分左右,一辆牵引车由南往北在快车道上行驶,当行驶至京珠高速公路韶关北段时,驾驶员发现前面有警告标志,于是往右打转向盘,与一辆货车在慢车道上发生碰刮。致使货车失控向右滑行,撞倒右边防护栏,并撞向草地上的游人及现场正在值班的交警,造成16人当场死亡,23人受伤,其中2人送医院后死亡。

二、当前我国道路交通安全的态势

据公安部交管局提供的数字显示,我国目前汽车保有量为2000多万辆,只占世界的2%,而交通事故总量由1986年的29万起上升到2002年的77万起,年均增长6.3%,这意味着每1分钟就有1.46起车祸发生;交通事故死亡人数由1986年的5万人上升到2003年的10.43万人,年均增长5%,约占全球交通事故死亡人数的15%~20%;交通事故死亡人数从20世纪80年代末至今,连续10余年居世界第一。

我国交通事故的致死率是最高的,为27.3%,而美国为1.3%,日本只有0.9%。北京与东京是两个人口规模相当的城市,但北京的交通事故致死率为14%,东京则为0.7%。

近年我国道路交通事故综合统计结果见表11-1。

我国近年道路交通事故综合统计表 表11-1

年 份	事故起数	死亡人数	受伤人数	经济损失(亿元)	万车死亡人数
1990	250297	49271	155072	3.63	33.83
1991	264817	53292	162019	4.28	32.15
1992	228278	58292	144264	6.44	30.19
1993	242343	63508	142251	9.99	27.24
1994	253537	66362	148117	13.3	324.26
1995	277685	71494	159308	15.20	22.40
1996	287685	73655	174447	17.20	20.1
1997	300000	73000	190000	18.50	17.3
1998	346129	78067	222721	19.30	17.1

续上表

年 份	事故起数	死亡人数	受伤人数	经济损失(亿元)	万车死亡人数
1999	412860	83529	286080	21.24	15.45
2000	616971	93853	418721	26.69	15.60
2001	754919	105930	546485	30.88	15.45
2002	773000	109000	562000	33.24	
2003	667507	104372	494174	33.7	10.8
2004	517889	107077	480864	23.9	9.9
2005	450254	98738	469911	18.8	7.6

注:2004年前数据来源:公安部历年道路交通事故统计发布,摘自《中国公路》2004年第10期;2004年和2005年数据来自中国网中央政府门户网站。

三、现阶段我国高速公路交通事故特点分析

由于高速公路全封闭、分道行驶、有完善的设施,有严密的现代化交通管理与控制,致使交通事故率比一般公路低得多。比如,广深高速公路的事故率仅为当地一般公路的1/10,死亡率比一般公路减少2/3;沈大高速公路与旧路相比,每百万车公里交通事故率平均下降36%。但高速公路一旦发生交通事故,往往是重大以上事故,甚至是特大恶性事故,一次事故殃及的车辆数多、伤亡率高,并在处理事故中又往往造成大面积交通阻塞。因此,分析研究现阶段高速公路交通事故现象的特点,对我们寻找诱发高等级(速)公路交通事故的主要原因,制定预防高等级(速)公路交通事故的对策和措施,建立高等级(速)公路交通事故救援系统和救援机制,进一步搞好高速公路交通安全管理工作有着十分重要的现实意义。

与发生在普通公路上的交通事故相比,现阶段我国高速公路交通事故呈现出以下11个主要特点:

1. 高速公路发生重、特大、恶性交通事故的概率较大、所占比例较高

由于高速公路具有车流量大、汽车行驶速度高、运行动量大、冲击力强等特点,一旦发生车辆相互碰撞,往往酿成重、特大交通事故,后果严重,殃及车辆数多、死亡率高,这是高速公路交通事故的一个重要特点。据广东省公安厅交管局2004年8月27日通报,1~8月,发生在广东省高速公路上的交通事故总数为3079起,比去年同期上升4%,但死亡与受伤人数分别高达483人和1614人,分别比去年同期猛增64%和36%。据统计,在高速公路发生的交通事故中,轻微的交通事故所占比例微乎其微,而直接财物损失在1万元以上的事故为总数的70%~80%。

2. 在事故类型中,追尾碰撞事故所占比例大,这是高速公路交通事故的显著特点

据广东省公安厅交管局2004年8月27日通报,在广东省高速公路1~8月份发生的交通事故中,共有1795起交通事故表现为车辆追尾碰撞,占交通事故总数的57%,其中特大交通事故12起,占特大交通事故总数的37.5%。例如,2004年9月28日凌晨6时,济青高速公路青岛至平度段出现大雾,能见度只有20~30m,由于高速公路没有及时封闭,造成近百辆车追尾相撞。

3. 违章超速行驶是导致重特大交通事故的主要原因

据公安部通报,2004 年 8 月,因超速行驶造成一次死亡 3 人以上特大交通事故 48 起,死亡 176 人,受伤 172 人,分别占特大交通事故总数的 22.0%、21.0% 和 24.9%。这说明,在一次死亡 3 人以上的特大交通事故中,因超速行驶导致的事故超过 1/5。另据《河北省高速公路 2003 年交通事故分析及预防对策》通报,因超速行驶造成交通事故 138 起,占事故总数的 8.53%,与去年同期相比上升了 26.61%。广东省公安厅交管局在 2004 年 8 月 27 日的通报中也指出:因超速行驶引起车辆失控、爆胎是导致车辆发生追尾碰撞或碰撞护栏而造成重特大交通事故的主要原因。例如,2004 年 4 月 26 日下午,在江西九景高速公路上,一辆从九江开往湖口的中巴客车,在鄱阳湖大桥附近,撞上了高速公路隧道口,造成 7 人丧生、重伤 2 人的特大交通事故。后经交警部门勘查分析后认定,这是一起因驾驶员超速行驶导致的惨剧。

4. 违章超载引发的交通事故居高不下

据公安部通报,2004 年 8 月,因超载发生交通事故 1681 起,造成 712 人死亡,分别比 7 月份增长 5.3% 和 13.2%。又据广东省公安厅交管局 2004 年 8 月 27 日通报,车辆超载以及长时间超负荷运行导致机件失灵而引发交通事故,是京珠高速公路交通事故频发的一个重要原因。例如 2004 年 7 月 21 日 4 时许,在海南省万宁市辖区东线高速公路 125km 处,一辆中巴客车与停在路边的大货车相碰撞,造成 7 人当场死亡,15 人受伤。据警方调查,事故主要原因是严重超载,中巴车核定载客 20 人,实载 28 人;大货车核载 22.5t,实载 69t。另外,双方驾驶员疲劳驾驶、占道停车、不按规定设置警告标志也是事故发生的原因之一。

5. 疲劳驾驶经常导致恶性交通事故

在高速公路交通事故中,因驾驶员疲劳驾驶导致的交通事故,往往是恶性事故。据公安部通报:在 2004 年 8 月份全国发生的交通事故中,因疲劳驾驶导致的交通事故死亡人数为 420 人,比上月增加 40.9%。另据《河北省高速公路 2003 年交通事故分析及预防对策》指出,因疲劳驾驶造成交通事故 226 起,占事故总数的 13.97%。例如,2004 年 1 月 5 日 3 时 50 分,一辆大客车由南往北行驶至京珠高速公路湖南段 159km + 300m 处时,因驾驶员疲劳驾驶,与因故障未按规定停靠的大型货车追尾相撞,造成 6 人死亡、21 人受伤,两车、公路设施及货物严重受损达 10 余万元的特大交通事故。后经交警部门现场勘察和调查后认定:①大客车驾驶员疲劳驾驶且超速行驶(鉴定当时速度为 110km/h),违反了大型客车不得高于 90km/h 的规定,是造成此事故的主要原因,应负主要责任;②大货车驾驶员因机械故障停车后,未按规定设置故障车警告标志,是造成此次事故的次要原因,应负次要责任;③现场没有大客车制动痕迹,说明驾驶员在出事前精神已经是十分疲劳,没有采取任何安全措施;④大客车驾驶员和副驾驶员连续 12h 都在忙于接人、加油、修车、吃饭,而没有休息,驾驶员从晚上 12 点多接车至凌晨 3 时 50 分出事,连续驾驶超过 3h,已属过度疲劳。

6. 交通事故中新驾驶员所占比例较大

新驾驶员在一般公路和高速公路上发生交通事故的比例都很大。新驾驶员由于缺乏行车经验和处理紧急情况的经验,很容易因采取措施不当而发生交通事故。据公安部通报:2004 年 8 月,3 年以下驾龄的驾驶员发生交通事故明显增多,共发生事故 15067 起,造成死亡 3077 人,受伤 15592 人,分别占事故总数的 34.9%、32.0% 和 34.0%。

7. 处置意外事件和采取措施不当诱发的交通事故比例也很高

在一般道路上，如遇机械故障、轮胎爆裂、突然失火、抛锚等情况时，由于车速不快，且容易在周围找到求助人员，一般不会造成太大损失。而在高速公路上情况则完全不同，由于高速公路车速很快，如遇意外情况更容易发生交通事故，而且发生的事故往往会造成很大的损失。《河北省高速公路2003年交通事故分析及预防对策》中指出，在全省高速公路发生的1618起交通事故中，因采取措施不当而造成的事故为667起，占事故总数的41.22%。例如，2004年5月12日14时许，一辆大客车，行驶至乍嘉苏高速公路嘉兴段7号桥时，为避让前方突然变换车道的一辆桑塔纳轿车，因处置不当加之下雨路滑，大客车冲向路边翻出护栏，坠落在落差7.6m的桥底泥地上，车身倒扣，造成23人死亡、10人受伤、车辆严重损毁的特大交通事故。

8. 高速公路出入口和隧道内外交通事故经常发生

据广州市公安局交警部门分析，在高速公路出入口路段和隧道内外交通事故发生概率较高。例如2004年2月29日23时30分左右，在浙江甬台温高速公路平苍路段箭岙隧道内，一辆厢式小货车发生翻车，汽车掉转头停在超车道上，并在事故现场做好警戒标记。几分钟后，一辆大货车在离事故现场约30m的主车道上停车，紧接着一辆大客车在行驶到事故现场时，制动不及时，与货车发生刮擦，并在大货车前方约50m处停车。就在这辆客车开始疏散车上的乘客时，又一辆大客车突然高速驶入隧道，先撞上厢式小货车，再撞上停在主车道上的大客车，酿成4人死亡、18人受伤的特大交通事故。

9. 恶劣天气极易诱发大面积交通事故

高速公路一般都延展到郊外，穿山越岭，地形复杂，气候多变。特别是在地势较低、较潮湿的中部和南部平原地区，雨天和雾天较多，很容易诱发大面积交通事故。例如，2004年9月1日晚10点多钟，在北京至上海、北京至福州高速公路泰安至济南段，由于持续降雨，路面湿滑，30多辆大货车在下坡时发生连环相撞交通事故，导致山东境内泰安至济南段高速公路发生大面积单向堵车，被堵车辆绵延长达20多km，延误时间超过10h。疲惫不堪的驾驶员们，只能靠从附近村民手中买方便面和矿泉水充饥。

10. 因机动车机械故障导致的交通事故明显上升

公安部2004年1月17日发布的《关于2003年全国道路交通事故情况的通报》中指出：在交通事故死亡人数总体下降的情况下，因机械故障导致的交通事故死亡人数略有上升。全年因机械故障造成的死亡人数为4527人，比2002年增加377人，上升幅度为9.1%。机械故障主要是制动失效和制动不良，此两项分别造成1389人和1972人死亡，分别比2002年增加138人和134人，增长幅度分别为11.0%和7.3%。例如2004年9月15日凌晨2时24分，在甘肃省的柳古高速公路安远收费站，一辆严重超载（实载近28t）的双桥康明斯货车从乌鞘岭大坡上冲了下来，正在主车道缴费的另一辆双桥康明斯货车和紧随其后的黑色桑塔纳轿车还没有来得及作出反应，就被失控的双桥康明斯货车撞出10多m远，然后又撞向收费亭，结果造成2名收费员、肇事车3人和黑色桑塔纳车上的4人当场死亡，3人受伤。事故原因，经高速公路巡警勘查现场后初步认定，这次特大交通事故是制动失灵而追尾相撞的。具体可能是由于坡长、坡陡、超载、驾驶员下坡时频繁制动等原因造成的。

11. 因爆胎导致的交通事故有明显上升的隐患

据中国交通运输经济快讯2004年9月24日报道：在高速公路发生的交通事故中，仅爆胎一项就占30%左右。当机动车行驶速度达到160km/h以上时发生爆胎,死亡率就接近100%。2004年“3.15”前夕,在北京进行的中国首次汽车消费者轮胎安全检测显示:91%的参测车轮胎存在安全隐患。例如2004年8月22日14时许,在广东汕汾高速公路上,一辆由汕头往福建方向行驶的吉普车在10km处,因车前轮胎爆裂,失控冲向并撞倒中间隔离栏,与对向行驶的大客车相撞,造成吉普车内4人死亡,大客车翻车。

四、高速公路交通事故的主要原因

现将沪蓉高速公路和京珠高速公路经过湖北省境内的几条典型路段在2002年度发生交通事故的原因整理如下(见表11-2),从这些交通事故的统计数据中,可以分析出引发高速公路交通事故的主要原因:

典型路段交通事故原因调查表

表11-2

路　段		汉宜	汉宜	黄黄	京珠
(km)		28～128	28～226		29～116
事故总数		433	291	212	216
超速行驶	事故数	66	62	18	17
	比例(%)	15.2	21.3	8.5	7.9
疲劳驾驶	事故数	10	54	28	482
	比例(%)	2.3	18.6	13.2	2.2
违章装载	事故数	6	8		
	比例(%)	1.4	2.7		
措施不当	事故数	196	104	42	81
	比例(%)	45.3	35.7	19.8	37.6
疏忽大意	事故数	59		23	
	比例(%)	13.6		10.9	
机械故障	事故数	9	19	69	10
	比例(%)	2.1	6.5	32.6	4.6
合计	事故数	346	247	180	156
	比例(%)	79.9	84.9	84.9	72.2

从表11-2可以看出,超速行驶、疲劳驾驶、违章装载、措施不当、疏忽大意、机械故障6种原因所引发的高速公路交通事故各占一定比例,但它们引发的事故之和所占比例超过80%,甚至接近85%。由此可见,高速公路交通事故的绝大多数是这6种原因引起的,而其他原因引发的事故所占比例很小,只有15%左右。

●第六节　交通事故预防●

根据交通工程学理论,驾驶员、车辆、道路(公路、通行环境)是高等级(速)公路交通环境的3大要素。因此,研究高等级(速)公路交通事故的预防对策,就必须分析研究这3大要素对交通事故的影响。

一、驾驶员因素

在与事故有关系的人、车、路(公路、通行环境)3 类要素中,人的因素明显占绝对比例,而车和路作为事故的诱因所占比例很小。这些数据同时也表明,在高等级公路交通事故中,尽管有其他因素的影响,但人的因素无疑是最主要的。因此,在进一步分析研究驾驶员操作反应特性、视觉机能、饮酒和疲劳等生理现象的同时,要切实加强对驾驶员遵守交通法规的安全教育是极为重要的。

二、汽 车 因 素

我国高等级公路上行驶的汽车品种繁多,性能差异较大。就国产汽车而言,除个别合资生产的小轿车外,目前尚无适合高速公路行驶的车辆,特别是大、中型货运及客运车辆表现尤为明显。据有关部门统计,因爆胎、机件失灵等车辆自身故障造成的事故占了事故总数的21%。

三、道路环境因素

1. 高度重视高速公路线形设计与交通事故的联系

大量交通事故统计资料表明,高速公路的线形设计与交通事故有必然联系,而驾驶员的视觉感受与高速公路线形间的关系,日益引起人们的重视,成为研究交通安全的一个新课题。例如,京津塘高速公路 54km ~ 56km 历来为事故多发地段。运营初期,交通事故不断出现,甚至包括管理部门的巡逻用车。后经专家分析,该路段为大半径曲线向小半径曲线过渡的"S"弯道,由于京津塘高速公路的弯道设计半径大部分在 5000m 以上,驾驶员在曲线半径很大的弯道上行驶时往往会误认为是直线,当进入较小曲线半径的"S"弯之拐点时,才发现前边仍是弯道,此时驾驶员紧急转向的反应时间至少需要 3s,当车速超过 150km/h 时,由于弯道的预留长度不够,车辆就容易驶出道路边缘而发生事故。

2. 合理设置安全标志、标线和可变情报板

①合理设置安全标志、标线、可变情报板,能提高驾驶员的注意力,引导驾驶员采取正确措施,避免事故发生。

②在冰、雪、雾、雨等特殊天气条件下,有必要设置一定数量的临时安全标志,以警示驾驶员谨慎驾驶。

③行车道与路肩之间的标线,经试验可由反光道钉来代替。反光道钉在夜间的反光很强,如果驾驶员疲劳驾驶,车轮一旦驶上反光道钉,产生的振动会将驾驶员振醒。

四、交通事故预防对策与控制方案

1. 恶劣天气时的对策

冰、雪、雾恶劣天气下,由于路面摩擦力小、能见度低,使交通事故发生率高,并容易诱发一起或一连串事故。现介绍济青高速公路在雾、雪、雨、冰雹、大风、结冰等天气时的控制方案:

1)雾

轻雾。能见度在 100m 以内时,范围较大,影响车辆的正常运行,造成交通不畅,有轻微事故发生或造成单车道阻塞。此种情况列入 1 号控制方案。

大雾。能见度在 50m 以内时，范围较广，影响车辆的行驶，路面阻塞严重，时有事故发生或造成单幅车道阻塞。此种情况列入 2 号控制方案。

特大雾。能见度在 10m 以内，严重影响交通，事故频繁发生，造成道路严重阻塞或车辆不能上路行驶，必须绕道行驶。此种情况列入 3 号控制方案。

2）雪

小雪。雪的厚度小于 1cm，能见度在 100m 以内，范围较大，影响车辆的正常运行，造成交通不畅，路面较滑，需减速行驶，有轻微事故发生或造成单车道阻塞。此种情况列入 1 号控制方案。

中雪。雪的厚度大于 1cm，小于 3cm，能见度在 50m 以内，范围较大，影响车辆的行驶，路面阻塞严重，时有事故发生或造成单幅车道阻塞。此种情况列入 2 号控制方案。

大雪。雪的厚度在 3cm 以上，能见度在 20m 以内，严重影响交通安全，事故频繁发生，造成道路严重阻塞或车辆不能上路行驶，必须绕道行驶。此种情况列入 3 号控制方案。

3）雨

小雨、中雨。降水量在每日 20mm 以下时，能见度在 100m 以内时，基本不影响交通，但由于路面比较湿滑，车辆需减速慢行，有轻微事故发生或造成单车道阻塞。此种情况列入 1 号控制方案。

大雨。降水量在每日 20 ~ 50mm，能见度在 50m 以内，影响车辆的行驶，路面阻塞严重，时有事故发生或造成单幅车道阻塞。此种情况列入 2 号控制方案。

暴雨和急雨。降水量在每日 50mm 以上，能见度在 20m 以内，路面积水，或造成路基塌陷，严重影响交通安全，事故频繁发生，造成道路严重阻塞或车辆不能上路行驶，必须绕道行驶。此种情况列入 3 号控制方案。

4）冰雹

冰雹直径小于 2mm，冰雹范围较小，基本不影响交通，有轻微事故发生或造成单车道阻塞。此种情况列入 1 号控制方案。

冰雹直径 2 ~ 4mm，影响车辆行驶，路面阻塞严重，时有事故发生或造成单幅车道阻塞。此种情况列入 2 号控制方案。

冰雹直径在 4mm 以上时，严重影响车辆交通安全，事故频繁发生，造成道路严重阻塞或车辆不能上路行驶，必须绕道行驶。此种情况列入 3 号控制方案。

5）风

当出现 1 级至 6 级风力在 10.8m/s 以下的侧向风，基本不影响交通，有轻微事故发生或造成单车道阻塞。此种情况列入 1 号控制方案。

当出现 6 级以上、10 级以下、风力在 10.8m/s 以上的侧向风时，影响车辆行驶，路面阻塞严重，时有事故发生或造成单幅车道阻塞。此种情况列入 2 号控制方案。

当出现 10 级以上大风或台风、飓风时，严重影响车辆交通安全，事故频繁发生，造成道路严重阻塞或车辆不能上路行驶，必须绕道行驶。此种情况列入 3 号控制方案。

6）路面结冰

出现结冰范围较小，路面结冰小于 30%，有轻微事故发生或造成单车道阻塞。此种情况列入1号控制方案。

出现结冰范围较大，路面结冰小于50%，影响车辆的行驶，路面阻塞严重，时有事故发生或造成单幅车道阻塞。此种情况列入2号控制方案。

出现结冰范围较大，路面结冰大于50%，严重影响车辆交通安全，事故频繁发生，造成道路严重阻塞或车辆不能上路行驶，必须绕道行驶。此种情况列入3号控制方案。

2.1、2、3号控制方案介绍

1)1号控制方案(见图11-2)

情况汇报：当交通不畅时，监控人员应在5min内，把出现交通不畅的具体位置和原因向监控分中心、监控中心报告。

采取5项措施：

①向路政、养护、收费站、交警等部门通报异常情况，并要求有关人员尽快赶到现场，疏散车辆，维持交通秩序，确保交通安全。

②路政人员应在情况异常路段增加巡逻次数，并用车载广播提醒驾驶员注意安全，车速不得超过60km/h，车距不能小于100m，严禁随便停车。

③养护人员采取相应措施，确保路面状况良好，并在异常情况路段内每隔2km设立警示牌或临时限速标志。

④在前方可变限速标志、可变情报板和收费站入口处的警示牌上，显示限速60km、注意情况异常路段、谨慎驾驶的信息。

⑤经监控中心领导同意并完成审批程序后，可通知养护部门封闭单车道。封闭单车道时，应在前方1km处设安全标志、导向标志和限速标志，并在相邻车道的交界处，间隔20m放置锥形标。如在夜间封闭，应在前方1km处增设频闪灯或安全警示灯。

2)2号控制方案(见图11-3)

情况汇报：当交通阻塞严重，造成单幅车道阻塞，事故频繁，路况恶劣，车流极缓慢时，监控人员应在5min内，把出现的具体情况、位置和原因向监控分中心、监控中心报告，请示领导的意见和指示。

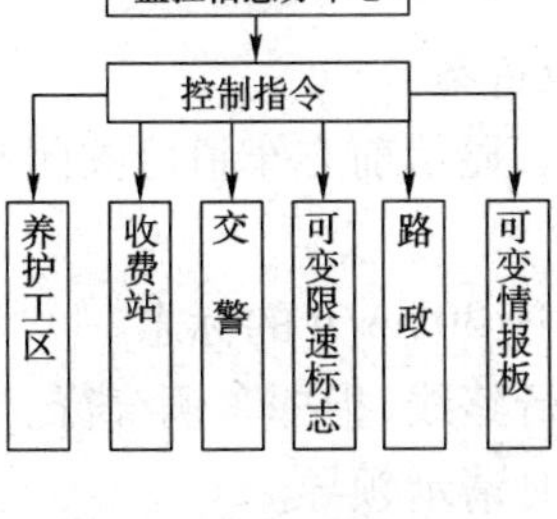

图11-2　1号控制方案

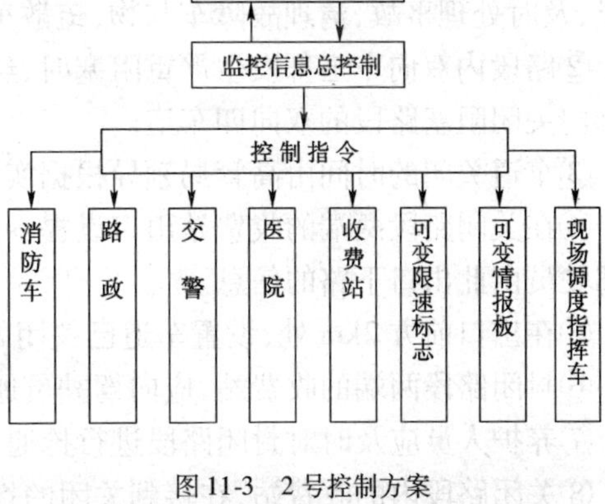

图11-3　2号控制方案

采取9项措施：

①向路政、养护、收费站、交警、医院等部门通报情况，并要求有关人员尽快赶到现场，救助

伤员，及时处理事故，清理故障车与物，疏散车辆，维持交通秩序，确保交通安全。

②在前方 1km 处设置限速 30km/h 的标志牌，车距不得小于 150m。

③经监控中心领导同意并完成审批程序后，可通知养护部门封闭单车道。

④封闭点应选在被封路段前的收费站入口处，设立禁行标志，并在出口前 2km 处设提示驾驶员“前面路段异常，请由前方路口出站绕行”的信息牌。

⑤在前方 1km 处设限速 30km/h 的标志牌，出口处设限速 10km/h 的标志和导向标志。

⑥养护人员应及时对异常路段进行维护，争取在 12h 内抢通。

⑦关闭一条入口车道，控制上车时间间隔大于 3min；

⑧在收费站入口处设提示牌，向驾驶员通报路段情况。

⑨在相对应的可变限速标志和可变情报板上，显示“限速 30km/h 行驶和单幅车道已关闭，请在 Y 站下路绕行”的信息。

3)3 号控制方案(见图 11-4)

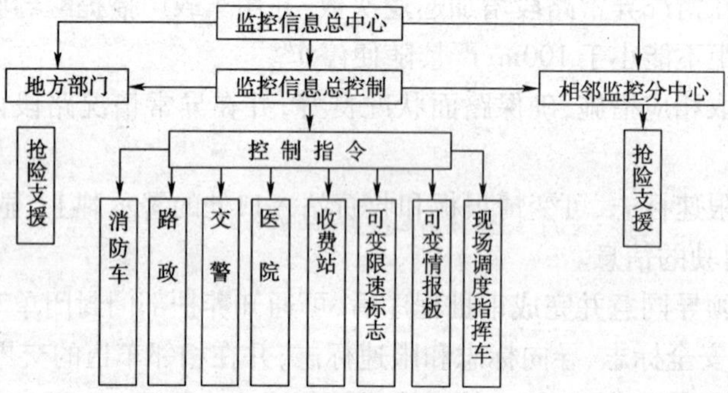

图 11-4 3 号控制方案

情况汇报：当交通阻塞更加严重、车辆无法通行时，监控人员应在 5min 内，把出现的具体情况、位置和原因向监控分中心、监控中心报告，请示领导的意见和指示。

采取 9 项措施：

①向路政、养护、收费站、交警、医院等部门通报情况，并要求有关人员尽快赶到现场，救助伤员，及时处理事故，清理故障车与物，疏散车辆，维持交通秩序，确保交通安全。

②路段内双向车道都发生严重阻塞时，经监控中心领导同意并完成审批程序后，可通知养护部门关闭阻塞路段的双向四车道。

③车道关闭的时间由高管局领导根据实际情况确定，并报上级备案。

④在关闭路段两端的收费站出口设提示牌、引导牌和安全标志，显示前方车道已关闭和提示驾驶员由此出口下路的信息。

⑤在出口前方 2km 处，设置车道已关闭的信息提示牌，并设限速 30km/h 的标志。

⑥封闭路段两端的收费站，应向驾驶员通报关闭情况，指明绕行路线，指挥车辆绕行。

⑦养护人员应及时对封闭路段进行抢通工作，需要支援时，及时请示领导。

⑧关闭路段内的收费站，在接到关闭的指示后，应立即关闭上车道。

⑨在相应的可变情报板和可变限速标志上，显示前方该路段已关闭的信息，提示驾驶员注意。

五、高等级公路交通事故的监视与排除

高等级(速)公路交通事故监视系统,是迅速排除事故、减少事故对交通流影响的基础。

交通事故监视系统主要有:电子监视、闭路电视、航空监视、救援装置和紧急电话、驾驶员互助救护系统、民用频道无线电、巡逻车。也可根据经济实力及道路建设情况,利用现有的公路监视系统。

高等级(速)公路交通事故的排除,需要高等级(速)公路路政、公安、医疗、消防、救援者等部门的默契配合。

当监控中心得知交通事故发生的信息后,应立即通知路政、养护、公安、医疗、消防、救援等单位,迅速赶到现场,组成事故排除临时指挥机构。各部门通常分工如下:

①公安部门负责勘察现场、疏导交通、依法处理事故。

②路政部门负责勘察路产损失、排除路障和清理事故现场、依法索赔路产损失。

③养护部门负责迅速恢复被破坏的交通构造物及设施。

④医疗、消防、救援部门按与高速公路管理部门签订的服务合同,及时抢救伤员,灭火救援,为求救车辆提供服务。

⑤监控中心应及时发出各种控制交通的信号。

由于事故排除是一项系统工作,各部门要各负其责、紧密配合、协调工作。事故现场勘察处理完毕后,要迅速解除紧急状况下的交通管制,恢复正常交通。

•第七节　排障救援系统•

一、高等级(速)公路排障救援的意义

事故发生后的尽快施救、缩短被困伤员的获救时间,是减少事故死亡率的关键。另外,实施快速排障施救,可有效地避免交通拥挤,确保道路车辆畅通和高速公路的运行效益。

由于高等级(速)公路是完全或部分控制出入的,若发生交通事故,不可能像一般公路哪样,可以依靠当地力量进行及时紧急救援,所以,在服务区或管理中心都应建立排障救援系统。一旦接到紧急求救电话,就应立即启动高等级(速)公路紧急救援系统,出动救援队伍和救援车辆,实施紧急救援。

二、建立排障救援系统的目的

高等级(速)公路交通事故的发生,常会造成人员伤亡、车辆损坏、火灾、污染及道路设施损坏等结果。同时,停在道路上的车辆极易引发二次事故,严重影响道路的安全畅通。因此,高等级(速)公路管理机构实施清障的主要目的是及时、快速、安全的清除故障车辆和事故现场,及时抢救伤员和国家财产,努力降低事故发生率,确保道路安全、畅通,为公路使用者提供安全、快捷、舒适的行车环境,以求最大限度的吸引车流量,增加通行费收入,充分发挥高速公路的经济效益和社会效益,促进高速公路事业的快速发展。

三、排障救援系统的主要任务

(1)及时获取交通事故发生的信息,协调有关方面迅速采取紧急救援行动。

(2)交通事故发生后,提供紧急服务,包括消防、救护、环保、车辆牵引、起吊、供应燃油等,并进行事故现场清理。

(3)为发生故障的车辆提供紧急救援、拖带、维修等服务,帮助他们摆脱困境。

(4)事故发生后对事故现场施行交通管制,维持交通正常秩序,向过往车辆提供前方道路信息。

(5)事故的发生常伴随人员伤亡,应迅速运送伤员到最近的医院抢救。

(6)实施紧急救援:

①车辆发生事故或因故障不能行驶时,应立即开启危险信号灯,并在车后设置警告标志,人员应撤至右侧硬路肩;

②高等级(速)公路管理机构接到紧急报告后,应立即赶赴现场,实施救援,疏导交通,确保道路车辆畅通。

四、排障救援工作应遵循的主要原则

高速公路发生障碍而需要排障救援的现象,主要是发生交通事故或车辆损坏形成的障碍;车辆因故障不能行驶形成的障碍;车辆违章占道形成的障碍等。

排障救援是高速公路管理机构为保障公路安全、畅通,而必须采取的一种措施,在实施排障救援工作时应遵循以下主要原则:

1. 及时性

对高等级(速)公路而言,由于车速高、车流量大,当车辆因故障抛锚或发生交通事故时,必然导致通行能力下降,产生交通拥挤或交通中断,致使高等级(速)公路经济效益和社会效益下降。因此,为保证高等级(速)公路通行能力不受或少受影响,必须以最快的反应速度、用最短的时间排除事故和故障车辆,确保道路畅通。

2. 服务性

由于高等级(速)公路一般远离城区,具有全封闭或部分封闭的特征,这就决定了当车辆发生故障或事故时,驾乘人员无法便捷、快速地获得救援。因此,清障救援人员就必须在保证清障救援紧急工作顺利进行的同时,为驾乘人员尽量提供各种优质服务。

3. 强制性

由于高等级(速)公路车速高、车流量大,当车辆因故障抛锚或发生交通事故时,若清障救援工作不及时,极易发生“二次事故”。因此,高等级(速)公路管理机构应根据相关法律法规,实施强制性清障工作。当车辆不能正常行驶,又无法在短时间内(通常为30min)修好时,则将其拖离高等级(速)公路,以确保过往车辆的畅通,维护广大用路人的权益,为社会提供“安全、快捷、舒适”的行车环境。

五、排障救援队伍和装备

要做好高等级(速)公路排障救援工作,就必须根据高速公路的交通环境、行车特点、车流量构成和管理机构设置等因素,建立一支训练有素、技术精湛的清障专业技术队伍,配备能满足清障所需的专用车辆、机械设备等,才能实现快速反应、及时清障,为广大道路使用者提供优质服务。

高等级(速)公路排障救援队伍和车辆、机械设备的配备,通常以30~50km作为一个管理单元,设一个4~5人的清障班(组),包括特种车辆驾驶员和专业清障人员等;配备大、中、小齐全的排障车(拖车)、吊车、平板车、故障(事故)现场安全标志,以及抢险救援必备的装备。

六、排障救援工作须知

1. 交通事故现场救护原则

在判明情况的前提下,先抢救危重伤员,后护理一般伤员;先救治危及生命的严重损伤,后护理一般损伤;在不加重可能是隐蔽伤的条件下,进行明显损伤的处理和伤员的翻动、搬运。

2. 对救援人员和排障救援工作的要求

①从事排障救援作业的人员,必须接受过专门的安全教育和排障救援作业规程的训练。

②进入高等级(速)公路的作业人员必须穿着安全标志服。

③救援人员不得随意走出救援作业区,不得将任何救援设备置于作业区外。

④救援人员应按作业要求设置好救援作业区,不得随意变更。

⑤救援结束后,应撤销所有的交通引导、控制装置,恢复正常交通秩序。

3. 排障救援工作程序

①救援人员到达事故现场后,首先应在事故现场摆放好有关标志,以避免其他车辆重复出现交通事故。

②将滞留人员撤离危险区并抢救伤员,同时防止有毒、有害、易燃、易爆物的侵害。

③抢救贵重物品及乘客财产。

④保护路产。

⑤生活保障:事故处理期间,路政人员应对事故当事人及其他有关人员提供饮食安排与服务。

4. 拖带清障常识

1)拖带

拖带,指对高等级(速)公路上故障车辆的牵引。拖带中应注意:

①拖带前应向当事人出示"高等级(速)公路车辆救援作业收费标准",事先讲明收费数额,严禁乱收费。

②一般简易拖带在抵达现场后,应先安排专人摆放有关标志牌;移动作业时应有人手持指挥旗(灯)疏导车流。对占用车道时间较长,装载复杂的拖带,应实行作业现场交通管制。管制方式可依据实际情况适当调整、简化。

③无论何种情况,牵引拖带作业均不准逆行,牵引车亦不准同时拖带一辆以上车辆。

2)清障

清障,指清除因事故或其他原因滞留在高等级(速)公路上的损毁车辆或物资。清障时应注意:

①大规模清障应按作业现场交通管制办法摆放有关标志、设施。

②一般规模清障，只设警示区、渐变区和作业区，相应的标志设施要求与大规模清障相同。

③小规模清障由于机动性强，可于现场前方500m处设置第一级限速标志，200m后设置第二级限速标志，采用渠化隔离装置布设作业区及改道，于后方100m处设解除限制标志。

④排障遇有易燃、易爆、有毒物品时，应采取防毒、防接触等必要措施，确保人身安全。

⑤清障完毕后，要清扫作业区，将残留废物品清出现场，及时撤除有关标志。

案例介绍

成渝高速公路重庆段为预防交通事故采取的措施

近年来，成渝高速公路重庆段的交通安全管理取得了显著的成绩。据统计，2003年特大交通事故发生的次数与2002年同比下降50% ，同时未发生死亡10人以上的特大交通事故；死亡人数占上级下达年度安全目标控制数的44.8%，与2002年同期相比下降了7个百分点；百万车事故率0.21，同比下降32.3%；百万车公里死亡率0.071，同比下降18.4%；受伤386人，同比下降24.5%；百万车公里受伤率0.33，同比下降49.2%。其为保障高速公路安全畅通所采取的措施值得借鉴。采取的主要措施如下：

一、雾天安全行车的管理措施

自成渝高速公路通车以来，重庆路段高速公路管理部门针对该地区冬季道路多雾的气候特点，采取了一系列管理措施来加强雾天的行车安全管理，减少事故、人员伤亡和路产损失。实践证明，这些措施是比较有效的。

1.设立提示警告标志

在收费站入口的各车道设醒目“前方雾大，减速行驶，保持车距”的提示牌，让驾驶员在行车过程中提高警惕。在事故多发地段或多雾地段设置可变情报板，使驾驶员知道车辆即将进入危险地段。

2.开启广播

各收费站均配有广播，遇雾天，通过广播播放雾天行车注意事项。比如“前方有雾，请开启防雾灯、示宽灯，放慢车速，保持车距”等简短提示注意事项。

3.散发提示卡

凡遇雾天，车辆进入高速公路收费站时，工作人员向驾驶员散发1张雾天行车提示卡，这不但在当时起到了提示作用，事后也是一种宣传。

4.加大巡逻密度

巡逻过程中，开启示警灯和喇叭，并通过车载喇叭喊话提示驾驶员注意安全。若遇浓雾区，在进入雾区前靠港，闪灯、喊话提示驾驶员，使驾驶员提前降低车速安全进入雾区，慢速行驶。因为在视线好时车速较快，突然进入雾区就紧急制动减速，这是最容易发生追尾事故的时候。

5.限时控制放行车辆

能见度在50~100m时，收费站入口限时控制间断放车，一般10~20辆车放行一次，也可10min左右放行一次，这样让驶入的车辆结队而行，车速自然也就放慢了。

6. 用路政巡逻车带出雾区

在能见度 50m 以下，且雾区距离不长时，采取用路政巡逻车带头强行控制车速的办法，将车队带出雾区。若雾区过长，将暂时封闭高速公路。

7. 在特殊地段设置特殊标志

若路段特殊，比如有路障时，使用目前国内较先进的"移动标志车"，将"移动标志车"设置在路障前方不少于 100m 的明显地方，同时开启闪烁标志和扩音器（警笛）。

8. 事故现场处置要快

雾天交通事故往往是连续追尾，这就要求路政、交警人员要快速反应，一旦发生事故，路政、交警人员要以最快的速度赶赴现场，清理现场一定要快，避免连续发生追尾事故。到现场后，除了现场处理人员外，一定要派出 1 ~ 2 名路政员，向来车方向移动并用半导体喊话，提醒驾驶员前方有事故发生，降低车速，避免车辆乱停乱放，堵塞道路，影响救援。

9. 入口控制

严禁车况差、灯光不齐，且时速低于 60km/h 的车辆驶入高速公路，尽量减少道路的故障车辆，创造安全、畅通的道路行车条件。

10. 对超限车辆进行控制

凡遇雾天，在入口处一定要将"超宽、超高、超重"车控制在路外。这些车辆进入高速公路，因时速慢、占道宽，影响其他车辆的正常行驶，这些车辆放行一辆就是一个事故隐患，所以当这些车辆经批准放行后，要适当地安排巡逻车开道或护送，将其安全地送出高速公路。

二、恶劣天气条件下救援采取的方法与措施

高速公路"救援系统"对确保道路"安全、畅通、高效"有着举足轻重的作用。因此，应特别强调一体化管理，步调一致，行动迅速，应形成全天候运转的紧急救援体系，并配备训练有素的救援人员和必要的设备、装备。

1. 救援人员进行救援工作时的要求

①应对在高速公路上从事救援作业的人员进行专门的安全教育和救援作业操作规程的训练。

②进入高速公路的作业人员必须穿着安全标志服

③救援人员不得随意走出救援作业区，不得将任何救援设备置于作业区外。

④救援人员应按要求设置好救援作业区，不得随意变更。

⑤救援完毕后，应将所有的交通引导，控制装置撤销，恢复正常的交通秩序。

2. 路政救援应遵循以下的救援程序

①救援人员到达事故现场后，应首先在事故现场摆放有关标志，以避免其他车辆重复出现交通事故。

②将滞留人员撤离危险区并抢救伤员，同时防止有毒、有害、易燃、易爆物的侵害。

③抢救贵重物品及乘客财产。

④保护路产。

⑤生活保障：事故处理期间，路政人员应对事故当事人及其他有关人员提供饮食安排与服务。

3. 一般拖吊、清障时应采取的措施

①向监控中心报警的拖吊,应先了解被拖吊车辆的吨位、车型情况,以决定出动拖吊车的大小、人员等。

②一般简易拖吊在抵达现场后,应先安排专人摆放好有关标志牌,移动作业时应有人持指挥旗(灯)疏导车流。对占用车道时间较长,装载复杂的拖吊,应实行作业现场交通管制,管制方式可依据实际情况适当调整。

③对于小规模的清障,由于机动性强,可于现场前方 500m 处开始没置第一级限速标志,200m 后设置第二级限速标志,采用渠化隔离装置布设作业区或改道,于后方 100m 处设解除限速标志。

④排障易燃、易爆、有毒物品时,要采取防毒、防接触等必要措施,确保人身安全。

⑤清障完毕后,要清扫作业区,将残留废物清出现场,及时撤除有关标志。

4. 重大事故或大规模清障时,应采取交通管制

高速公路救援时,实行交通管制的通常有:重大事故、大规模清障等。交通管制主要是通过设置标志(包括移动式灯光导向车、指向标志、限速标志、隔离装置、路障事故、车道变化标志等),改变某一区段的交通流,引导车流安全通过,并保证人员安全。

三、其他措施

为保障高速公路安全,在日常管理中,还应采取以下措施预防交通事故。

①广泛开展交通安全宣传,增强群众交通安全意识。利用高速公路可变情报板、墙体、龙门架、广告牌等,广泛悬挂、张贴提醒或警示性的安全宣传横幅和标语,营造舆论氛围。

②排查路况隐患,督促整改隐患。探索事故发生规律,有针对性地开展隐患排查和督促整改。据统计,2003 年对全市 400 多 km 高速公路路面隐患、437 处标志设置等进行了排查,共排查出 53 处事故黑点、21 处重大事故较为集中路段,提出了相应的整改目标与管理对策,并及时通知事故高发驾驶员和相关的驻路公司予以整改。大部分整改建议得到落实,较好地保证了车辆安全通行的需要。

③加强施工安全管理,施工作业秩序得以规范。制订了施工管理办法,严格施工审批程序和现场管理,采取了施工作业人员施工前安全培训、开展重点巡逻及时规范施工标志、设立固定检查岗、建立施工预告及信息通报制度(每天向交通电台报送 2 次路况信息)等一系列措施,实现了全市 231 处施工点全年施工安全“零事故”记录。

④完善紧急预案协作单位制度。建立并完善了与相关医院 120 急救中心、消防特勤大队、大件运输公司等预案协作单位联动制度,在处置高速公路紧急事件时,各方联动,快速处置事故现场,提高交通事故“绿色通道”急救系统反应能力,最大限度地缩短抢救伤员时间,减少伤员死亡,确保高速公路畅通、有序。

⑤加强应急处置研究,制订和完善安全管理预案。通过对各路段路面、车流等实际情况的调查研究,制定多项管理措施,和应对大雾、暴雨等恶劣气候与其他突发事件、特殊环境、特殊情况下的交通控制应急处置预案和与之相应的勤务管理方式,进一步夯实事故预防基础工作制度。

复习思考题

1. 与一般公路及城市道路相比，高等级公路安全管理有哪 3 个特点？
2. 高等级公路安全管理的任务主要有哪 5 个？
3. 简述当前高等级公路交通安全管理体制。
4. 高等级公路交通管制的定义与目的是什么？
5. 高等级公路交通管制有哪 6 个特点？
6. 高等级公路交通管制的内容有哪 3 个方面？
7. 高等级公路交通监控系统由哪几部分组成？
8. 说明交通流 3 个基本参数之间的关系。
9. 从交通流 3 个基本参数分析，高等级公路交通流具有哪 4 个特征？
10. 简述高等级公路行驶安全管理的几个方面。
11. 调控高等级公路交通流密度的方式有哪 2 种？实施方法有哪 3 种？
12. 当前我国道路交通安全的态势如何？
14. 现阶段我国高速公路交通事故呈现出哪 11 个特点？
15. 引发高速公路交通事故的主要原因是哪 3 个？
16. 为什么违章超速行驶、超载和疲劳驾驶是高速公路交通事故发生的主要原因？产生这 3 种原因的根源是什么？
17. 简述高等级公路交通事故预防对策的要点。
18. 简述高等级公路排障救援工作的意义。
19. 高等级公路紧急救援工作应遵循哪些程序？
20. 高等级公路紧急救援系统有哪 6 项主要任务？
21. 危险货物运输的管理和应急措施有哪些？
22. 高等级公路排障救援应遵循什么原则？
23. 在高等级公路管理部门实习，熟悉交通管制的全过程。
24. 参加高等级公路交通事故的实际调研活动，并撰写调研报告或学习体会。

附录

高等级公路路政管理依据的主要法律法规

附录一　中华人民共和国公路法

(1997 年 7 月 3 日第八届全国人民代表大会常务委员会第二十六次会议通过　根据 1999 年 10 月 31 日第九届全国人民代表大会常务委员会第十二次会议《关于修改〈中华人民共和国公路法〉的决定》第一次修正　根据 2004 年 8 月 28 日第十届全国人民代表大会常务委员会第十一次会议《关于修改〈中华人民共和国公路法〉的决定》第二次修正)

第一章　总　　则

第一条　为了加强公路的建设和管理,促进公路事业的发展,适应社会主义现代化建设和人民生活的需要,制定本法。

第二条　在中华人民共和国境内从事公路的规划、建设、养护、经营、使用和管理,适用本法。

本法所称公路,包括公路桥梁、公路隧道和公路渡口

第三条　公路的发展应当遵循全面规划、合理布局、确保质量、保障畅通、保护环境、建设改造与养护并重的原则。

第四条　各级人民政府应当采取有力措施,扶持、促进公路建设。公路建设应当纳入国民经济和社会发展计划。

国家鼓励、引导国内外经济组织依法投资建设、经营公路。

第五条　国家帮助和扶持少数民族地区、边远地区和贫困地区发展公路建设。

第六条　公路按其在公路路网中的地位分为国道、省道、县道和乡道,并按技术等级分为高速公路、一级公路、二级公路、三级公路和四级公路。具体划分标准由国务院交通主管部门规定。

新建公路应当符合技术等级的要求。原有不符合最低技术等级要求的等外公路,应当采取措施,逐步改造为符合技术等级要求的公路。

第七条　公路受国家保护,任何单位和个人不得破坏、损坏或者非法占用公路、公路用地及公路附属设施。

任何单位和个人都有爱护公路、公路用地及公路附属设施的义务,有权检举和控告破坏、损坏公路、公路用地、公路附属设施和影响公路安全的行为。

第八条 国务院交通主管部门主管全国公路工作。

县级以上地方人民政府交通主管部门主管本行政区域内的公路工作;但是,县级以上地方人民政府交通主管部门对国道、省道的管理、监督职责,由省、自治区、直辖市人民政府确定。

乡、民族乡、镇人民政府负责本行政区域内的乡道的建设和养护工作。

县级以上地方人民政府交通主管部门可以决定由公路管理机构依照本法规定行使公路行政管理职责。

第九条 禁止任何单位和个人在公路上非法设卡、收费、罚款和拦截车辆。

第十条 国家鼓励公路工作方面的科学技术研究,对在公路科学技术研究和应用方面作出显著成绩的单位和个人给予奖励。

第十一条 本法对专用公路有规定的,适用于专用公路。

专用公路是指由企业或者其他单位建设、养护、管理,专为或者主要为本企业或者本单位提供运输服务的道路。

第二章 公路规划

第十二条 公路规划应当根据国民经济和社会发展以及国防建设的需要编制,与城市建设发展规划和其他方式的交通运输发展规划相协调。

第十三条 公路建设用地规划应当符合土地利用总体规划,当年建设用地应当纳入年度建设用地计划。

第十四条 国道规划由国务院交通主管部门会同国务院有关部门并商国道沿线省、自治区、直辖市人民政府编制,报国务院批准。

省道规划由省、自治区、直辖市人民政府交通主管部门会同同级有关部门并商省道沿线下一级人民政府编制,报省、自治区、直辖市人民政府批准,并报国务院交通主管部门备案。

县道规划由县级人民政府交通主管部门会同同级有关部门编制,经本级人民政府审定后,报上一级人民政府批准。

乡道规划由县级人民政府交通主管部门协助乡、民族乡、镇人民政府编制,报县级人民政府批准。

依照第三款、第四款规定批准的县道、乡道规划,应当报批准机关的上一级人民政府交通主管部门备案。

省道规划应当与国道规划相协调。县道规划应当与省道规划相协调。乡道规划应当与县道规划相协调。

第十五条 专用公路规划由专用公路的主管单位编制,经其上级主管部门审定后,报县级以上人民政府交通主管部门审核。

专用公路规划应当与公路规划相协调。县级以上人民政府交通主管部门发现专用公路规划与国道、省道、县道、乡道规划有不协调的地方,应当提出修改意见,专用公路主管部门和单位应当作出相应的修改。

第十六条 国道规划的局部调整由原编制机关决定。国道规划需要作重大修改的,由原编制机关提出修改方案,报国务院批准。

经批准的省道、县道、乡道公路规划需要修改的,由原编制机关提出修改方案,报原批准机关批准。

第十七条 国道的命名和编号,由国务院交通主管部门确定;省道、县道、乡道的命名和编号,由省、自治区、直辖市人民政府交通主管部门按照国务院交通主管部门的有关规定确定。

第十八条 规划和新建村镇、开发区,应当与公路保持规定的距离并避免在公路两侧对应进行,防止造成公路街道化,影响公路的运行安全与畅通。

第十九条 国家鼓励专用公路用于社会公共运输。专用公路主要用于社会公共运输时,由专用公路的主管单位申请,或者由有关方面申请,专用公路的主管单位同意,并经省、自治区、直辖市人民政府交通主管部门批准,可以改划为省道、县道或者乡道。

第三章 公路建设

第二十条 县级以上人民政府交通主管部门应当依据职责维护公路建设秩序,加强对公路建设的监督管理。

第二十一条 筹集公路建设资金,除各级人民政府的财政拨款,包括依法征税筹集的公路建设专项资金转为的财政拨款外,可以依法向国内外金融机构或外国政府贷款。

国家鼓励国内外经济组织对公路建设进行投资。开发、经营公路的公司可以依照法律、行政法规的规定发行股票、公司债券筹集资金。

依照本法规定出让公路收费权的收入必须用于公路建设。

向企业和个人集资建设公路,必须根据需要与可能,坚持自愿原则,不得强行摊派,并符合国务院的有关规定。

公路建设资金还可以采取符合法律或者国务院规定的其他方式筹集。

第二十二条 公路建设应当按照国家规定的基本建设程序和有关规定进行。

第二十三条 公路建设项目应当按照国家有关规定实行法人负责制度、招标投标制度和工程监理制度。

第二十四条 公路建设单位应当根据公路建设工程的特点和技术要点,选择具有相应资格的勘察设计单位、施工单位和工程监理单位,并依照有关法律、法规、规章的规定和公路工程技术标准的要求,分别签订合同,明确双方的权利义务。

承担公路建设项目的可行性研究单位、勘察设计单位、施工单位和工程监理单位,必须持有国家规定的资质证书。

第二十五条 公路建设项目的施工,须按国务院交通主管部门的规定报请县级以上地方人民政府交通主管部门批准。

第二十六条 公路建设必须符合公路工程技术标准。

承担公路建设项目的设计单位、施工单位和工程监理单位,应当按照国家有关规定建立健全质量保证体系,落实岗位责任制,并依照有关法律、法规、规章以及公路工程技术标准的要求和合同约定进行设计、施工和监理,保证公路工程质量。

第二十七条 公路建设使用土地依照有关法律、行政法规的规定办理。

公路建设应当贯彻切实保护耕地、节约用地的原则。

第二十八条 公路建设需要使用国有荒山、荒地或者需要在国有荒山、荒地、河滩、滩涂上挖砂、采石、取土的,依照有关法律、行政法规的规定办理后任何单位和个人不得阻挠或者非法收取费用。

第二十九条　地方各级人民政府对公路建设依法使用土地和搬迁居民，应当给予支持和协助。

第三十条　公路建设项目的设计和施工，应当符合依法保护环境、保护文物古迹和防止水土流失的要求。

公路规划中贯彻国防要求的公路建设项目，应当严格按照规划进行建设，以保证国防交通的需要。

第三十一条　因建设公路影响铁路、水利、电力、邮电设施和其他设施正常使用时，公路建设单位应当事先征得有关部门的同意；因公路建设对有关设施造成损坏的，公路建设单位应当按照不低于该设施原有的技术标准予以修复，或者给予相应的经济补偿。

第三十二条　改建公路时，施工单位应当在施工路段两端设置明显的施工标志、安全标志。需要车辆绕行的，应当在绕行路口设置标志；不能绕行的，必须修建临时道路，保证车辆和行人通行。

第三十三条　公路建设项目和公路修复项目竣工后，应当按照国家有关规定进行验收；未经验收或者验收不合格的，不得交付使用。

建成的公路，应当按照国务院交通主管部门的规定设置明显的标志、标线。

第三十四条　县级以上地方人民政府应当确定公路两侧边沟（截水沟、坡脚护坡道，下同）外缘起不少于一米的公路用地。

第四章　公路养护

第三十五条　公路管理机构应当按照国务院交通主管部门规定的技术规范和操作规程对公路进行养护，保证公路经常处于良好的技术状态。

第三十六条　国家采用依法征税的办法筹集公路养护资金，具体实施办法和步骤由国务院规定。

依法征税筹集的公路养护资金，必须专项用于公路的养护和改建。

第三十七条　县、乡级人民政府对公路养护需要的挖砂、采石、取土以及取水，应当给予支持和协助。

第三十八条　县、乡级人民政府应当在农村义务工的范围内，按照国家有关规定组织公路两侧的农村居民履行为公路建设和养护提供劳务的义务。

第三十九条　为保障公路养护人员的人身安全，公路养护人员进行养护作业时，应当穿着统一的安全标志服；利用车辆进行养护作业时，应当在公路作业车辆上设置明显的作业标志。

公路养护车辆进行作业时，在不影响过往车辆通行的前提下，其行驶路线和方向不受公路标志、标志限制；过往车辆对公路养护车辆和人员应当注意避让。

公路养护工程施工影响车辆、行人通行时，施工单位应当依照本法第三十二条的规定办理。

第四十条　因严重自然灾害致使国道、省道交通中断，公路管理机构应当及时修复；公路管理机构难以及时修复时，县级以上地方人民政府应当及时组织当地机关、团体、企业事业单位、城乡居民进行抢修，并可以请求当地驻军支援，尽快恢复交通。

第四十一条 公路用地范围内的山坡、荒地，由公路管理机构负责水土保持。

第四十二条 公路绿化工作，由公路管理机构按照公路工程技术标准组织实施。

公路用地上的树木，不得任意砍伐；需要更新砍伐的，应当经县级以上地方人民政府交通主管部门同意后，依照《中华人民共和国森林法》的规定办理审批手续，并完成更新补种任务。

第五章 路政管理

第四十三条 各级地方人民政府应当采取措施，加强对公路的保护。

县级以上地方人民政府交通主管部门应当认真履行职责，依法做好公路保护工作，并努力采用科学的管理方法和先进的技术手段，提高公路管理水平，逐步完善公路服务设施，保障公路的完好、安全和畅通。

第四十四条 任何单位和个人不得擅自占用、挖掘公路。

因修建铁路、机场、电站、通信设施、水利工程和进行其他建设工程需要占用、挖掘公路或者使公路改线的，建设单位应当事先征得有关交通主管部门的同意；影响交通安全的，还须征得有关公安机关的同意。占用、挖掘公路或者使公路改线的，建设单位应当按照不低于该段公路原有的技术标准予以修复、改建或者给予相应的经济补偿。

第四十五条 跨越、穿越公路修建桥梁、渡槽或者架设、埋设管线等设施的，以及在公路用地范围内架设、埋设管线、电缆等设施的，应当事先经有关交通主管部门同意，影响交通安全的，还须征得有关公安机关的同意；所修建、架设或者埋设的设施应当符合公路工程技术标准的要求。对公路造成损坏的，应当按照损坏程度给予补偿。

第四十六条 任何单位和个人不得在公路上及公路用地范围内摆摊设点、堆放物品、倾倒垃圾、设置障碍、挖沟引水、利用公路边沟排放污物或者进行其他损坏、污染公路和影响公路畅通的活动。

第四十七条 在大中型公路桥梁和渡口周围二百米、公路隧道上方和洞口外一百米范围内，以及在公路两侧一定距离内，不得挖砂、采石、取土、倾倒废物，不得进行爆破作业及其他危及公路、公路桥梁、公路隧道、公路渡口安全的活动。

在前款范围内因抢险、防汛需要修筑堤坝、压缩或者拓宽河床的，应当事先报经省、自治区、直辖市人民政府交通主管部门会同水行政主管部门批准，并采取有效地保护有关的公路、公路桥梁、公路隧道、公路渡口安全的措施。

第四十八条 除农业机械因当地田间作业需要在公路上短距离行驶外，铁轮车、履带车和其他可能损害公路路面的机具，不得在公路上行驶。确需行驶的必须经县级以上地方人民政府交通主管部门同意，采取有效的防护措施，并按照公安机关指定的时间、路线行驶。对公路造成损坏的，应当按照损坏程度给予补偿。

第四十九条 在公路上行驶的车辆的轴载质量应当符合公路工程技术标准要求。

第五十条 超过公路、公路桥梁、公路隧道或者汽车渡船的限载、限高、限宽、限长标准的车辆，不得在有限定标准的公路、公路桥梁上或者公路隧道内行驶，不得使用汽车渡船。超过公路或者公路桥梁限载标准确需行驶的，必须经县级以上地方人民政府交通主管部门批准，并按要求采取有效的防护措施；影响交通安全的，还应当经同级公安机关批准；运载不可解体的超限物品的，应当按照指定的时间、路线、时速行驶，并悬挂明显标志。

运输单位不能按照前款规定采取防护措施的，由交通主管部门帮助其采取防护措施，所需费用由运输单位承担。

第五十一条　机动车制造厂和其他单位不得将公路作为检验机动车制动性能的试车场地。

第五十二条　任何单位和个人不得损坏、擅自移动、涂改公路附属设施。

前款公路附属设施，是指为保护、养护公路和保障公路安全畅通所设置的公路防护、排水、养护、管理、服务、交通安全、渡运、监控、通信、收费等设施、设备以及专用建筑物、构筑物等。

第五十三条　造成公路损坏的，责任者应当及时报告公路管理机构，并接受公路管理机构的现场调查。

第五十四条　任何单位和个人未经县级以上地方人民政府交通主管部门批准，不得在公路用地范围内设置公路标志以外的其他标志。

第五十五条　在公路上增设平面交叉道口，必须按照国家有关规定经过批准，并按照国家规定的技术标准建设。

第五十六条　除公路防护、养护需要的以外，禁止在公路两侧的建筑控制区内修建建筑物和地面构筑物；需要在建筑控制区内埋设管线、电缆等设施的，应当事先经县级以上地方人民政府交通主管部门批准。

前款规定的建筑控制区的范围，由县级以上地方人民政府按照保障公路运行安全和节约用地的原则，依照国务院的规定划定。

建筑控制区范围经县级以上地方人民政府依照前款规定划定后，由县级以上地方人民政府交通主管部门设置标桩、界桩。任何单位和个人不得损坏、擅自挪动该标桩、界桩。

第五十七条　除本法第四十七条第二款的规定外，本章规定由交通主管部门行驶的路政管理职责，可以依照本法第八条第四款的规定，由公路管理机构行使。

第六章　收 费 公 路

第五十八条　国家允许依法设立收费公路，同时对收费公路的数量进行控制。

除本法第五十九条规定可以收取车辆通行费的公路外，禁止任何公路收取车辆通行费。

第五十九条　符合国务院交通主管部门规定的技术等级和规模的下列公路，可以依法收取车辆通行费：

（一）由县级以上地方人民政府交通主管部门利用贷款或者向企业、个人集资建成的公路；

（二）由国内外经济组织依法受让公路收费权的公路；

（三）由国内外经济组织依法投资建成的公路。

第六十条　县级以上地方人民政府交通主管部门利用贷款或者集资建成的收费公路的收费期限，按照收费偿还贷款、集资款的原则，由省、自治区、直辖市人民政府依照国务院交通主管部门的规定确定。

有偿转让公路收费权的公路，收费权转让后，由受让方收费经营。收费权的转让期限由出让、受让双方约定并报转让收费权的审批机关审查批准，但最长不得超过国务院规定的年限。

国内外经济组织投资建设公路，必须按照国家有关规定办理审批手续；公路建成后，由投资者收费经营。收费经营期限按照收回投资并有合理回报的原则,由有关交通主管部门与投资者约定并按照国家有关规定办理审批手续,但最长不得超过国务院规定的年限。

第六十一条 本法第五十九条第一款第一项规定的公路中的国道收费权的转让,必须经国务院交通主管部门批准;国道以外的其他公路收费权的转让,必须经省、自治区、直辖市人民政府批准,并报国务院交通主管部门备案。

前款规定的公路收费权出让的最低成交价,以国有资产评估机构评估的价值为依据确定。

第六十二条 受让公路收费权和投资建设公路的国内外经济组织应当依法成立开发、经营公路的企业(以下简称公路经营企业)。

第六十三条 收费公路车辆通行费的收费标准,由公路收费单位提出方案,报省、自治区、直辖市人民政府交通主管部门会同同级物价行政主管部门审查批准。

第六十四条 收费公路设置车辆通行费的收费站,应当报经省、自治区、直辖市人民政府审查批准。跨省、自治区、直辖市的收费公路设置车辆通行费的收费站,由有关省、自治区、直辖市人民政府协商确定;协商不成的,由国务院交通主管部门决定。同一收费公路由不同的交通主管部门组织建设或者由不同的公路经营企业经营的,应当按照"统一收费、按比例分成"的原则,统筹规划,合理设置收费站。

两个收费站之间的距离,不得小于国务院交通主管部门规定的标准。

第六十五条 有偿转让公路收费权的公路,转让收费权合同约定的期限届满,收费权由出让方收回。

由国内外经济组织依照本法规定投资建成并经营的收费公路,约定的经营期限届满,该公路由国家无偿收回,由有关交通主管部门管理。

第六十六条 依照本法第五十九条规定受让收费权或者由国内外经济组织投资建成经营的公路的养护工作,由各该公路经营企业负责。各该公路经营企业在经营期间应当按照国务院交通主管部门规定的技术规范和操作规程做好对公路的养护工作。在受让收费权的期限届满,或者经营期限届满时,公路应当处于良好的技术状态。

前款规定的公路的绿化和公路用地范围内的水土保持工作,由各该公路经营企业负责。

第一款规定的公路的路政管理,适用本法第五章的规定。该公路路政管理的职责由县级以上地方人民政府交通主管部门或者公路管理机构的派出机构、人员行驶。

第六十七条 在收费公路上从事本法第四十四条第二款、第四十五条、第四十八条、第五十条所列活动的,除依照各该条的规定办理外,给公路经营企业造成损失的,应当给予相应的补偿。

第六十八条 收费公路的具体管理办法,由国务院依照本法制定。

第七章 监督检查

第六十九条 交通主管部门、公路管理机构依法对有关公路的法律、法规执行情况进行监督检查。

第七十条 交通主管部门、公路管理机构负有管理和保护公路的责任,有权检查、制止各种侵占、损坏公路、公路用地、公路附属设施及其他违反本法规定的行为。

第七十一条 公路监督检查人员依法在公路、建筑控制区、车辆停放场所、车辆所属单位等进行监督检查时,任何单位和个人不得阻挠。

公路经营者、使用者和其他有关单位、个人,应当接受公路监督检查人员依法实施的监督检查,并为其提供方便。

公路监督检查人员执行公务,应当佩戴标志,持证上岗。

第七十二条　交通主管部门、公路管理机构应当加强对所属公路监督检查人员的管理和教育，要求公路监督检查人员熟悉国家有关法律和规定，公正廉洁、热情服务，秉公执法，对公路监督检查人员的执法行为应当加强监督检查，对其违法行为应当及时纠正，依法处理。

第七十三条　用于公路监督检查的专用车辆,应当设置统一的标志和示警灯。

第八章　法律责任

第七十四条　违反法律或者国务院有关规定,擅自在公路上设卡、收费的,由交通主管部门责令停止违法行为,没收违法所得,可以处违法所得三倍以下的罚款,没有违法所得的,可以处二万元以下的罚款;对负有直接责任的主管人员和其他直接责任人员,依法给予行政处分。

第七十五条　违反本法第二十五条规定,未经有关交通主管部门批准擅自施工的,交通主管部门可以责令停止施工,并可以处五万元以下的罚款。

第七十六条　有下列违法行为之一的,由交通主管部门责令停止违法行为,可以处三万元以下的罚款:

(一)违反本法第四十四条第一款规定,擅自占用、挖掘公路的;

(二)违反本法第四十五条规定,未经同意或者未按照公路工程技术标准的要求修建桥梁、渡槽或者架设、埋设管线、电缆等设施的;

(三)违反本法第四十七条规定,从事危及公路安全的作业的;

(四)违反本法第四十八条规定,铁轮车、履带车和其他可能损害路面的机具擅自在公路上行驶的;

(五)违反本法第五十条规定,车辆超限使用汽车渡船或者在公路上擅自超限行驶的;

(六)违反本法第五十二条、第五十六条规定,损坏、移动、涂改公路附属设施或者损坏、挪动建筑控制区的标桩、界桩,可能危及公路安全的。

第七十七条　违反本法第四十六条的规定,造成公路路面损坏、污染或者影响公路畅通的,或者违反本法第五十一条规定,将公路作为试车场地的,由交通主管部门责令停止违法行为,可以处五千元以下的罚款。

第七十八条　违反本法第五十三条规定,造成公路损坏,未报告的,由交通主管部门处以一千元以下的罚款。

第七十九条　违反本法第五十四条规定,在公路用地范围内设置公路标志以外的其他标志的,由交通主管部门责令限期拆除可以处二万元以下的罚款;逾期不拆除的,由交通主管部门拆除,有关费用由设置者负担。

第八十条　违反本法第五十五条规定,未经批准在公路上增设平面交叉道口的,由交通主管部门责令恢复原状,处五万元以下的罚款。

第八十一条 违反本法第五十六条规定,在公路建筑控制区内修建建筑物、地面构筑物或者擅自埋设管线、电缆等设施的,由交通主管部门责令限期拆除,并可以处五万元以下的罚款。逾期不拆除的,由交通主管部门拆除,有关费用由建筑者、构筑者承担。

第八十二条 除本法第七十四条、第七十五条的规定外,本章规定由交通主管部门行使的行政处罚权和行政措施,可以依照本法第八条第四款的规定由公路管理机构行使。

第八十三条 阻碍公路建设或者公路抢修,致使公路建设或者抢修不能正常进行,尚未造成严重损失的,依照治安管理处罚条例第十九条的规定处罚。

损毁公路或者擅自移动公路标志,可能影响交通安全,尚不够刑事处罚的,依照治安管理处罚条例第二十条的规定处罚。

拒绝、阻碍公路监督检查人员依法执行职务未使用暴力、威胁方法的,依照治安管理处罚条例第十九条的规定处罚。

第八十四条 违反本法有关规定,构成犯罪的,依法追究刑事责任。

第八十五条 违反本法有关规定,对公路造成损害的,应当依法承担民事责任。

对公路造成较大损害的车辆,必须立即停车,保护现场,报告公告管理机构,接受公路管理机构的调查、处理后方得驶离。

第八十六条 交通主管部门、公路管理机构的工作人员玩忽职守、徇私舞弊、滥用职权,构成犯罪的,依法追究刑事责任;尚不构成犯罪的,依法给予行政处分。

第九章 附 则

第八十七条 本法自 1998 年 1 月 1 日起施行。

附:

治安管理处罚条例有关条款

第十九条 有下列扰乱公共秩序行为之一,尚不够刑事处罚的,处十五日以下拘留、二百元以下罚款或者警告:

(一)扰乱机关、团体、企业、事业单位的秩序,致使工作、生产、营业、医疗、教学、科研不能正常进行,尚未造成严重损失的;

……

(七)拒绝、阻碍国家工作人员依法执行职务,未使用暴力、威胁方法的。

第二十条 有下列妨害公共安全行为之一的,处十五日以下拘留、二百元以下罚款或者警告;

……

(八)在铁路、公路、水域航道、堤坝上,挖掘坑穴,放置障碍物,损毁、移动指示标志,可能影响交通运输安全,尚不够刑事处罚的。

附录二　中华人民共和国道路交通安全法

（2003年10月28日第十届全国人民代表大会
常务委员会第五次会议通过）

第一章　总　　则

第一条　为了维护道路交通秩序，预防和减少交通事故，保护人身安全，保护公民、法人和其他组织的财产安全及其他合法权益，提高通行效率，制定本法。

第二条　中华人民共和国境内的车辆驾驶人、行人、乘车人以及与道路交通活动有关的单位和个人，都应当遵守本法。

第三条　道路交通安全工作，应当遵循依法管理、方便群众的原则，保障道路交通有序、安全、畅通。

第四条　各级人民政府应当保障道路交通安全管理工作与经济建设和社会发展相适应。

县级以上地方各级人民政府应当适应道路交通发展的需要，依据道路交通安全法律、法规和国家有关政策，制定道路交通安全管理规划，并组织实施。

第五条　国务院公安部门负责全国道路交通安全管理工作。县级以上地方各级人民政府公安机关交通管理部门负责本行政区域内的道路交通安全管理工作。

县级以上各级人民政府交通、建设管理部门依据各自职责，负责有关的道路交通工作。

第六条　各级人民政府应当经常进行道路交通安全教育，提高公民的道路交通安全意识。

公安机关交通管理部门及其交通警察执行职务时，应当加强道路交通安全法律、法规的宣传，并模范遵守道路交通安全法律、法规。

机关、部队、企业事业单位、社会团体以及其他组织，应当对本单位的人员进行道路交通安全教育。

教育行政部门、学校应当将道路交通安全教育纳入法制教育的内容。

新闻、出版、广播、电视等有关单位，有进行道路交通安全教育的义务。

第七条　对道路交通安全管理工作，应当加强科学研究，推广、使用先进的管理方法、技术、设备。

第二章　车辆和驾驶人

第一节　机动车、非机动车

第八条　国家对机动车实行登记制度。机动车经公安机关交通管理部门登记后，方可上道路行驶。尚未登记的机动车，需要临时上道路行驶的，应当取得临时通行牌证。

第九条　申请机动车登记，应当提交以下证明、凭证：

（一）机动车所有人的身份证明；

（二）机动车来历证明；

（三）机动车整车出厂合格证明或者进口机动车进口凭证；

（四）车辆购置税的完税证明或者免税凭证；

（五）法律、行政法规规定应当在机动车登记时提交的其他证明、凭证。

公安机关交通管理部门应当自受理申请之日起五个工作日内完成机动车登记审查工作，对符合前款规定条件的，发放机动车登记证书、号牌和行驶证；对不符合前款规定条件的，应当向申请人说明不予登记的理由。

公安机关交通管理部门以外的任何单位或者个人不得发放机动车号牌或者要求机动车悬挂其他号牌，本法另有规定的除外。

机动车登记证书、号牌、行驶证的式样由国务院公安部门规定并监制。

第十条 准予登记的机动车应当符合机动车国家安全技术标准。申请机动车登记时，应当接受对该机动车的安全技术检验。但是，经国家机动车产品主管部门依据机动车国家安全技术标准认定的企业生产的机动车型，该车型的新车在出厂时经检验符合机动车国家安全技术标准，获得检验合格证的，免予安全技术检验。

第十一条 驾驶机动车上道路行驶，应当悬挂机动车号牌，放置检验合格标志、保险标志，并随车携带机动车行驶证。

机动车号牌应当按照规定悬挂并保持清晰、完整，不得故意遮挡、污损。

任何单位和个人不得收缴、扣留机动车号牌。

第十二条 有下列情形之一的，应当办理相应的登记：

（一）机动车所有权发生转移的；

（二）机动车登记内容变更的；

（三）机动车用作抵押的；

（四）机动车报废的。

第十三条 对登记后上道路行驶的机动车，应当依照法律、行政法规的规定，根据车辆用途、载客载货数量、使用年限等不同情况，定期进行安全技术检验。对提供机动车行驶证和机动车第三者责任强制保险单的，机动车安全技术检验机构应当予以检验，任何单位不得附加其他条件。对符合机动车国家安全技术标准的，公安机关交通管理部门应当发给检验合格标志。

对机动车的安全技术检验实行社会化。具体办法由国务院规定。

机动车安全技术检验实行社会化的地方，任何单位不得要求机动车到指定的场所进行检验。

公安机关交通管理部门、机动车安全技术检验机构不得要求机动车到指定的场所进行维修、保养。

机动车安全技术检验机构对机动车检验收取费用，应当严格执行国务院价格主管部门核定的收费标准。

第十四条 国家实行机动车强制报废制度，根据机动车的安全技术状况和不同用途，规定不同的报废标准。

应当报废的机动车必须及时办理注销登记。

达到报废标准的机动车不得上道路行驶。报废的大型客、货车及其他营运车辆应当在公安机关交通管理部门的监督下解体。

第十五条 警车、消防车、救护车、工程救险车应当按照规定喷涂标志图案，安装警报器、标志灯具。其他机动车不得喷涂、安装、使用上述车辆专用的或者与其相类似的标志图案、警报器或者标志灯具。

警车、消防车、救护车、工程救险车应当严格按照规定的用途和条件使用。

公路监督检查的专用车辆,应当按照公路法的规定,设置统一的标志和示警灯。

第十六条 任何单位或者个人不得有下列行为:

(一)拼装机动车或者擅自改变机动车已登记的结构、构造或者特征;

(二)改变机动车型号、发动机号、车架号或者车辆识别代号;

(三)伪造、变造或者使用伪造、变造的机动车登记证书、号牌、行驶证、检验合格标志、保险标志;

(四)使用其他机动车的登记证书、号牌、行驶证、检验合格标志、保险标志。

第十七条 国家实行机动车第三者责任强制保险制度,设立道路交通事故社会救助基金。具体办法由国务院规定。

第十八条 依法应当登记的非机动车,经公安机关交通管理部门登记后,方可上道路行驶。

依法应当登记的非机动车的种类,由省、自治区、直辖市人民政府根据当地实际情况规定。

非机动车的外形尺寸、质量、制动器、车铃和夜间反光装置,应当符合非机动车安全技术标准。

第二节 机动车驾驶人

第十九条 驾驶机动车,应当依法取得机动车驾驶证。

申请机动车驾驶证,应当符合国务院公安部门规定的驾驶许可条件;经考试合格后,由公安机关交通管理部门发给相应类别的机动车驾驶证。

持有境外机动车驾驶证的人,符合国务院公安部门规定的驾驶许可条件,经公安机关交通管理部门考核合格的,可以发给中国的机动车驾驶证。

驾驶人应当按照驾驶证载明的准驾车型驾驶机动车;驾驶机动车时,应当随身携带机动车驾驶证。

公安机关交通管理部门以外的任何单位或者个人,不得收缴、扣留机动车驾驶证。

第二十条 机动车的驾驶培训实行社会化,由交通主管部门对驾驶培训学校、驾驶培训班实行资格管理,其中专门的拖拉机驾驶培训学校、驾驶培训班由农业(农业机械)主管部门实行资格管理。

驾驶培训学校、驾驶培训班应当严格按照国家有关规定,对学员进行道路交通安全法律、法规、驾驶技能的培训,确保培训质量。

任何国家机关以及驾驶培训和考试主管部门不得举办或者参与举办驾驶培训学校、驾驶培训班。

第二十一条 驾驶人驾驶机动车上道路行驶前,应当对机动车的安全技术性能进行认真检查;不得驾驶安全设施不全或者机件不符合技术标准等具有安全隐患的机动车。

第二十二条 机动车驾驶人应当遵守道路交通安全法律、法规的规定,按照操作规范安全驾驶、文明驾驶。

饮酒、服用国家管制的精神药品或者麻醉药品,或者患有妨碍安全驾驶机动车的疾病,或者过度疲劳影响安全驾驶的,不得驾驶机动车。

任何人不得强迫、指使、纵容驾驶人违反道路交通安全法律、法规和机动车安全驾驶要求驾驶机动车。

第二十三条 公安机关交通管理部门按照法律、行政法规的规定，定期对机动车驾驶证实施审验。

第二十四条 公安机关交通管理部门对机动车驾驶人违反道路交通安全法律、法规的行为，除依法给予行政处罚外，实行累积记分制度。公安机关交通管理部门对累积记分达到规定分值的机动车驾驶人，扣留机动车驾驶证，对其进行道路交通安全法律、法规教育，重新考试；考试合格的，发还其机动车驾驶证。

对遵守道路交通安全法律、法规，在一年内无累积记分的机动车驾驶人，可以延长机动车驾驶证的审验期。具体办法由国务院公安部门制定。

第三章 道路通行条件

第二十五条 全国实行统一的道路交通信号。

交通信号包括交通信号灯、交通标志、交通标线和交通警察的指挥。

交通信号灯、交通标志、交通标线的设置应当符合道路交通安全、畅通的要求和国家标准，并保持清晰、醒目、准确、完好。

根据通行需要，应当及时增设、调换、更新道路交通信号。增设、调换、更新限制性的道路交通信号，应当提前向社会公告，广泛进行宣传。

第二十六条 交通信号灯由红灯、绿灯、黄灯组成。红灯表示禁止通行，绿灯表示准许通行，黄灯表示警示。

第二十七条 铁路与道路平面交叉的道口，应当设置警示灯、警示标志或者安全防护设施。无人看守的铁路道口，应当在距道口一定距离处设置警示标志。

第二十八条 任何单位和个人不得擅自设置、移动、占用、损毁交通信号灯、交通标志、交通标线。

道路两侧及隔离带上种植的树木或者其他植物，设置的广告牌、管线等，应当与交通设施保持必要的距离，不得遮挡路灯、交通信号灯、交通标志，不得妨碍安全视距，不得影响通行。

第二十九条 道路、停车场和道路配套设施的规划、设计、建设，应当符合道路交通安全、畅通的要求，并根据交通需求及时调整。

公安机关交通管理部门发现已经投入使用的道路存在交通事故频发路段，或者停车场、道路配套设施存在交通安全严重隐患的，应当及时向当地人民政府报告，并提出防范交通事故、消除隐患的建议，当地人民政府应当及时作出处理决定。

第三十条 道路出现坍塌、坑槽、水毁、隆起等损毁或者交通信号灯、交通标志、交通标线等交通设施损毁、灭失的，道路、交通设施的养护部门或者管理部门应当设置警示标志并及时修复。

公安机关交通管理部门发现前款情形，危及交通安全，尚未设置警示标志的，应当及时采取安全措施，疏导交通，并通知道路、交通设施的养护部门或者管理部门。

第三十一条 未经许可，任何单位和个人不得占用道路从事非交通活动。

第三十二条 因工程建设需要占用、挖掘道路，或者跨越、穿越道路架设、增设管线设施，应当事先征得道路主管部门的同意；影响交通安全的，还应当征得公安机关交通管理部门的同意。

施工作业单位应当在经批准的路段和时间内施工作业，并在距离施工作业地点来车方向安全距离处设置明显的安全警示标志，采取防护措施；施工作业完毕，应当迅速清除道路上的障碍物，消除安全隐患，经道路主管部门和公安机关交通管理部门验收合格，符合通行要求后，方可恢复通行。

对未中断交通的施工作业道路，公安机关交通管理部门应当加强交通安全监督检查，维护道路交通秩序。

第三十三条 新建、改建、扩建的公共建筑、商业街区、居住区、大（中）型建筑等，应当配建、增建停车场；停车泊位不足的，应当及时改建或者扩建；投入使用的停车场不得擅自停止使用或者改作他用。

在城市道路范围内，在不影响行人、车辆通行的情况下，政府有关部门可以施划停车泊位。

第三十四条 学校、幼儿园、医院、养老院门前的道路没有行人过街设施的，应当施划人行横道线，设置提示标志。

城市主要道路的人行道，应当按照规划设置盲道。盲道的设置应当符合国家标准。

第四章 道路通行规定

第一节 一般规定

第三十五条 机动车、非机动车实行右侧通行。

第三十六条 根据道路条件和通行需要，道路划分为机动车道、非机动车道和人行道的，机动车、非机动车、行人实行分道通行。没有划分机动车道、非机动车道和人行道的，机动车在道路中间通行，非机动车和行人在道路两侧通行。

第三十七条 道路划设专用车道的，在专用车道内，只准许规定的车辆通行，其他车辆不得进入专用车道内行驶。

第三十八条 车辆、行人应当按照交通信号通行；遇有交通警察现场指挥时，应当按照交通警察的指挥通行；在没有交通信号的道路上，应当在确保安全、畅通的原则下通行。

第三十九条 公安机关交通管理部门根据道路和交通流量的具体情况，可以对机动车、非机动车、行人采取疏导、限制通行、禁止通行等措施。遇有大型群众性活动、大范围施工等情况，需要采取限制交通的措施，或者作出与公众的道路交通活动直接有关的决定，应当提前向社会公告。

第四十条 遇有自然灾害、恶劣气象条件或者重大交通事故等严重影响交通安全的情形，采取其他措施难以保证交通安全时，公安机关交通管理部门可以实行交通管制。

第四十一条 有关道路通行的其他具体规定，由国务院规定。

第二节 机动车通行规定

第四十二条 机动车上道路行驶，不得超过限速标志标明的最高时速。在没有限速标志的路段，应当保持安全车速。

夜间行驶或者在容易发生危险的路段行驶，以及遇有沙尘、冰雹、雨、雪、雾、结冰等气象条件时，应当降低行驶速度。

第四十三条 同车道行驶的机动车，后车应当与前车保持足以采取紧急制动措施的安全距离。有下列情形之一的，不得超车：

(一)前车正在左转弯、掉头、超车的；

(二)与对面来车有会车可能的；

(三)前车为执行紧急任务的警车、消防车、救护车、工程救险车的；

(四)行经铁路道口、交叉路口、窄桥、弯道、陡坡、隧道、人行横道、市区交通流量大的路段等没有超车条件的。

第四十四条 机动车通过交叉路口，应当按照交通信号灯、交通标志、交通标线或者交通警察的指挥通过；通过没有交通信号灯、交通标志、交通标线或者交通警察指挥的交叉路口时，应当减速慢行，并让行人和优先通行的车辆先行。

第四十五条 机动车遇有前方车辆停车排队等候或者缓慢行驶时，不得借道超车或者占用对面车道，不得穿插等候的车辆。

在车道减少的路段、路口，或者在没有交通信号灯、交通标志、交通标线或者交通警察指挥的交叉路口遇到停车排队等候或者缓慢行驶时，机动车应当依次交替通行。

第四十六条 机动车通过铁路道口时，应当按照交通信号或者管理人员的指挥通行；没有交通信号或者管理人员的，应当减速或者停车，在确认安全后通过。

第四十七条 机动车行经人行横道时，应当减速行驶；遇行人正在通过人行横道，应当停车让行。

机动车行经没有交通信号的道路时，遇行人横过道路，应当避让。

第四十八条 机动车载物应当符合核定的载质量，严禁超载；载物的长、宽、高不得违反装载要求，不得遗洒、飘散载运物。

机动车运载超限的不可解体的物品，影响交通安全的，应当按照公安机关交通管理部门指定的时间、路线、速度行驶，悬挂明显标志。在公路上运载超限的不可解体的物品，并应当依照公路法的规定执行。

机动车载运爆炸物品、易燃易爆化学物品以及剧毒、放射性等危险物品，应当经公安机关批准后，按指定的时间、路线、速度行驶，悬挂警示标志并采取必要的安全措施。

第四十九条 机动车载人不得超过核定的人数，客运机动车不得违反规定载货。

第五十条 禁止货运机动车载客。

货运机动车需要附载作业人员的，应当设置保护作业人员的安全措施。

第五十一条 机动车行驶时，驾驶人、乘坐人员应当按规定使用安全带，摩托车驾驶人及乘坐人员应当按规定戴安全头盔。

第五十二条 机动车在道路上发生故障，需要停车排除故障时，驾驶人应当立即开启危险报警闪光灯，将机动车移至不妨碍交通的地方停放；难以移动的，应当持续开启危险报警闪光灯，并在来车方向设置警告标志等措施扩大示警距离，必要时迅速报警。

第五十三条 警车、消防车、救护车、工程救险车执行紧急任务时，可以使用警报器、标志灯具；在确保安全的前提下，不受行驶路线、行驶方向、行驶速度和信号灯的限制，其他车辆和行人应当让行。

警车、消防车、救护车、工程救险车非执行紧急任务时，不得使用警报器、标志灯具，不享有前款规定的道路优先通行权。

第五十四条 道路养护车辆、工程作业车进行作业时，在不影响过往车辆通行的前提下，其行驶路线和方向不受交通标志、标线限制，过往车辆和人员应当注意避让。

洒水车、清扫车等机动车应当按照安全作业标准作业；在不影响其他车辆通行的情况下，可以不受车辆分道行驶的限制，但是不得逆向行驶。

第五十五条 高速公路、大中城市中心城区内的道路，禁止拖拉机通行。其他禁止拖拉机通行的道路，由省、自治区、直辖市人民政府根据当地实际情况规定。

在允许拖拉机通行的道路上，拖拉机可以从事货运，但是不得用于载人。

第五十六条 机动车应当在规定地点停放。禁止在人行道上停放机动车；但是，依照本法第三十三条规定施划的停车泊位除外。

在道路上临时停车的，不得妨碍其他车辆和行人通行。

第三节 非机动车通行规定

第五十七条 驾驶非机动车在道路上行驶应当遵守有关交通安全的规定。非机动车应当在非机动车道内行驶，在没有非机动车道的道路上，应当靠车行道的右侧行驶。

第五十八条 残疾人机动轮椅车、电动自行车在非机动车道内行驶时，最高时速不得超过十五公里。

第五十九条 非机动车应当在规定地点停放。未设停放地点的，非机动车停放不得妨碍其他车辆和行人通行。

第六十条 驾驭畜力车，应当使用驯服的牲畜；驾驭畜力车横过道路时，驾驭人应当下车牵引牲畜；驾驭人离开车辆时，应当拴系牲畜。

第四节 行人和乘车人通行规定

第六十一条 行人应当在人行道内行走，没有人行道的靠路边行走。

第六十二条 行人通过路口或者横过道路，应当走人行横道或者过街设施；通过有交通信号灯的人行横道，应当按照交通信号灯指示通行；通过没有交通信号灯、人行横道的路口，或者在没有过街设施的路段横过道路，应当在确认安全后通过。

第六十三条 行人不得跨越、倚坐道路隔离设施，不得扒车、强行拦车或者实施妨碍道路交通安全的其他行为。

第六十四条 学龄前儿童以及不能辨认或者不能控制自己行为的精神疾病患者、智力障碍者在道路上通行，应当由其监护人、监护人委托的人或者对其负有管理、保护职责的人带领。

盲人在道路上通行，应当使用盲杖或者采取其他导盲手段，车辆应当避让盲人。

第六十五条 行人通过铁路道口时，应当按照交通信号或者管理人员的指挥通行；没有交通信号和管理人员的，应当在确认无火车驶临后，迅速通过。

第六十六条 乘车人不得携带易燃易爆等危险物品，不得向车外抛洒物品，不得有影响驾驶人安全驾驶的行为。

第五节 高速公路的特别规定

第六十七条 行人、非机动车、拖拉机、轮式专用机械车、铰接式客车、全挂拖斗车以及其他设计最高时速低于七十公里的机动车，不得进入高速公路。高速公路限速标志标明的最高时速不得超过一百二十公里。

第六十八条 机动车在高速公路上发生故障时，应当依照本法第五十二条的有关规定办理；但是，警告标志应当设置在故障车来车方向一百五十米以外，车上人员应当迅速转移到右侧路肩上或者应急车道内，并且迅速报警。

机动车在高速公路上发生故障或者交通事故，无法正常行驶的，应当由救援车、清障车拖曳、牵引。

第六十九条 任何单位、个人不得在高速公路上拦截检查行驶的车辆，公安机关的人民警察依法执行紧急公务除外。

第五章 交通事故处理

第七十条 在道路上发生交通事故，车辆驾驶人应当立即停车，保护现场；造成人身伤亡的，车辆驾驶人应当立即抢救受伤人员，并迅速报告执勤的交通警察或者公安机关交通管理部门。因抢救受伤人员变动现场的，应当标明位置。乘车人、过往车辆驾驶人、过往行人应当予以协助。

在道路上发生交通事故，未造成人身伤亡，当事人对事实及成因无争议的，可以即行撤离现场，恢复交通，自行协商处理损害赔偿事宜；不即行撤离现场的，应当迅速报告执勤的交通警察或者公安机关交通管理部门。

在道路上发生交通事故，仅造成轻微财产损失，并且基本事实清楚的，当事人应当先撤离现场再进行协商处理。

第七十一条 车辆发生交通事故后逃逸的，事故现场目击人员和其他知情人员应当向公安机关交通管理部门或者交通警察举报。举报属实的，公安机关交通管理部门应当给予奖励。

第七十二条 公安机关交通管理部门接到交通事故报警后，应当立即派交通警察赶赴现场，先组织抢救受伤人员，并采取措施，尽快恢复交通。

交通警察应当对交通事故现场进行勘验、检查，收集证据；因收集证据的需要，可以扣留事故车辆，但是应当妥善保管，以备核查。

对当事人的生理、精神状况等专业性较强的检验，公安机关交通管理部门应当委托专门机构进行鉴定，鉴定结论应当由鉴定人签名。

第七十三条 公安机关交通管理部门应当根据交通事故现场勘验、检查、调查情况和有关的检验、鉴定结论，及时制作交通事故认定书，作为处理交通事故的证据。交通事故认定书应当载明交通事故的基本事实、成因和当事人的责任，并送达当事人。

第七十四条 对交通事故损害赔偿的争议，当事人可以请求公安机关交通管理部门调解，也可以直接向人民法院提起民事诉讼。

经公安机关交通管理部门调解，当事人未达成协议或者调解书生效后不履行的，当事人可以向人民法院提起民事诉讼。

第七十五条 医疗机构对交通事故中的受伤人员应当及时抢救，不得因抢救费用未及时支付而拖延救治。肇事车辆参加机动车第三者责任强制保险的，由保险公司在责任限额范围内支付抢救费用；抢救费用超过责任限额的，未参加机动车第三者责任强制保险或者肇事后逃逸的，由道路交通事故社会救助基金先行垫付部分或者全部抢救费用，道路交通事故社会救助基金管理机构有权向交通事故责任人追偿。

第七十六条　机动车发生交通事故造成人身伤亡、财产损失的，由保险公司在机动车第三者责任强制保险责任限额范围内予以赔偿。超过责任限额的部分，按照下列方式承担赔偿责任：

（一）机动车之间发生交通事故的，由有过错的一方承担责任；双方都有过错的，按照各自过错的比例分担责任。

（二）机动车与非机动车驾驶人、行人之间发生交通事故的，由机动车一方承担责任；但是，有证据证明非机动车驾驶人、行人违反道路交通安全法律、法规，机动车驾驶人已经采取必要处置措施的，减轻机动车一方的责任。

交通事故的损失是由非机动车驾驶人、行人故意造成的，机动车一方不承担责任。

第七十七条　车辆在道路以外通行时发生的事故，公安机关交通管理部门接到报案的，参照本法有关规定办理。

第六章　执法监督

第七十八条　公安机关交通管理部门应当加强对交通警察的管理，提高交通警察的素质和管理道路交通的水平。

公安机关交通管理部门应当对交通警察进行法制和交通安全管理业务培训、考核。交通警察经考核不合格的，不得上岗执行职务。

第七十九条　公安机关交通管理部门及其交通警察实施道路交通安全管理，应当依据法定的职权和程序，简化办事手续，做到公正、严格、文明、高效。

第八十条　交通警察执行职务时，应当按照规定着装，佩带人民警察标志，持有人民警察证件，保持警容严整，举止端庄，指挥规范。

第八十一条　依照本法发放牌证等收取工本费，应当严格执行国务院价格主管部门核定的收费标准，并全部上缴国库。

第八十二条　公安机关交通管理部门依法实施罚款的行政处罚，应当依照有关法律、行政法规的规定，实施罚款决定与罚款收缴分离；收缴的罚款以及依法没收的违法所得，应当全部上缴国库。

第八十三条　交通警察调查处理道路交通安全违法行为和交通事故，有下列情形之一的，应当回避：

（一）是本案的当事人或者当事人的近亲属；

（二）本人或者其近亲属与本案有利害关系；

（三）与本案当事人有其他关系，可能影响案件的公正处理。

第八十四条　公安机关交通管理部门及其交通警察的行政执法活动，应当接受行政监察机关依法实施的监督。

公安机关督察部门应当对公安机关交通管理部门及其交通警察执行法律、法规和遵守纪律的情况依法进行监督。

上级公安机关交通管理部门应当对下级公安机关交通管理部门的执法活动进行监督。

第八十五条　公安机关交通管理部门及其交通警察执行职务，应当自觉接受社会和公民的监督。

任何单位和个人都有权对公安机关交通管理部门及其交通警察不严格执法以及违法违纪行为进行检举、控告。收到检举、控告的机关,应当依据职责及时查处。

第八十六条 任何单位不得给公安机关交通管理部门下达或者变相下达罚款指标;公安机关交通管理部门不得以罚款数额作为考核交通警察的标准。

公安机关交通管理部门及其交通警察对超越法律、法规规定的指令,有权拒绝执行,并同时向上级机关报告。

第七章 法律责任

第八十七条 公安机关交通管理部门及其交通警察对道路交通安全违法行为,应当及时纠正。

公安机关交通管理部门及其交通警察应当依据事实和本法的有关规定对道路交通安全违法行为予以处罚。对于情节轻微,未影响道路通行的,指出违法行为,给予口头警告后放行。

第八十八条 对道路交通安全违法行为的处罚种类包括:警告、罚款、暂扣或者吊销机动车驾驶证、拘留。

第八十九条 行人、乘车人、非机动车驾驶人违反道路交通安全法律、法规关于道路通行规定的,处警告或者五元以上五十元以下的罚款;非机动车驾驶人拒绝接受罚款处罚的,可以扣留其非机动车。

第九十条 机动车驾驶人违反道路交通安全法律、法规关于道路通行规定的,处警告或者二十元以上二百元以下罚款。本法另有规定的,依照规定处罚。

第九十一条 饮酒后驾驶机动车的,处暂扣一个月以上三个月以下机动车驾驶证,并处二百元以上五百元以下罚款;醉酒后驾驶机动车的,由公安机关交通管理部门约束至酒醒,处十五日以下拘留和暂扣三个月以上六个月以下机动车驾驶证,并处五百元以上二千元以下罚款。

饮酒后驾驶营运机动车的,处暂扣三个月机动车驾驶证,并处五百元罚款;醉酒后驾驶营运机动车的,由公安机关交通管理部门约束至酒醒,处十五日以下拘留和暂扣六个月机动车驾驶证,并处二千元罚款。

一年内有前两款规定醉酒后驾驶机动车的行为,被处罚两次以上的,吊销机动车驾驶证,五年内不得驾驶营运机动车。

第九十二条 公路客运车辆载客超过额定乘员的,处二百元以上五百元以下罚款;超过额定乘员百分之二十或者违反规定载货的,处五百元以上二千元以下罚款。

货运机动车超过核定载质量的,处二百元以上五百元以下罚款;超过核定载质量百分之三十或者违反规定载客的,处五百元以上二千元以下罚款。

有前两款行为的,由公安机关交通管理部门扣留机动车至违法状态消除。

运输单位的车辆有本条第一款、第二款规定的情形,经处罚不改的,对直接负责的主管人员处二千元以上五千元以下罚款。

第九十三条 对违反道路交通安全法律、法规关于机动车停放、临时停车规定的,可以指出违法行为,并予以口头警告,令其立即驶离。

机动车驾驶人不在现场或者虽在现场但拒绝立即驶离,妨碍其他车辆、行人通行的,处二十元以上二百元以下罚款,并可以将该机动车拖移至不妨碍交通的地点或者公安机关交通管理部门指定的地点停放。公安机关交通管理部门拖车不得向当事人收取费用,并应当及时告知当事人停放地点。

因采取不正确的方法拖车造成机动车损坏的,应当依法承担补偿责任。

第九十四条　机动车安全技术检验机构实施机动车安全技术检验超过国务院价格主管部门核定的收费标准收取费用的,退还多收取的费用,并由价格主管部门依照《中华人民共和国价格法》的有关规定给予处罚。

机动车安全技术检验机构不按照机动车国家安全技术标准进行检验,出具虚假检验结果的,由公安机关交通管理部门处所收检验费用五倍以上十倍以下罚款,并依法撤销其检验资格;构成犯罪的,依法追究刑事责任。

第九十五条　上道路行驶的机动车未悬挂机动车号牌,未放置检验合格标志、保险标志,或者未随车携带行驶证、驾驶证的,公安机关交通管理部门应当扣留机动车,通知当事人提供相应的牌证、标志或者补办相应手续,并可以依照本法第九十条的规定予以处罚。当事人提供相应的牌证、标志或者补办相应手续的,应当及时退还机动车。

故意遮挡、污损或者不按规定安装机动车号牌的,依照本法第九十条的规定予以处罚。

第九十六条　伪造、变造或者使用伪造、变造的机动车登记证书、号牌、行驶证、检验合格标志、保险标志、驾驶证或者使用其他车辆的机动车登记证书、号牌、行驶证、检验合格标志、保险标志的,由公安机关交通管理部门予以收缴,扣留该机动车,并处二百元以上二千元以下罚款;构成犯罪的,依法追究刑事责任。

当事人提供相应的合法证明或者补办相应手续的,应当及时退还机动车。

第九十七条　非法安装警报器、标志灯具的,由公安机关交通管理部门强制拆除,予以收缴,并处二百元以上二千元以下罚款。

第九十八条　机动车所有人、管理人未按照国家规定投保机动车第三者责任强制保险的,由公安机关交通管理部门扣留车辆至依照规定投保后,并处依照规定投保最低责任限额应缴纳的保险费的二倍罚款。

依照前款缴纳的罚款全部纳入道路交通事故社会救助基金。具体办法由国务院规定。

第九十九条　有下列行为之一的,由公安机关交通管理部门处二百元以上二千元以下罚款:

(一)未取得机动车驾驶证、机动车驾驶证被吊销或者机动车驾驶证被暂扣期间驾驶机动车的;

(二)将机动车交由未取得机动车驾驶证或者机动车驾驶证被吊销、暂扣的人驾驶的;

(三)造成交通事故后逃逸,尚不构成犯罪的;

(四)机动车行驶超过规定时速百分之五十的;

(五)强迫机动车驾驶人违反道路交通安全法律、法规和机动车安全驾驶要求驾驶机动车,造成交通事故,尚不构成犯罪的;

(六)违反交通管制的规定强行通行,不听劝阻的;

(七)故意损毁、移动、涂改交通设施,造成危害后果,尚不构成犯罪的;

(八)非法拦截、扣留机动车辆,不听劝阻,造成交通严重阻塞或者较大财产损失的。

行为人有前款第二项、第四项情形之一的,可以并处吊销机动车驾驶证;有第一项、第三项、第五项至第八项情形之一的,可以并处十五日以下拘留。

第一百条 驾驶拼装的机动车或者已达到报废标准的机动车上道路行驶的,公安机关交通管理部门应当予以收缴,强制报废。

对驾驶前款所列机动车上道路行驶的驾驶人,处二百元以上二千元以下罚款,并吊销机动车驾驶证。

出售已达到报废标准的机动车的,没收违法所得,处销售金额等额的罚款,对该机动车依照本条第一款的规定处理。

第一百零一条 违反道路交通安全法律、法规的规定,发生重大交通事故,构成犯罪的,依法追究刑事责任,并由公安机关交通管理部门吊销机动车驾驶证。

造成交通事故后逃逸的,由公安机关交通管理部门吊销机动车驾驶证,且终生不得重新取得机动车驾驶证。

第一百零二条 对六个月内发生二次以上特大交通事故负有主要责任或者全部责任的专业运输单位,由公安机关交通管理部门责令消除安全隐患,未消除安全隐患的机动车,禁止上道路行驶。

第一百零三条 国家机动车产品主管部门未按照机动车国家安全技术标准严格审查,许可不合格机动车型投入生产的,对负有责任的主管人员和其他直接责任人员给予降级或者撤职的行政处分。

机动车生产企业经国家机动车产品主管部门许可生产的机动车型,不执行机动车国家安全技术标准或者不严格进行机动车成品质量检验,致使质量不合格的机动车出厂销售的,由质量技术监督部门依照《中华人民共和国产品质量法》的有关规定给予处罚。

擅自生产、销售未经国家机动车产品主管部门许可生产的机动车型的,没收非法生产、销售的机动车成品及配件,可以并处非法产品价值三倍以上五倍以下罚款;有营业执照的,由工商行政管理部门吊销营业执照,没有营业执照的,予以查封。

生产、销售拼装的机动车或者生产、销售擅自改装的机动车的,依照本条第三款的规定处罚。

有本条第二款、第三款、第四款所列违法行为,生产或者销售不符合机动车国家安全技术标准的机动车,构成犯罪的,依法追究刑事责任。

第一百零四条 未经批准,擅自挖掘道路、占用道路施工或者从事其他影响道路交通安全活动的,由道路主管部门责令停止违法行为,并恢复原状,可以依法给予罚款;致使通行的人员、车辆及其他财产遭受损失的,依法承担赔偿责任。

有前款行为,影响道路交通安全活动的,公安机关交通管理部门可以责令停止违法行为,迅速恢复交通。

第一百零五条 道路施工作业或者道路出现损毁,未及时设置警示标志、未采取防护措施,或者应当设置交通信号灯、交通标志、交通标线而没有设置或者应当及时变更交通信号灯、交通标志、交通标线而没有及时变更,致使通行的人员、车辆及其他财产遭受损失的,负有相关职责的单位应当依法承担赔偿责任。

第一百零六条 在道路两侧及隔离带上种植树木、其他植物或者设置广告牌、管线等,遮挡路灯、交通信号灯、交通标志,妨碍安全视距的,由公安机关交通管理部门责令行为人排除妨碍;拒不执行的,处二百元以上二千元以下罚款,并强制排除妨碍,所需费用由行为人负担。

第一百零七条 对道路交通违法行为人予以警告、二百元以下罚款,交通警察可以当场作出行政处罚决定,并出具行政处罚决定书。

行政处罚决定书应当载明当事人的违法事实、行政处罚的依据、处罚内容、时间、地点以及处罚机关名称,并由执法人员签名或者盖章。

第一百零八条 当事人应当自收到罚款的行政处罚决定书之日起十五日内,到指定的银行缴纳罚款。

对行人、乘车人和非机动车驾驶人的罚款,当事人无异议的,可以当场予以收缴罚款。

罚款应当开具省、自治区、直辖市财政部门统一制发的罚款收据;不出具财政部门统一制发的罚款收据的,当事人有权拒绝缴纳罚款。

第一百零九条 当事人逾期不履行行政处罚决定的,作出行政处罚决定的行政机关可以采取下列措施:

(一)到期不缴纳罚款的,每日按罚款数额的百分之三加处罚款;

(二)申请人民法院强制执行。

第一百一十条 执行职务的交通警察认为应当对道路交通违法行为人给予暂扣或者吊销机动车驾驶证处罚的,可以先予扣留机动车驾驶证,并在二十四小时内将案件移交公安机关交通管理部门处理。

道路交通违法行为人应当在十五日内到公安机关交通管理部门接受处理。无正当理由逾期未接受处理的,吊销机动车驾驶证。

公安机关交通管理部门暂扣或者吊销机动车驾驶证的,应当出具行政处罚决定书。

第一百一十一条 对违反本法规定予以拘留的行政处罚,由县、市公安局、公安分局或者相当于县一级的公安机关裁决。

第一百一十二条 公安机关交通管理部门扣留机动车、非机动车,应当当场出具凭证,并告知当事人在规定期限内到公安机关交通管理部门接受处理。

公安机关交通管理部门对被扣留的车辆应当妥善保管,不得使用。

逾期不来接受处理,并且经公告三个月仍不来接受处理的,对扣留的车辆依法处理。

第一百一十三条 暂扣机动车驾驶证的期限从处罚决定生效之日起计算;处罚决定生效前先予扣留机动车驾驶证的,扣留一日折抵暂扣期限一日。

吊销机动车驾驶证后重新申请领取机动车驾驶证的期限,按照机动车驾驶证管理规定办理。

第一百一十四条 公安机关交通管理部门根据交通技术监控记录资料,可以对违法的机动车所有人或者管理人依法予以处罚。对能够确定驾驶人的,可以依照本法的规定依法予以处罚。

第一百一十五条 交通警察有下列行为之一的,依法给予行政处分:

(一)为不符合法定条件的机动车发放机动车登记证书、号牌、行驶证、检验合格标志的;

(二)批准不符合法定条件的机动车安装、使用警车、消防车、救护车、工程救险车的警报器、标志灯具,喷涂标志图案的;

(三)为不符合驾驶许可条件、未经考试或者考试不合格人员发放机动车驾驶证的;

(四)不执行罚款决定与罚款收缴分离制度或者不按规定将依法收取的费用、收缴的罚款及没收的违法所得全部上缴国库的;

(五)举办或者参与举办驾驶学校或者驾驶培训班、机动车修理厂或者收费停车场等经营活动的;

(六)利用职务上的便利收受他人财物或者谋取其他利益的;

(七)违法扣留车辆、机动车行驶证、驾驶证、车辆号牌的;

(八)使用依法扣留的车辆的;

(九)当场收取罚款不开具罚款收据或者不如实填写罚款额的;

(十)徇私舞弊,不公正处理交通事故的;

(十一)故意刁难,拖延办理机动车牌证的;

(十二)非执行紧急任务时使用警报器、标志灯具的;

(十三)违反规定拦截、检查正常行驶的车辆的;

(十四)非执行紧急公务时拦截搭乘机动车的;

(十五)不履行法定职责的。

公安机关交通管理部门有前款所列行为之一的,对直接负责的主管人员和其他直接责任人员给予相应的行政处分。

第一百一十六条 依照本法第一百一十五条的规定,给予交通警察行政处分的,在作出行政处分决定前,可以停止其执行职务;必要时,可以予以禁闭。

依照本法第一百一十五条的规定,交通警察受到降级或者撤职行政处分的,可以予以辞退。

交通警察受到开除处分或者被辞退的,应当取消警衔;受到撤职以下行政处分的交通警察,应当降低警衔。

第一百一十七条 交通警察利用职权非法占有公共财物,索取、收受贿赂,或者滥用职权,玩忽职守,构成犯罪的,依法追究刑事责任。

第一百一十八条 公安机关交通管理部门及其交通警察有本法第一百一十五条所列行为之一,给当事人造成损失的,应当依法承担赔偿责任。

第八章 附 则

第一百一十九条 本法中下列用语的含义:

(一)"道路",是指公路、城市道路和虽在单位管辖范围但允许社会机动车通行的地方,包括广场、公共停车场等用于公众通行的场所。

(二)"车辆",是指机动车和非机动车。

(三)"机动车",是指以动力装置驱动或者牵引,上道路行驶的供人员乘用或者用于运送物品以及进行工程专项作业的轮式车辆。

(四)"非机动车",是指以人力或者畜力驱动,上道路行驶的交通工具,以及虽有动力装置驱动但设计最高时速、空车质量、外形尺寸符合有关国家标准的残疾人机动轮椅车、电动自行车等交通工具。

(五)"交通事故",是指车辆在道路上因过错或者意外造成的人身伤亡或者财产损失的事件。

第一百二十条　中国人民解放军和中国人民武装警察部队在编机动车牌证、在编机动车检验以及机动车驾驶人考核工作，由中国人民解放军、中国人民武装警察部队有关部门负责。

第一百二十一条　对上道路行驶的拖拉机，由农业（农业机械）主管部门行使本法第八条、第九条、第十三条、第十九条、第二十三条规定的公安机关交通管理部门的管理职权。

农业（农业机械）主管部门依照前款规定行使职权，应当遵守本法有关规定，并接受公安机关交通管理部门的监督；对违反规定的，依照本法有关规定追究法律责任。

本法施行前由农业（农业机械）主管部门发放的机动车牌证，在本法施行后继续有效。

第一百二十二条　国家对入境的境外机动车的道路交通安全实施统一管理。

第一百二十三条　省、自治区、直辖市人民代表大会常务委员会可以根据本地区的实际情况，在本法规定的罚款幅度内，规定具体的执行标准。

第一百二十四条　本法自2004年5月1日起施行。

附录三　路政管理规定

（2003年1月27日交通部令2003年第2号公布）

第一章　总　　则

第一条　为加强公路管理，提高路政管理水平，保障公路的完好、安全和畅通，根据《中华人民共和国公路法》（以下简称《公路法》）及其他有关法律、行政法规，制定本规定。

第二条　本规定适用于中华人民共和国境内的国道、省道、县道、乡道的路政管理。

本规定所称路政管理，是指县级以上人民政府交通主管部门或者其设置的公路管理机构，为维护公路管理者、经营者、使用者的合法权益，根据《公路法》及其他有关法律、法规和规章的规定，实施保护公路、公路用地及公路附属设施（以下统称“路产”）的行政管理。

第三条　路政管理工作应当遵循“统一管理、分级负责、依法行政”的原则。

第四条　交通部根据《公路法》及其他有关法律、行政法规的规定主管全国路政管理工作。

县级以上地方人民政府交通主管部门根据《公路法》及其他有关法律、法规、规章的规定主管本行政区域内路政管理工作。

县级以上地方人民政府交通主管部门设置的公路管理机构根据《公路法》的规定或者根据县级以上地方人民政府交通主管部门的委托负责路政管理的具体工作。

第五条　县级以上地方人民政府交通主管部门或者其设置的公路管理机构的路政管理职责如下：

（一）宣传、贯彻执行公路管理的法律、法规和规章；

（二）保护路产；

（三）实施路政巡查；

（四）管理公路两侧建筑控制区；

（五）维持公路养护作业现场秩序；

（六）参与公路工程交工、竣工验收；

（七）依法查处各种违反路政管理法律、法规、规章的案件；

（八）法律、法规规定的其他职责。

第六条 依照《公路法》的有关规定，受让公路收费权或者由国内外经济组织投资建成的收费公路的路政管理工作，由县级以上地方人民政府交通主管部门或者其设置的公路管理机构的派出机构、人员负责。

第七条 任何单位和个人不得破坏、损坏或者非法占用路产。

任何单位和个人都有爱护路产的义务，有检举破坏、损坏路产和影响公路安全行为的权利。

第二章 路政管理许可

第八条 除公路防护、养护外，占用、利用或者挖掘公路、公路用地、公路两侧建筑控制区，以及更新、砍伐公路用地上的树木，应当根据《公路法》和本规定，事先报经交通主管部门或者其设置的公路管理机构批准、同意。

第九条 因修建铁路、机场、电站、通信设施、水利工程和进行其他建设工程需要占用、挖掘公路或者使公路改线的，建设单位应当按照《公路法》第四十四条第二款的规定，事先向交通主管部门或者其设置的公路管理机构提交申请书和设计图。

本条前款规定的申请书包括以下主要内容：

（一）主要理由；

（二）地点（公路名称、桩号及与公路边坡外缘或者公路界桩的距离）；

（三）安全保障措施；

（四）施工期限；

（五）修复、改建公路的措施或者补偿数额。

第十条 跨越、穿越公路，修建桥梁、渡槽或者架设、埋设管线等设施，以及在公路用地范围内架设、埋设管（杆）线、电缆等设施，应当按照《公路法》第四十五条的规定，事先向交通主管部门或者其设置的公路管理机构提交申请书和设计图。

本条前款规定的申请书包括以下主要内容：

（一）主要理由；

（二）地点（公路名称、桩号及与公路边坡外缘或者公路界桩的距离）；

（三）安全保障措施；

（四）施工期限；

（五）修复、改建公路的措施或者补偿数额。

第十一条 因抢险、防汛需要在大中型公路桥梁和渡口周围二百米范围内修筑堤坝、压缩或者拓宽河床，应当按照《公路法》第四十七条第二款的规定，事先向交通主管部门提交申请书和设计图。

本条前款规定的申请书包括以下主要内容：

（一）主要理由；

（二）地点（公路名称、桩号及与公路边坡外缘或者公路界桩的距离）；

（三）安全保障措施；

（四）施工期限。

第十二条　铁轮车、履带车和其他可能损害公路路面的机具需要在公路上行驶的，应当按照《公路法》第四十八条的规定，事先向交通主管部门或者其设置的公路管理机构提交申请书和车辆或者机具的行驶证件。

本条前款规定的申请书包括以下主要内容：

（一）主要理由；

（二）行驶路线及时间；

（三）行驶采取的防护措施；

（四）补偿数额。

第十三条　超过公路、公路桥梁、公路隧道或者汽车渡船的限载、限高、限宽、限长标准的车辆，确需在公路上行驶的，按照《公路法》第五十条和交通部制定的《超限运输车辆行驶公路管理规定》的规定办理。

第十四条　在公路用地范围内设置公路标志以外的其他标志，应当按照《公路法》第五十四条的规定，事先向交通主管部门或者其设置的公路管理机构提交申请书和设计图。

本条前款规定的申请书包括以下主要内容：

（一）主要理由；

（二）标志的内容；

（三）标志的颜色、外廓尺寸及结构；

（四）标志设置地点（公路名称、桩号）；

（五）标志设置时间及保持期限。

第十五条　在公路上增设平面交叉道口，应当按照《公路法》第五十五条的规定，事先向交通主管部门或者其设置的公路管理机构提交申请书和设计图或者平面布置图。

本条前款规定的申请书包括以下主要内容：

（一）主要理由；

（二）地点（公路名称、桩号）；

（三）施工期限；

（四）安全保障措施。

第十六条　在公路两侧的建筑控制区内埋设管（杆）线、电缆等设施，应当按照《公路法》第五十六条第一款的规定，事先向交通主管部门或者其设置的公路管理机构提交申请书和设计图。

本条前款规定的申请书包括以下主要内容：

（一）主要理由；

（二）地点（公路名称、桩号及与公路边坡外缘或公路界桩的距离）；

（三）安全保障措施；

（四）施工期限。

第十七条　更新砍伐公路用地上的树木，应当依照《公路法》第四十二条第二款的规定，事先向交通主管部门或者其设置的公路管理机构提交申请书。

本条前款规定的申请书包括以下主要内容：

（一）主要理由；

（二）地点（公路名称、桩号）；

（三）树木的种类和数量；

（四）安全保障措施；

（五）时间；

（六）补种措施。

第十八条 除省级人民政府根据《公路法》第八条第二款就国道、省道管理、监督职责作出决定外，路政管理许可的权限如下：

（一）属于国道、省道的，由省级人民政府交通主管部门或者其设置的公路管理机构办理；

（二）属于县道的，由市（设区的市）级人民政府交通主管部门或者其设置的公路管理机构办理；

（三）属于乡道的，由县级人民政府交通主管部门或者其设置的公路管理机构办理。

路政管理许可事项涉及有关部门职责的，应当经交通主管部门或者其设置的公路管理机构批准或者同意后，依照有关法律、法规的规定，办理相关手续。其中，本规定第十一条规定的事项，由省级人民政府交通主管部门会同省级水行政主管部门办理。

第十九条 交通主管部门或者其设置的公路管理机构自接到申请书之日起15日内应当作出决定。作出批准或者同意的决定的，应当签发相应的许可证；作出不批准或者不同意的决定的，应当书面告知，并说明理由。

第三章 路政案件管辖

第二十条 路政案件由案件发生地的县级人民政府交通主管部门或者其设置的公路管理机构管辖。

第二十一条 对管辖发生争议的，报请共同的上一级人民政府交通主管部门或者其设置的公路管理机构指定管辖。

下级人民政府交通主管部门或者其设置的公路管理机构对属于其管辖的案件，认为需要由上级人民政府交通主管部门或者其设置的公路管理机构处理的，可以报请上一级人民政府交通主管部门或者其设置的公路管理机构决定。

上一级人民政府交通主管部门或者其设置的公路管理机构认为必要的，可以直接处理属于下级人民政府交通主管部门或者其设置的公路管理机构管辖的案件。

第二十二条 报请上级人民政府交通主管部门或者其设置的公路管理机构处理的案件以及上级人民政府交通主管部门或者其设置的公路管理机构决定直接处理的案件，案件发生地的县级人民政府交通主管部门或者其设置的公路管理机构应当首先制止违法行为，并做好保护现场等工作，上级人民政府交通主管部门或者其设置的公路管理机构应当及时确定管辖权。

第四章 行政处罚

第二十三条 有下列违法行为之一的，依照《公路法》第七十六条的规定，责令停止违法行为，可处三万元以下的罚款：

（一）违反《公路法》第四十四条第一款规定，擅自占用、挖掘公路的；

（二）违反《公路法》第四十五条规定，未经同意或者未按照公路工程技术标准的要求修建跨越、穿越公路的桥梁、渡槽或者架设、埋设管线、电缆等设施的；

（三）违反《公路法》第四十七条规定，未经批准从事危及公路安全作业的；

（四）违反《公路法》第四十八条规定，铁轮车、履带车和其他可能损害路面的机具擅自在公路上超限行驶的；

（五）违反《公路法》第五十条规定，车辆超限使用汽车渡船或者在公路上擅自超限行驶的；

（六）违反《公路法》第五十二条、第五十六规定，损坏、移动、涂改公路附属设施或者损坏、挪动建筑控制区的标桩、界桩，可能危及公路安全的。

第二十四条　有下列违法行为之一的，依照《公路法》第七十七条的规定，责令停止违法行为，可处五千元以下罚款：

（一）违反《公路法》第四十六条规定，造成公路路面损坏、污染或者影响公路畅通的；

（二）违反《公路法》第五十一条规定，将公路作为检验机动车辆制动性能的试车场地的。

第二十五条　违反《公路法》第五十三条规定，造成公路损坏，未报告的，依照《公路法》第七十八条的规定，处以一千元以下罚款。

第二十六条　违反《公路法》第五十四条规定，在公路用地范围内设置公路标志以外的其他标志的，依照《公路法》第七十九条的规定，责令限期拆除，可处二万元以下罚款。

第二十七条　违反《公路法》第五十五条规定，未经批准在公路上设置平面交叉道口的，依照《公路法》第八十条的规定，责令恢复原状，处五万元以下罚款。

第二十八条　违反《公路法》第五十六条规定，在公路建筑控制区内修建建筑物、地面构筑物或者擅自埋设管线、电缆等设施的，依照《公路法》第八十一条的规定，责令限期拆除，并可处五万元以下罚款。

第二十九条　《公路法》第八章及本规定规定的行政处罚，由县级以上地方人民政府交通主管部门或者其设置的公路管理机构依照《公路法》有关规定实施。

第三十条　实施路政处罚的程序，按照《交通行政处罚程序规定》办理。

第五章　公路赔偿和补偿

第三十一条　公民、法人或者其他组织造成路产损坏的，应向公路管理机构缴纳路产损坏赔（补）偿费。

第三十二条　根据《公路法》第四十四条第二款，经批准占用、利用、挖掘公路或者使公路改线的，建设单位应当按照不低于该段公路原有技术标准予以修复、改建或者给予相应的补偿。

第三十三条　路产损坏事实清楚，证据确凿充分，赔偿数额较小，且当事人无争议的，可以当场处理。

当场处理公路赔（补）偿案件，应当制作、送达《公路赔（补）偿通知书》收取公路赔（补）偿费，出具收费凭证。

第三十四条　除本规定第三十三条规定可以当场处理的公路赔（补）偿案件外，处理公路

赔(补)偿案件应当按照下列程序进行:

(一)立案;

(二)调查取证;

(三)听取当事人陈述和申辩或听证;

(四)制作并送达《公路赔(补)偿通知书》;

(五)收取公路赔(补)偿费;

(六)出具收费凭证;

(七)结案。

调查取证应当询问当事人及证人,制作调查笔录;需要进行现场勘验或者鉴定的,还应当制作现场勘验报告或者鉴定报告。

第三十五条 本规定对公路赔(补)偿案件处理程序的具体事项未作规定的,参照《交通行政处罚程序规定》办理。

办理公路赔(补)偿案件涉及路政处罚的,可以一并进行调查取证,分别进行处理。

第三十六条 当事人对《公路赔(补)偿通知书》认定的事实和赔(补)偿费数额有疑义的,可以向公路管理机构申请复核。

公路管理机构应当自收到公路赔(补)偿复核申请之日起 15 日内完成复核,并将复核结果书面通知当事人。

本条规定不影响当事人依法向人民法院提起民事诉讼的法定权利。

第三十七条 公路赔(补)偿费应当用于受损公路的修复,不得挪作他用。

第六章 行政强制措施

第三十八条 对公路造成较大损害、当场不能处理完毕的车辆,公路管理机构应当依据《公路法》第八十五条第二款的规定,签发《责令车辆停驶通知书》,责令该车辆停驶并停放于指定场所。调查、处理完毕后,应当立即放行车辆,有关费用由车辆所有人或者使用人承担。

第三十九条 违反《公路法》第五十四条规定,在公路用地范围内设置公路标志以外的其他标志,依法责令限期拆除,而设置者逾期不拆除的,依照《公路法》第七十九条的规定强行拆除。

第四十条 违反《公路法》第五十六条规定,在公路建筑控制区内修建建筑物、地面构筑物或者擅自埋设管(杆)线、电缆等设施,依法责令限期拆除,而建筑者、构筑者逾期不拆除的,依照《公路法》第八十一条的规定强行拆除。

第四十一条 依法实施强行拆除所发生的有关费用,由设置者、建筑者、构筑者负担。

第四十二条 依法实施路政强行措施,应当遵守下列程序:

(一)制作并送达路政强制措施告诫书,告知当事人作出拆除非法标志或者设施决定的事实、理由及依据,拆除非法标志或者设施的期限,不拆除非法标志或者设施的法律后果,并告知当事人依法享有的权利;

(二)听取当事人陈述和申辩;

(三)复核当事人提出的事实、理由和依据;

（四）经督促告诫，当事人逾期不拆除非法标志或者设施的，制作并送达路政强制措施决定书；

（五）实施路政强制措施；

（六）制作路政强制措施笔录。

实施强行拆除涉及路政处罚的，可以一并进行调查取证，分别进行处理。

第四十三条 有下列情形之一的，可依法申请人民法院强制执行：

（一）当事人拒不履行公路行政处罚决定；

（二）依法强行拆除受到阻挠。

第四十四条 《公路法》第八章及本规定规定的行政强制措施，由县级以上地方人民政府交通主管部门或者其设置的公路管理机构依照《公路法》有关规定实施。

第七章 监督检查

第四十五条 交通主管部门、公路管理机构应当依法对有关公路管理的法律、法规、规章执行情况进行监督检查。

第四十六条 交通主管部门、公路管理机构应当加强路政巡查，认真查处各种侵占、损坏路产及其他违反公路管理法律、法规和本规定的行为。

第四十七条 路政管理人员依法在公路、建筑控制区、车辆停放场所、车辆所属单位等进行监督检查时，任何单位和个人不得阻挠。

第四十八条 公路养护人员发现破坏、损坏或者非法占用路产和影响公路安全的行为应当予以制止，并及时向公路管理机构报告，协助路政管理人员实施日常路政管理。

第四十九条 公路经营者、使用者和其他有关单位、个人，应当接受路政管理人员依法实施的监督检查，并为其提供方便。

第五十条 对公路造成较大损害的车辆，必须立即停车，保护现场，并向公路管理机构报告。

第五十一条 交通主管部门、公路管理机构应当对路政管理人员的执法行为加强监督检查，对其违法行为应当及时纠正，依法处理。

第八章 人员与装备

第五十二条 公路管理机构应当配备相应的专职路政管理人员，具体负责路政管理工作。

第五十三条 路政管理人员的配备标准由省级人民政府交通主管部门会同有关部门按照“精干高效”的原则，根据本辖区公路的行政等级、技术等级和当地经济发展水平等实际情况综合确定。

第五十四条 路政管理人员录用应具备以下条件：

（一）年龄在20周岁以上，但一线路政执法人员的年龄不得超过45岁；

（二）身体健康；

（三）大专毕业以上文化程度；

（四）持有符合交通部规定的岗位培训考试合格证书。

第五十五条　路政管理人员实行公开录用、竞争上岗，由市（设区的市）级公路管理机构组织实施，省级公路管理机构批准。

第五十六条　路政管理人员执行公务时，必须按规定统一着装，佩戴标志，持证上岗。

第五十七条　路政管理人员必须爱岗敬业，恪尽职守，熟悉业务，清正廉洁，文明服务、秉公执法。

第五十八条　交通主管部门、公路管理机构应当加强路政管理队伍建设，提高路政管理执法水平。

第五十九条　路政管理人员玩忽职守、徇私舞弊、滥用职权，依法给予行政处分；构成犯罪的，依法追究刑事责任。

第六十条　公路管理机构应当配备专门用于路政管理的交通、通信及其他必要的装备。

用于路政管理的交通、通讯及其他装备不得用于非路政管理活动。

第六十一条　用于路政管理的专用车辆，应当按照《公路法》第七十三条和交通部制定的《公路监督检查专用车辆管理办法》的规定，设置统一的标志和示警灯。

第九章　内务管理

第六十二条　公路管理机构应当建立健全路政内务管理制度，加强各项内务管理工作。

第六十三条　路政内务管理制度如下：

（一）路政管理人员岗位职责；

（二）路政管理人员行为规范；

（三）路政管理人员执法考核、评议制度；

（四）路政执法与办案程序；

（五）路政巡查制度；

（六）路政管理统计制度；

（七）路政档案管理制度；

（八）其他路政内务管理制度。

第六十四条　公路管理机构应当公开办事制度，自觉接受社会监督。

第十章　附　　则

第六十五条　公路赔（补）偿费标准，由省、自治区、直辖市人民政府交通主管部门会同同级财政、价格主管部门制定。

第六十六条　路政管理文书的格式，由交通部统一制定。

第六十七条　本规定由交通部负责解释。

第六十八条　本规定自2003年4月1日起施行。1990年9月24日交通部发布的《公路路政管理规定（试行）》同时废止。

附录四　交通行政处罚程序规定

（1996年9月25日交通部令1996年第7号发布）

第一章　总　　则

第一条　为规范交通行政处罚程序，根据《中华人民共和国行政处罚法》（以下简称行政处罚法）的规定，结合交通实际，制定本规定。

第二条　公民、法人或者其他组织违反交通行政管理秩序，应当给予行政处罚的，由交通管理部门依照行政处罚法和有关法律、法规及本规定的程序实施。

第三条　本规定中交通管理部门是指具有行政处罚权的下列部门或者机构：

（一）县级以上人民政府的交通主管部门；

（二）法律、法规授权的交通管理机构；

（三）县级以上人民政府的交通主管部门依法委托的交通管理机构。

第四条　县级以上人民政府的交通主管部门可以委托依法设置的符合行政处罚法第十九条规定的运输、航道、港口、公路、规费、通信等交通管理机构实施行政处罚。

第二章　行政处罚的管辖

第五条　各级交通管理部门依法可以作出警告、罚款、没收违法所得、没收非法财物、暂扣证照的行政处罚。

县级以上人民政府交通主管部门、交通部直接设置的管理机构、省级人民政府交通主管部门直接设置的管理机构依法可以作出吊销证照、责令停产停业的行政处罚。

省级人民政府交通主管部门直接设置的管理机构的下设机构，根据省级人民政府交通主管部门的决定，依法可以作出吊销证照、责令停产的行政处罚。

港务（航）监督机构行政处罚案件的管辖另行规定。

对涉外、涉台、涉港澳当事人作出行政处罚的权限，法律、法规、规章另有规定的，从其规定。

第六条　对违法行为需给予的行政处罚超出本级交通管理部门的权限时，应将案件及时报送有处罚权的上级交通管理部门调查处理。

第七条　上级交通管理部门可以办理下一级交通管理部门管辖的行政处罚案件；下级交通管理部门对其管辖的交通行政处罚案件，认为需要由上级交通管理部门办理时，可以报请上一级交通管理部门决定。

第三章　行政处罚决定

第八条　交通行政执法人员在实施行政处罚时，应当主动向当事人和案件其他有关人员出示执法身份证件。

第九条　交通行政处罚程序分为简易程序和一般程序。

第一节　简易程序

第十条　违法事实确凿并有法定依据，对公民处以五十元以下、对法人或者其他组织处以一千元以下罚款或者警告的行政处罚的，可以当场作出行政处罚决定。

第十一条　执法人员当场作出行政处罚决定前，应当将认定的违法事实、处罚的理由和依据告知当事人。

当事人有权进行陈述和申辩。

执法人员必须充分听取当事人的意见，对当事人提出的事实、理由和证据应当进行复核；当事人提出的事实、理由和证据成立的，应当采纳。

第十二条　执法人员作出当场处罚决定，必须填写统一编号的《交通行政（当场）处罚决定书》（附件一），当场交付当事人，并应当告知当事人不服行政处罚决定可以依法申请行政复议或者提起行政诉讼。

第十三条　执法人员作出当场处罚决定之日起五日内，应当将《交通行政（当场）处罚决定书》副本向所属交通管理部门备案。

第二节　一般程序

第十四条　实施交通行政处罚，除适用简易程序的外，应当适用一般程序。

第十五条　交通管理部门必须对案件情况进行全面、客观、公正地调查，收取证据；必要时，依照法律、法规的规定，可以进行检查。

证据包括书证、物证、视听材料、证人证言、当事人陈述、鉴定结论、勘验笔录和现场笔录。

第十六条　案件调查人员调查、收集证据，应当遵守下列规定：

（一）不得少于两人；

（二）询问证人和当事人，应当个别进行并告知其做伪证的法律责任；制作《询问笔录》（附件二）须经被询问人阅核后，由询问人和被询问人签名或者盖章，被询问人拒绝签名或者盖章，由询问人在询问笔录上注明情况；

（三）对与案件有关的物品或者现场进行勘验检查的，应当通知当事人到场，制作《勘验检查笔录》（附件三），当事人拒不到场的，可请在场的其他人员见证；

（四）对需要采取抽样调查的，应当制作《抽样取证凭证》（附件四），需要妥善保管的应当妥善保管，需要退回的应当退回。

（五）对涉及专门性问题的，应当指派或者聘请有专业知识和技术能力的部门和人员进行鉴定，并制作《鉴定意见书》（附件五）；

（六）证据可能灭失或者以后难以取得的情况下，经交通管理部门负责人批准，可以先行登记保存，制作《证据登记保存清单》（附件六），并应当在七日内作出处理决定。

第十七条　案件调查人员有下列情况之一的，应当回避，当事人也有权向交通管理部门申请要求回避；

（一）是本案的当事人或者其近亲属；

（二）本人或者其近亲属与本案有利害关系；

（三）与本案当事人有其他关系，可能影响案件的公正处理的。

第十八条　案件调查人员的回避，由交通管理部门负责人决定。

回避决定作出之前，案件调查人员不得擅自停止对案件的调查处理。

第十九条　案件调查人员在初步调查结束后,认为案件事实基本清楚,主要证据齐全,应当制作《交通违法行为调查报告》(附件七),提出处理意见,报送交通管理部门负责人审查。

第二十条　交通管理部门负责人对《交通违法行为调查报告》审核后,认为应当给予行政处罚的,交通管理部门应当制作《交通违法行为通知书》(附件八),送达当事人,告知拟给予的处罚及事实、理由和依据,并告知当事人可以在收到该通知书之日起三日内进行陈述和申辩,符合听证条件的可以要求组织听证。

当事人逾期未提出陈述、申辩或要求组织听证的,视为放弃上述权利。

第二十一条　当事人进行陈述和申辩的,交通管理部门应当审核当事人的意见并应当将当事人提出的事实、理由或者证据制成笔录。上述事实、理由或者证据成立的,交通管理部门应当采纳。

当事人要求组织听证的,交通管理部门应按本章第三节组织听证。

第二十二条　案件调查完毕后,交通管理部门负责人应当及时审查有关案件调查材料、当事人陈述和申辩材料、听证会笔录和听证会报告书,根据不同情况分别作出如下处理决定:

(一)违法事实清楚,证据确凿充分,依照本规定不需要经过听证程序的案件,根据情节轻重,作出处罚决定;

(二)应当经过听证程序处理的案件,适用本章第三节听证程序后作出处理决定;

(三)案件还需要做进一步调查处理的,责令案件调查人员补充调查;

(四)违法行为轻微,依法可以不予行政处罚的,不予行政处罚;

(五)违法事实不能成立的,不得给予行政处罚;

(六)违法行为已构成犯罪的,应当将案件有关材料移送有管辖权的司法机关处理。

案情复杂或者有重大违法行为需要给予较重行政处罚的,应当集体讨论。

第二十三条　交通管理部门作出行政处罚决定必须制作《交通行政处罚决定书》(附件九)。

第二十四条　《交通行政处罚决定书》应当在宣告后当场交付当事人;当事人不在场的,交通管理部门应当在七日内送达当事人,由受送达人在《交通行政处罚文书送达回证》(附件十)上注明收到日期、签名或者盖章,受送达人在《交通行政处罚文书送达回证》上的签收日期为送达日期。

(一)当事人不在场的,交其同住的成年家属签收,并且在备注栏内写明与当事人的关系;

(二)受送达人已指定代收人,交代收人签收;

(三)受送达人拒绝接收的,送达人应当邀请有关基层组织的代表或者其他人员到场,说明情况,在《交通行政处罚文书送达回证》上写明拒收事由和日期,由送达人、见证人签名或者盖章,把交通行政处罚文书留在受送达人的住处,即视为送达;

(四)直接送达交通行政处罚文书困难的,可以委托其他交通管理部门代为送达,或者以邮寄、公告的方式送达。

邮寄送达,挂号回执上注明的收件日期为送达日期;公告送达,自发出公告之日起经过六十天,即视为送达。

第三节　听证程序

第二十五条　交通管理部门在作出责令停产停业、吊销证照、较大数额罚款的行政处罚之前,当事人要求听证的,案件调查人员应当记录在案。交通管理部门应当组织听证。

本条第一款所指的较大数额,地方交通管理部门按省级人大常委会或者人民政府规定或其授权部门规定的标准执行;交通部直属的交通管理机构按五千元以上执行;港务(航)监督机构按一万元以上执行。

第二十六条 交通管理部门应当在举行听证会的七日前向当事人送达《听证会通知书》(附件十一),告知当事人组织听证的时间、地点、听证会主持人名单及是否申请其回避和可以委托代理人的权利。

第二十七条 除涉及国家秘密、商业秘密或者个人隐私外,听证会公开举行。

第二十八条 听证会由主持人、案件调查人员、当事人或者其委托代理人、证人、书记员参加。

听证会主持人由交通管理部门负责人指定的法制机构工作人员或者其他相应人员担任。

委托代理人出席听证会的,应当提交当事人的委托书。

第二十九条 听证会按以下程序进行:

(一)听证会主持人宣布听证会开始,宣布案由和听证会纪律,宣布和核对听证参加人员名单;

(二)案件调查人员介绍案件的违法事实和调查过程,宣读或者出示案件的证据,说明拟作出的行政处罚的内容及依据;

(三)当事人或者其委托代理人对案件的事实、证据、适用的法律依据及拟作出的行政处罚内容进行质证的申辩;

(四)听证会主持人就案件的有关问题向当事人、案件调查人员、证人询问;

(五)当事人或者其委托代理人做最后陈述;

(六)当事人或者其委托代理人阅读、修改《交通行政处罚案件听证会笔录》(附件十二),并签字或者盖章。

第三十条 当事人或者其委托代理人无正当理由不按时出席听证会或者中途擅自退出听证会的,视为当事人放弃要求听证的权利。

第三十一条 听证主持人应在听证会结束后将听证情况和处理意见制作成《交通行政处罚案件听证会报告书》(附件十三)。

第四章 行政处罚的执行

第三十二条 交通行政处罚决定依法作出后,当事人对行政处罚决定不服申请行政复议或者提起行政诉讼的,除法律另有规定外,行政处罚不停止执行。

第三十三条 作出罚款决定的交通管理部门应当与收缴罚款的机构分离。

除依照本规定第三十四条、第三十五条的规定当场收缴的罚款外,作出行政处罚的交通管理部门及其执法人员不得自行收缴罚款。

第三十四条 依照本规定第十条的规定当场作出行政处罚决定,有下列情形之一的,执法人员可以当场收缴罚款:

(一)依法给予二十元以下的罚款;

(二)不当场收缴事后难以执行的。

第三十五条　在边远、水上、交通不便地区，交通管理部门及其执法人员依照本规定第十条、第二十二条的规定作出罚款决定后，当事人向指定的银行缴纳罚款确有困难，经当事人书面提出，交通管理部门及其执法人员可以当场收缴罚款。

第三十六条　交通管理部门及其执法人员当场收缴罚款的，必须向当事人出具省级财政部门统一制发的罚款收据。

行政执法人员当场收缴的罚款，应当自收缴罚款之日起二日内，交至执法人员所属交通管理部门；在水上当场收缴的罚款，应当自抵岸之日起二日内交至所属交通管理部门；交通管理部门应当在二日内将罚款缴付指定的银行。

罚款决定与罚款收缴分离制度的执行，按照国务院制定的具体办法实施。

第三十七条　对需继续行驶的船舶、车辆实施暂扣或者吊销证照的行政处罚，交通管理部门在实施行政处罚的同时，应当发给当事人相应的证明，允许船舶、车辆驶往预定或指定的地点。

第三十八条　对已经生效的处罚决定，当事人拒不履行的，由作出处罚决定的交通管理部门依法强制执行或者申请人民法院强制执行。

第三十九条　下列适用一般程序的交通行政处罚案件结案后，案件调查人员应当填写《交通行政处罚结案报告》(附件十四)；

(一)当事人在规定的期限内履行交通管理部门处理决定完毕的；

(二)申请人民法院或者由交通管理部门依法强制执行的案件，已经执行完毕的；

(三)对违法行为依法不予处罚的。

第五章　附　　则

第四十条　本规定颁布之前交通部制定的规章与本规定不一致的，按本规定执行。

第四十一条　交通管理部门和执法人员违反本规定的，按照行政处罚法和交通行政执法监督规定的有关规定依法追究法律责任。

第四十二条　交通行政处罚文书由省级交通主管部门和交通部设置的管理机构组织印制；港务(航)监督机构使用的文书，中华人民共和国港务监督局可以参照本规定所附文书样式另行制定。

第四十三条　本规定自1996年10月1日起施行。

附件：(略)

附录五　超限运输车辆行驶公路管理规定

(2000年2月13日交通部令2000年第2号发布)

第一章　总　　则

第一条　为加强对超限运输车辆行驶公路的管理，维护公路完好，保障公路安全畅通，根据《中华人民共和国公路法》及有关法规，制定本规定。

第二条　在中华人民共和国境内公路上进行超限运输的单位和个人(以下简称“承运

人”)，均应遵守本规定。

第三条 本规定所称超限运输车辆是指在公路上行驶的、有下列情形之一的运输车辆：

(一)车货总高度从地面算起4米以上(集装箱车货总高度从地面算起4.2米以上)；

(二)车货总长18米以上；

(三)车货总宽度2.5米以上；

(四)单车、半挂列车、全挂列车车货总质量40000千克以上；集装箱半挂列车车货总质量46000千克以上；

(五)车辆轴载质量在下列规定值以上：

单轴(每侧单轮胎)载质量6000千克；

单轴(每侧双轮胎)载质量10000千克；

双联轴(每侧单轮胎)载质量10000千克；

双联轴(每侧各一单轮胎、双轮胎)载质量14000千克；

双联轴(每侧双轮胎)载质量18000千克；

三联轴(每侧单轮胎)载质量12000千克；

三联轴(每侧双轮胎)载质量22000千克。

第四条 超限运输车辆行驶公路的管理工作实行“统一管理、分级负责、方便运输、保障畅通”的原则。

国务院交通主管部门主管全国超限运输车辆行驶公路的管理工作。

县级以上地方人民政府交通主管部门主管本行政区域内超限运输车辆行驶公路的管理工作。

超限运输车辆行驶公路的具体行政管理工作，由县级以上地方人民政府交通主管部门设置的公路管理机构负责。

第五条 在公路上行驶的车辆的轴载质量应当符合《公路工程技术标准》的要求。但对有限定荷载要求的公路和桥梁，超限运输车辆不得行驶。

第二章 申请与审批

第六条 超限运输车辆行驶公路前，其承运人应按下列规定向公路管理机构提出书面申请：

(一)跨省(自治区、直辖市)行政区域进行超限运输的，由途经公路沿线省级公路管理机构分别负责审批，必要时可转报国务院交通主管部门统一进行协调；

(二)跨地(市)行政区域进行超限运输的，由省级公路管理机构负责审批；

(三)在本地(市)行政区域内进行超限运输的，由地(市)级公路管理机构负责审批。

第七条 承运人向公路管理机构申请超限运输车辆行驶公路时，除提交书面申请外，还应提供下列资料和证件：

(一)货物名称、重量、外廓尺寸及必要的总体轮廓图；

(二)运输车辆的厂牌型号、自载质量、轴载质量、轴距、轮数、轮胎单位压力、载货时总的外廓尺寸等有关资料；

(三)货物运输的起讫点、拟经过的路线和运输时间；

（四）车辆行驶证。

第八条 超限运输车辆行驶公路前，其承运人应根据具体情况分别依照下列规定的期限提出申请：

（一）对于车货总质量在40000千克以下，但其车货总高度、长度及宽度超过第三条第（一）、（二）、（三）项规定的超限运输，承运人应在起运前15日提出书面申请；

（二）对于车货总质量在40000千克以上（不含40000千克）、集装箱车货总质量在46000千克以上（含46000千克），100000千克以下的超限运输，承运人应在起运前1个月提出书面申请；

（三）对于车货总重在100000千克（不含100000千克）以上的超限运输，承运人应在起运前3个月提出书面申请。

第九条 公路管理机构在接到承运人的书面申请后，应在15日内进行审查并提出书面答复意见。

公路管理机构在审批超限运输时，应根据实际情况，对需经路线进行勘测，选定运输路线，计算公路、桥梁承载能力，制定通行与加固方案，并与承运人签订有关协议。

第十条 公路管理机构应根据制定的通行与加固方案以及签订的有关协议，对运输路线、桥涵等进行加固和改建，保障超限运输车辆安全行驶公路。

第十一条 公路管理机构进行的勘测、方案论证、加固、改造、护送等措施及修复损坏部分所需的费用，由承运人承担。

第十二条 公路管理机构对批准超限运输车辆行驶公路的，应签发《超限运输车辆通行证》（以下简称《通行证》）。

《通行证》式样由国务院交通主管部门统一制定，省级公路管理机构负责统一印制和管理。

第三章 通行管理

第十三条 超限运输车辆未经公路管理机构批准，不得在公路上行驶。

第十四条 承运人必须持有效《通行证》，并悬挂明显标志，按公路管理机构核定的时间、路线和时速行驶公路。

第十五条 承运人不得涂改、伪造、租借、转让《通行证》。

第十六条 超限运输车辆的型号及运载的物品必须与签发的《通行证》所要求的规格保持一致。

第十七条 超限运输车辆通过桥梁时，时速不得超过5公里，且应匀速居中行驶，严禁在桥上制动或变速。

第十八条 四级公路、等外公路和技术状况低于三类的桥梁，不得进行超限运输。

第十九条 公路管理机构应在公路桥梁、隧道及渡口设置限载、限宽、限高标志。

第二十条 公路管理机构可根据需要在公路上设置运输车辆轴载质量及车货总质量的检测装置，对超限运输车辆进行检测。对超过本规定第三条第（四）、（五）项限值标准且未办理超限运输手续的超限运输车辆，应责令承运人自行卸去超限的部分物品，并补办有关手续。

第二十一条 公路管理机构应加强对超限运输车辆行驶公路的现场管理，并可根据实际情况派员护送。

第二十二条 在公路上进行超限运输的承运人，应当接受公路管理人员依法实施的监督检查，并为其提供方便。

第四章 法律责任

第二十三条 违反本规定第十三条、第十四条规定，在公路上擅自超限运输的，县级以上交通主管部门或其授权委托的公路管理机构应当责令承运人停止违法行为，接受调查、处理，并可处以30000元以下的罚款。

对公路造成损害的，还应按公路赔(补)偿标准给予赔(补)偿。

第二十四条 违反本规定第十五条、第十六条规定的，按擅自超限行驶公路论，县级以上交通主管部门或其授权委托的公路管理机构应当责令承运人停止违法行为，并可处以5000元以下的罚款。

第二十五条 承运人拒绝、阻碍公路管理人员依法执行职务未使用暴力、威胁方法的，依照治安管理处罚条例十九条的规定处罚；构成犯罪的，依法追究刑事责任。

第二十六条 交通主管部门或公路管理机构的工作人员玩忽职守、徇私舞弊、滥用职权，构成犯罪的，依法追究刑事责任；尚不构成犯罪的，由所在单位或上级主管部门依法给予行政处分。

第五章 附 则

第二十七条 各省(自治区、直辖市)交通主管部门可根据本规定制定实施办法，并报国务院交通主管部门备案。

第二十八条 超限运输车辆行驶公路赔(补)偿费标准由各省(自治区、直辖市)人民政府交通主管部门会同同级财政、物价主管部门制定。

第二十九条 本规定第三条第(五)项中，经国家批准生产的单轴轴载质量大于10000千克、小于13000千克(含13000千克)的车辆，暂以国家核定的轴载质量视同轴载限值标准。

第三十条 本规定由交通部负责解释。

第三十一条 本规定自2000年4月1日起施行。

附录六 收费公路管理条例

(2004年9月13日国务院令第417号公布)

第一章 总 则

第一条 为了加强对收费公路的管理，规范公路收费行为，维护收费公路的经营管理者和使用者的合法权益，促进公路事业的发展，根据《中华人民共和国公路法》(以下简称公路法)，制定本条例。

第二条 本条例所称收费公路，是指符合公路法和本条例规定，经批准依法收取车辆通行费的公路(含桥梁和隧道)。

第三条　各级人民政府应当采取积极措施,支持、促进公路事业的发展。公路发展应当坚持非收费公路为主,适当发展收费公路。

第四条　全部由政府投资或者社会组织、个人捐资建设的公路,不得收取车辆通行费。

第五条　任何单位或者个人不得违反公路法和本条例的规定,在公路上设站(卡)收取车辆通行费。

第六条　对在公路上非法设立收费站(卡)收取车辆通行费的,任何单位和个人都有权拒绝交纳。

任何单位或者个人对在公路上非法设立收费站(卡)、非法收取或者使用车辆通行费、非法转让收费公路权益或者非法延长收费期限等行为,都有权向交通、价格、财政等部门举报。收到举报的部门应当按照职责分工依法及时查处;无权查处的,应当及时移送有权查处的部门。受理的部门必须自收到举报或者移送材料之日起10日内进行查处。

第七条　收费公路的经营管理者,经依法批准有权向通行收费公路的车辆收取车辆通行费。

军队车辆、武警部队车辆,公安机关在辖区内收费公路上处理交通事故、执行正常巡逻任务和处置突发事件的统一标志的制式警车,以及经国务院交通主管部门或者省、自治区、直辖市人民政府批准执行抢险救灾任务的车辆,免交车辆通行费。

进行跨区作业的联合收割机、运输联合收割机(包括插秧机)的车辆,免交车辆通行费。联合收割机不得在高速公路上通行。

第八条　任何单位或者个人不得以任何形式非法干预收费公路的经营管理,挤占、挪用收费公路经营管理者依法收取的车辆通行费。

第二章　收费公路建设和收费站的设置

第九条　建设收费公路,应当符合国家和省、自治区、直辖市公路发展规划,符合本条例规定的收费公路的技术等级和规模。

第十条　县级以上地方人民政府交通主管部门利用贷款或者向企业、个人有偿集资建设的公路(以下简称政府还贷公路),国内外经济组织投资建设或者依照公路法的规定受让政府还贷公路收费权的公路(以下简称经营性公路),经依法批准后,方可收取车辆通行费。

第十一条　建设和管理政府还贷公路,应当按照政事分开的原则,依法设立专门的不以营利为目的的法人组织。

省、自治区、直辖市人民政府交通主管部门对本行政区域内的政府还贷公路,可以实行统一管理、统一贷款、统一还款。

经营性公路建设项目应当向社会公布,采用招标投标方式选择投资者。

经营性公路由依法成立的公路企业法人建设、经营和管理。

第十二条　收费公路收费站的设置,由省、自治区、直辖市人民政府按照下列规定审查批准;

(一)高速公路以及其他封闭式的收费公路,除两端出入口外,不得在主线上设置收费站。但是,省、自治区、直辖市之间确需设置收费站的除外;

(二)非封闭式的收费公路的同一主线上,相邻收费站的间距不得少于50公里。

第十三条 高速公路以及其他封闭式的收费公路,应当实行计算机联网收费,减少收费站点,提高通行效率。联网收费的具体办法由国务院交通主管部门会同国务院有关部门制定。

第十四条 收费公路的收费期限,由省、自治区、直辖市人民政府按照下列标准审查批准:

(一)政府还贷公路的收费期限,按照用收费偿还贷款、偿还有偿集资款的原则确定,最长不得超过15年。国家确定的中西部省、自治区、直辖市的政府还贷公路收费期限,最长不得超过20年;

(二)经营性公路的收费期限,按照收回投资并有合理回报的原则确定,最长不得超过25年。国家确定的中西部省、自治区、直辖市的经营性公路收费期限,最长不得超过30年。

第十五条 车辆通行费的收费标准,应当依照价格法律、行政法规的规定进行听证,并按照下列程序审查批准:

(一)政府还贷公路的收费标准,由省、自治区、直辖市人民政府交通主管部门会同同级价格主管部门、财政部门审核后,报本级人民政府审查批准;

(二)经营性公路的收费标准,由省、自治区、直辖市人民政府交通主管部门会同同级价格主管部门审核后,报本级人民政府审查批准。

第十六条 车辆通行费的收费标准,应当根据公路的技术等级、投资总额、当地物价指数、偿还贷款或者有偿集资款的期限和收回投资的期限以及交通量等因素计算确定。对在国家规定的绿色通道上运输鲜活农产品的车辆,可以适当降低车辆通行费的收费标准或者免交车辆通行费。

修建与收费公路经营管理无关的设施、超标准修建的收费公路经营管理设施和服务设施,其费用不得作为确定收费标准的因素。

车辆通行费的收费标准需要调整的,应当依照本条例第十五条规定的程序办理。

第十七条 依照本条例规定的程序审查批准的收费公路收费站、收费期限、车辆通行费收费标准或者收费标准的调整方案,审批机关应当自审查批准之日起10日内将有关文件向国务院交通主管部门和国务院价格主管部门备案;其中属于政府还贷公路的,还应当自审查批准之日起10内内向国务院财政部门备案。

第十八条 建设收费公路,应当符合下列技术等级和规模:

(一)高速公路连续里程30公里以上。但是,城市市区至本地机场的高速公路除外;

(二)一级公路连续里程50公里以上;

(三)二车道的独立桥梁、隧道,长度800米以上;四车道的独立桥梁、隧道,长度500米以上。

技术等级为二级以下(含二级)的公路不得收费。但是,在国家确定的中西部省、自治区、直辖市建设的二级公路,其连续里程60公里以上的,经依法批准,可以收取车辆通行费。

第三章 收费公路权益的转让

第十九条 依照本条例的规定转让收费公路权益的,应当向社会公布,采用招标投标的方式,公平、公正、公开地选择经营管理者,并依法订立转让协议。

第二十条 收费公路的权益,包括收费权、广告经营权、服务设施经营权。

转让收费公路权益的,应当依法保护投资者的合法利益。

第二十一条　转让政府还贷公路权益中的收费权，可以申请延长收费期限，但延长的期限不得超过5年。

转让经营性公路权益中的收费权，不得延长收费期限。

第二十二条　有下列情形之一的，收费公路权益中的收费权不得转让：

（一）长度小于1000米的二车道独立桥梁和隧道；

（二）二级公路；

（三）收费时间已超过批准收费期限2/3。

第二十三条　转让政府还贷公路权益的收入，必须缴入国库，除用于偿还贷款和有偿集资款外，必须用于公路建设。

第二十四条　收费公路权益转让的具体办法，由国务院交通主管部门会同国务院发展改革部门和财政部门制定。

第四章　收费公路的经营管理

第二十五条　收费公路建成后，应当按照国家有关规定进行验收；验收合格的，方可收取车辆通行费。

收费公路不得边建设边收费。

第二十六条　收费公路经营管理者应当按照国家规定的标准和规范，对收费公路及沿线设施进行日常检查、维护，保证收费公路处于良好的技术状态，为通行车辆及人员提供优质服务。

收费公路的养护应当严格按照工期施工、竣工，不得拖延工期，不得影响车辆安全通行。

第二十七条　收费公路经营管理者应当在收费站的显著位置，设置载有收费站名称、审批机关、收费单位、收费标准、收费起止年限和监督电话等内容的公告牌，接受社会监督。

第二十八条　收费公路经营管理者应当按照国家规定的标准，结合公路交通状况、沿线设施等情况，设置交通标志、标线。

交通标志、标线必须清晰、准确、易于识别。重要的通行信息应当重复提示。

第二十九条　收费道口的设置，应当符合车辆行驶安全的要求；收费道口的数量，应当符合车辆快速通过的需要，不得造成车辆堵塞。

第三十条　收费站工作人员的配备，应当与收费道口的数量、车流量相适应，不得随意增加人员。

收费公路经营管理者应当加强对收费站工作人员的业务培训和职业道德教育，收费人员应当做到文明礼貌，规范服务。

第三十一条　遇有公路损坏、施工或者发生交通事故等影响车辆正常安全行驶的情形时，收费公路经营管理者应当在现场设置安全防护设施，并在收费公路出入口进行限速、警示提示，或者利用收费公路沿线可变信息板等设施予以公告；造成交通堵塞时，应当及时报告有关部门并协助疏导交通。

遇有公路严重损毁、恶劣气象条件或者重大交通事故等严重影响车辆安全通行的情形时，公安机关应当根据情况，依法采取限速通行、关闭公路等交通管制措施。收费公路经营管理者应当积极配合公安机关，及时将有关交通管制的信息向通行车辆进行提示。

第三十二条 收费公路经营管理者收取车辆通行费，必须向收费公路使用者开具收费票据。政府还贷公路的收费票据，由省、自治区、直辖市人民政府财政部门统一印（监）制。经营性公路的收费票据，由省、自治区、直辖市人民政府税务部门统一印（监）制。

第三十三条 收费公路经营管理者对依法应当交纳而拒交、逃交、少交车辆通行费的车辆，有权拒绝其通行，并要求其补交应交纳的车辆通行费。

任何人不得为拒交、逃交、少交车辆通行费而故意堵塞收费道口、强行冲卡、殴打收费公路管理人员、破坏收费设施或者从事其他扰乱收费公路经营管理秩序的活动。

发生前款规定的扰乱收费公路经营管理秩序行为时，收费公路经营管理者应当及时报告公安机关，由公安机关依法予以处理。

第三十四条 在收费公路上行驶的车辆不得超载。

发现车辆超载时，收费公路经营管理者应当及时报告公安机关，由公安机关依法予以处理。

第三十五条 收费公路经营管理者不得有下列行为：

（一）擅自提高车辆通行费收费标准；

（二）在车辆通行费收费标准之外加收或者代收任何其他费用；

（三）强行收取或者以其他不正当手段按车辆收取某一期间的车辆通行费；

（四）不开具收费票据，开具未经省、自治区、直辖市人民政府财政、税务部门统一印（监）制的收费票据或者开具已经过期失效的收费票据。

有前款所列行为之一的，通行车辆有权拒绝交纳车辆通行费。

第三十六条 政府还贷公路的管理者收取的车辆通行费收入，应当全部存入财政专户，严格实行收支两条线管理。

政府还贷公路的车辆通行费，除必要的管理、养护费用从财政部门批准的车辆通行费预算中列支外，必须全部用于偿还贷款和有偿集资款，不得挪作他用。

第三十七条 收费公路的收费期限届满，必须终止收费。

政府还贷公路在批准的收费期限届满前已经还清贷款、还清有偿集资款的，必须终止收费。

依照本条前两款的规定，收费公路终止收费的，有关省、自治区、直辖市人民政府应当向社会公告，明确规定终止收费的日期，接受社会监督。

第三十八条 收费公路终止收费前6个月，省、自治区、直辖市人民政府交通主管部门应当对收费公路进行鉴定和验收。经鉴定和验收，公路符合取得收费公路权益时核定的技术等级和标准的，收费公路经营管理者方可按照国家有关规定向交通主管部门办理公路移交手续；不符合取得收费公路权益时核定的技术等级和标准的，收费公路经营管理者应当在交通主管部门确定的期限内进行养护，达到要求后，方可按照规定办理公路移交手续。

第三十九条 收费公路终止收费后，收费公路经营管理者应当自终止收费之日起15日内拆除收费设施。

第四十条 任何单位或者个人不得通过封堵非收费公路或者在非收费公路上设卡收费等方式，强迫车辆通行收费公路。

第四十一条 收费公路经营管理者应当按照国务院交通主管部门和省、自治区、直辖市人民政府交通主管部门的要求,及时提供统计资料和有关情况。

第四十二条　收费公路的养护、绿化和公路用地范围内的水土保持及路政管理,依照公路法的有关规定执行。

第四十三条　国务院交通主管部门和省、自治区、直辖市人民政府交通主管部门应当对收费公路实施监督检查,督促收费公路经营管理者依法履行公路养护、绿化和公路用地范围内的水土保持义务。

第四十四条　审计机关应当依法加强收费公路的审计监督,对违法行为依法进行查处。

第四十五条　行政执法机关依法对收费公路实施监督检查时,不得向收费公路经营管理者收取任何费用。

第四十六条　省、自治区、直辖市人民政府应当将本行政区域内收费公路及收费站名称、收费单位、收费标准、收费期限等信息向社会公布,接受社会监督。

第五章　法律责任

第四十七条　违反本条例的规定,擅自批准收费公路建设、收费站、收费期限、车辆通行费收费标准或者收费公路权益转让的,由省、自治区、直辖市人民政府责令改正;对负有责任的主管人员和其他直接责任人员依法给予记大过直至开除的行政处分;构成犯罪的,依法追究刑事责任。

第四十八条　违反本条例的规定,地方人民政府或者有关部门及其工作人员非法干预收费公路经营管理,或者挤占、挪用收费公路经营管理者收取的车辆通行费的,由上级人民政府或者有关部门责令停止非法干预,退回挤占、挪用的车辆通行费;对负有责任的主管人员和其他直接责任人员依法给予记大过直至开除的行政处分;构成犯罪的,依法追究刑事责任。

第四十九条　违反本条例的规定,擅自在公路上设立收费站(卡)收取车辆通行费或者应当终止收费而不终止的,由国务院交通主管部门或者省、自治区、直辖市人民政府交通主管部门依据职权,责令改正,强制拆除收费设施;有违法所得的,没收违法所得,并处违法所得2倍以上5倍以下的罚款;没有违法所得的,处1万元以上5万元以下的罚款;负有责任的主管人员和其他直接责任人员属于国家工作人员的,依法给予记大过直至开除的行政处分。

第五十条　违反本条例的规定,有下列情形之一的,由国务院交通主管部门或者省、自治区、直辖市人民政府交通主管部门依据职权,责令改正,并根据情节轻重,处5万元以上20万元以下的罚款:

(一)收费站的设置不符合标准或者擅自变更收费站位置的;

(二)未按照国家规定的标准和规范对收费公路及沿线设施进行日常检查、维护的;

(三)未按照国家有关规定合理设置交通标志、标线的;

(四)道口设置不符合车辆行驶安全要求或者道口数量不符合车辆快速通过需要的;

(五)遇有公路损坏、施工或者发生交通事故等影响车辆正常安全行驶的情形,未按照规定设置安全防护设施或者未进行提示、公告,或者遇有交通堵塞不及时疏导交通的;

(六)应当公布有关限速通行或者关闭收费公路的信息而未及时公布的。

第五十一条　违反本条例的规定,收费公路经营管理者收费时不开具票据,开具未经省、自治区、直辖市人民政府财政、税务部门统一印(监)制的票据,或者开具已经过期失效的票据的，由财政部门或者税务部门责令改正，并根据情节轻重，处10万元以上50万元以下的罚款；负有责任的主管人员和其他直接责任人员属于国家工作人员的，依法给予记大过直至开除的行政处分；构成犯罪的，依法追究刑事责任。

第五十二条 违反本条例的规定，政府还贷公路的管理者未将车辆通行费足额存入财政专户或者未将转让政府还贷公路权益的收入全额缴入国库的，由财政部门予以追缴、补齐；对负有责任的主管人员和其他直接责任人员，依法给予记过直至开除的行政处分。

违反本条例的规定，财政部门未将政府还贷公路的车辆通行费或者转让政府还贷公路权益的收入用于偿还贷款、偿还有偿集资款，或者将车辆通行费、转让政府还贷公路权益的收入挪作他用的，由本级人民政府责令偿还贷款、偿还有偿集资款，或者责令退还挪用的车辆通行费和转让政府还贷公路权益的收入；对负有责任的主管人员和其他直接责任人员，依法给予记过直至开除的行政处分；构成犯罪的，依法追究刑事责任。

第五十三条 违反本条例的规定，收费公路终止收费后，收费公路经营管理者不及时拆除收费设施的，由省、自治区、直辖市人民政府交通主管部门责令限期拆除；逾期不拆除的，强制拆除，拆除费用由原收费公路经营管理者承担。

第五十四条 违反本条例的规定，收费公路经营管理者未按照国务院交通主管部门规定的技术规范和操作规程进行收费公路养护的，由省、自治区、直辖市人民政府交通主管部门责令改正；拒不改正的，责令停止收费。责令停止收费后30日内仍未履行公路养护义务的，由省、自治区、直辖市人民政府交通主管部门指定其他单位进行养护，养护费用由原收费公路经营管理者承担。拒不承担的，由省、自治区、直辖市人民政府交通主管部门申请人民法院强制执行。

第五十五条 违反本条例的规定，收费公路经营管理者未履行公路绿化和水土保持义务的，由省、自治区、直辖市人民政府交通主管部门责令改正，并可以对原收费公路经营管理者处履行绿化、水土保持义务所需费用1倍至2倍的罚款。

第五十六条 国务院价格主管部门或者县级以上地方人民政府价格主管部门对违反本条例的价格违法行为，应当依据价格管理的法律、法规和规章的规定予以处罚。

第五十七条 违反本条例的规定，为拒交、逃交、少交车辆通行费而故意堵塞收费道口、强行冲卡、殴打收费公路管理人员、破坏收费设施或者从事其他扰乱收费公路经营管理秩序活动，构成违反治安管理行为的，由公安机关依法予以处罚；构成犯罪的，依法追究刑事责任；给收费公路经营管理者造成损失或者造成人身损害的，依法承担民事赔偿责任。

第五十八条 违反本条例的规定，假冒军队车辆、武警部队车辆、公安机关统一标志的制式警车和抢险救灾车辆逃交车辆通行费的，由有关机关依法予以处理。

第六章 附 则

第五十九条 本条例施行前在建的和已投入运行的收费公路，由国务院交通主管部门会同国务院发展改革部门和财政部门依照本条例规定的原则进行规范。具体办法由国务院交通主管部门制定。

第六十条 本条例自2004年11月1日起施行。

参考文献

[1] 范锟. 高速公路路政管理. 北京:人民交通出版社,2002
[2] 高速公路丛书编委会. 高速公路运营管理(第二版). 北京:人民交通出版社,2002
[3] 郗恩崇. 高速公路管理学. 北京:人民交通出版社,2005
[4] 高速公路丛书编委会. 高速公路交通工程及沿线设施. 北京:人民交通出版社,2002
[5] 王文武,李迁生. 高速公路安全管理. 北京: 人民交通出版社,2001
[6] 徐吉谦. 交通工程总论. 北京:人民交通出版社,2004
[7] 吉林省交通厅. 吉林省高速公路管理局路政人员业务知识千题集. 内部资料. 2002
[8] 李正宜,张维全,曾静康. 道路交通工程(修订本). 重庆:重庆大学出版社,2003
[9] 柳长立. 美国2000年公路交通发展战略规划. 中国交通报,1999-7-7
[10] 冯春霞. 国外高速公路现状和发展趋势. 中国交通报,1999-6-30
[11] 张剑飞. 高速公路任重道远. 中国交通报,1999-1-6
[12] 宁乐然. 高速公路交通事故的主要原因分析. 交通与运输,2004
[13] 公安部. 关于2003年全国道路交通事故情况的通报, 2004-1-17
[14] 公安部. 2004年全国道路交通事故情况通报,2005-1-14
[15] 河北省交警总队. 河北省高速公路2003年交通事故分析及预防对策,2004
[16] 苏民. 高速公路网. 经济日报,2005-1-19
[17] 陈红. 交通视野. 甘肃经济日报,2005-1-20
[18] 中国公路编辑部. 中国公路十大新闻. 中国公路, 2005-1
[19] 中国公路编辑部. 新闻传真. 中国公路, 2004
[20] 广东省公安厅. 高速公路交通事故情况. 深圳商报,2004-8-27
[21] 王振清. 公路超限运输概论. 北京:人民交通出版社,1997
[22] 洪秀敏. 公路超限运输管理. 杭州:杭州大学出版社,1994
[23] 赵祥模. 高速公路通信系统理论及应用. 北京:电子工业出版社,2003
[24] 叶际川,单建国. 超限运输埋隐患,高速公路酿车祸. 中国公路网,2004-9-23
[25] 中国公路编辑部. 国外治理超载的办法. 中国公路,2004
[26] 广东省公路管理局. 路政岗位. 北京:人民交通出版社,2004
[27] 郗恩崇. 高速公路路政管理. 北京:人民交通出版社,2005
[28] 洪秀敏. 新编公路路政管理学. 杭州:杭州出版社,2002
[29] 黄家城. 公路路政管理与养护. 北京:人民交通出版社,2003
[30] 宋炬烽等. 公路路政典型案例. 杭州:杭州大学出版社,2002